Ribbon-Programmierung
für Office 2007

Hier eine Auswahl:

Excel 2007 programmieren

Michael Kofler, Ralf Nebelo
928 Seiten
€ 49,95 [D], € 51,40 [A]
ISBN 978-3-8273-2567-9

Excel für Profis – Ihr Einstieg in die VBA-Programmierung für Excel 2007. Das Buch gibt einen Überblick über die unter Excel verfügbaren Objektbibliotheken und hilft Ihnen, auch fortgeschrittene Aufgaben mühelos zu meistern. Sie lernen die erforderlichen Werkzeuge kennen und erhalten das notwendige Know-how für den erfolgreichen Einsatz. Ein eigenes Kapitel ist den Visual Tools for Office gewidmet, mit denen sich etwa das Anpassen der Multifunktionsleiste, die Programmierung von individuellen Aufgabenbereichen oder die Abfrage von Web Services realisieren lassen.

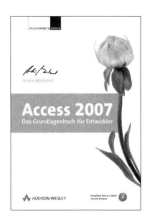

Access 2007 - Das Grundlagenbuch für Entwickler

André Minhorst
1040 Seiten
€ 59,95 [D], € 61,70 [A]
ISBN 978-3-8273-2460-3

André Minhorst stellt in seinem neuen Buch nicht nur die Techniken von Access 2007 vor, sondern zeigt auch, wie man damit und mit den vorhandenen Mitteln das Optimum für professionelle Datenbankanwendungen herausholt. Gleichzeitig lernt der Programmierer die Entwicklungsumgebung genau kennen und erfährt darüber hinaus, wie er diese selbstständig anpassen und erweitern kann. Und nicht zuletzt ist dieses Grundlagenbuch die optimale Ergänzung zum vorliegenden »Access 2007 – Das Praxisbuch für Entwickler«.

André Minhorst

Melanie Breden

Ribbon-Programmierung für Office 2007

Access, Excel, Word, Outlook, PowerPoint

 ADDISON-WESLEY

An imprint of Pearson Education

München • Boston • San Francisco • Harlow, England
Don Mills, Ontario • Sydney • Mexico City
Madrid • Amsterdam

Bibliografische Information der Deutschen Nationalbibliothek

Die Deutsche Nationalbibliothek verzeichnet diese Publikation in der Deutschen
Nationalbibliografie; detaillierte bibliografische Daten sind im Internet über http://dnb.d-nb.de>
abrufbar.

10 9 8 7 6 5 4 3 2 1

11 10 09

ISBN 978-3-8273-2738-3

© 2009 by Addison-Wesley Verlag,
ein Imprint der Pearson Education Deutschland GmbH,
Martin-Kollar-Straße 10-12, D-81829 München/Germany
Alle Rechte vorbehalten
Lektorat: Sylvia Hasselbach, shasselbach@pearson.de
Fachlektorat: Sascha Trowitzsch, trowitzsch@moss-soft.de
Herstellung: Martha Kürzl-Harrison, mkuerzl@pearson.de
Korrektorat: Rita Klingenstein
Coverkonzeption und -gestaltung: Marco Lindenbeck, webwo GmbH, mlindenbeck@webwo.de
Satz: Redaktionsbüro André Minhorst, info@access-im-unternehmen.de
Druck und Verarbeitung: Kösel, Krugzell (www.KoeselBuch.de)
Printed in Germany

LMAA – besser geht's nicht! (nicht, was Sie denken ...)
(A.M.)

Für meinen Sohn Lukas,
der mich oft aus der Ribbon-Welt ins echte Leben zurückgeholt hat. IDADUHDL ;-)
(M.B.)

Inhalt

5   Bilder im Ribbon **165**

6   Ribbons in Access 2007 .... **197**

Vorwort

Am Ribbon scheiden sich die Geister: Entweder es wird geliebt oder es wird gehasst. Dabei sind auch noch mindestens drei Sichtweisen zu unterscheiden: Die eine ist die des Anwenders, der sich mit einer neuen Philosophie der Benutzeroberfläche anfreunden muss und sich erst nach einer gewissen Zeit in der neuen Umgebung zurechtfindet.

Die zweite ist die des Software-Entwicklers, der nicht nur auf die neue Benutzeroberfläche zugreift, sondern dort auch noch Elemente für den Zugriff auf selbst entwickelte Erweiterungen und Anwendungen unterbringen muss.

Die dritte Gruppe liegt irgendwo dazwischen und wird gern »Poweruser« genannt: Er arbeitet nicht nur mit der Anwendung, wie Microsoft sie schuf, sondern passt sie gern auch noch seinen eigenen Bedürfnissen an – beispielsweise, indem er Elemente der Benutzerumgebung so umstellt, dass sie seine Arbeit optimal unterstützen.

Dieses Buch ist speziell für die letzten beiden Gruppen gedacht: Es erläutert, wie Sie die bestehenden Elemente im Ribbon nach Ihren Wünschen anpassen, und zeigt, wie Sie das Ribbon mit neuen, benutzerdefinierten Elementen erweitern oder es sogar von Grund auf neu aufbauen.

Das Erstaunliche an diesem Buch ist, dass wir es überhaupt schreiben mussten. Da bringt Microsoft im Jahr 2007 eine neue Office-Version heraus, deren Anwendungen eine völlig neue Benutzeroberfläche enthalten, mit deren Entwicklung man nach dortigen Angaben bereits im Jahr 2003 begonnen hat, und der einfache Anwender hat nicht den Hauch einer Chance, ohne größeren Aufwand auch nur ein Steuerelement hinzuzufügen, auszublenden oder zu verschieben (es sei denn, er beschränkt sich dabei auf die kleine Schnellzugriffsleiste oben neben dem Office-Button).

Die vorherigen Office-Versionen boten all diese Möglichkeiten und mehr in einem eigenen Dialog an, über den der Anwender die Menü- und Symbolleisten mit ein paar einfachen Mausklicks anpassen konnte (genau genommen brauchte man den Dialog nur zu öffnen, um ihn dann links liegen zu lassen und einfach per Drag and Drop die notwendigen Änderungen am Menü durchzuführen).

Unter Office 2007 müssen Sie zumindest eine XML-Definition mit den gewünschten Änderungen zusammenstellen oder diese anderweitig beziehen (dieses Buch liefert tonnenweise Beispiele für XML-Definitionen).

Wenn Sie benutzerdefinierte Funktionen einsetzen möchten, was das Ribbon im Übrigen sehr gut unterstützt, müssen Sie auch VBA-Kenntnisse vorweisen und einiges an Microsoft-Dokumentation wälzen, weil Sie (abgesehen von Quellen wie dieses Buch) sonst gar nicht an die speziellen Parameterlisten gelangen.

Nun wollen wir aber nicht allzu schwarz sehen: Da Sie dieses Buch nun schon in den Händen halten, sind Sie nicht mehr allzu weit davon entfernt, neben Ihrer Lieblings-Office-Anwendung selbst auch den Umgang mit dem Ribbon so gründlich zu erlernen, dass Sie keinerlei Stolperfallen mehr befürchten müssen.

Geballtes Know-how

Die Autoren des Buchs sind begeisterte Ribbon-Nutzer und auch seine Programmierung macht ihnen richtig Spaß: Vor allem, wenn sie hier und da mal wieder auf einen kleinen Bug stoßen oder die alltäglichen Ribbon-Rätsel lösen, die Microsoft uns geliefert hat.

Melanie Breden ist dabei hauptsächlich in Sachen Excel unterwegs und wurde für ihren ehrenamtlichen Support in der Excel-Newsgroup *microsoft.public.de.excel* seit 2002 regelmäßig als *Microsoft Most Valuable Professional* (MVP) ausgezeichnet. Sie hat bereits zwei Bücher über Excel bei *Addison-Wesley* veröffentlicht. Tätig ist sie als freiberufliche Beraterin und Entwicklerin in Sachen Excel und VBA.

André Minhorst beschäftigt sich hauptsächlich mit Access und allem, was dieses Thema in irgendeiner Weise berührt. Was er herausfindet, veröffentlicht er nicht nur in Büchern bei *Addison-Wesley*, sondern auch im Magazin *Access im Unternehmen*, das er außenredaktionell leitet, und in weiteren Publikationen wie *c't* oder *dotnetpro*. Dies bildet eine gute Symbiose mit der Softwareentwicklung als weiterem Standbein, wobei der Schwerpunkt auf Access 2007 liegt.

Melanie Breden und André Minhorst sind seit dem Erscheinen der ersten Betaversion von Office 2007 mit dem Thema Ribbon vertraut und haben seitdem und gerade während der Arbeit an diesem Buch immer wieder neue Techniken und Tricks herausgefunden. Sie können sicher sein, dass Sie in diesem Buch alles erfahren, was die Ribbon-Forschung bis zu seiner Drucklegung hervorgebracht hat.

Sollten bei der Programmierung des Ribbons einmal Engpässe auftreten, können Sie die Autoren dieses Buchs gern damit beauftragen. Geht es um Excel, Word oder PowerPoint, ist Melanie Breden der richtige Ansprechpartner (*melanie.breden@mvps.org*), und wenn es unter Access, Outlook oder in Zusammenhang mit COM-Add-Ins mal nicht läuft, wenden Sie sich an André Minhorst (*andre@minhorst.com*).

Danke schön!

Der angenehmste Teil eines Vorworts sind die Danksagungen. Ein pauschales Danke geht diesmal an die (überschaubare) Menge von Anwendern und Entwicklern, die sich an die Anpassung und die Programmierung des Ribbons unter Office 2007 herangewagt haben. Sie haben dabei viele Fragen hervorgebracht und es den Autoren damit ermöglicht, die entsprechenden Antworten und mehr in diesem Buch zusammenzustellen.

Unser spezieller Dank geht an die Ribbon-Forscher Gunter Avenius und Sascha Trowitzsch, wobei Letzterer gerade im Rahmen des Fachlektorats dieses Buchs viele Anregungen lieferte. Danke auch an Thomas Unterstenhöfer, dessen Projekt als Spielwiese für einen großen Teil der im Buch vorgestellten Techniken diente.

Rita Klingenstein verdient wieder großes Lob für ihre Tätigkeit als Sprachlektorin – in gewohnt professioneller Weise eliminierte sie die Rechtschreibfehler und bügelte gekonnt stilistische Unebenheiten aus. Unsere Lektorin Sylvia Hasselbach von Addison-Wesley hat uns erfolgreich motiviert, das Buch doch noch so zügig fertigzustellen, dass Sie schon unter Office 2007 und nicht erst unter Office 14 damit arbeiten können, und die Herstellerin Martha Kürzl beharrte stets freundlich darauf, dass wir den geplanten Rahmen nicht sprengten und gleichzeitig den Begriff *Reihenlayout* für diese Buchreihe nicht allzu sehr dehnten.

André Minhorst und Melanie Breden

Hinweise zum Buch und zu den Beispieldateien

Für viele in diesem Buch beschriebene Techniken haben wir Beispieldateien vorbereitet. Wir geben jeweils in einem grauen Kasten zu Beginn eines jeden Kapitels den Namen des Verzeichnisses an, in dem Sie die entsprechenden Beispieldateien finden.

Nur wo befinden sich diese Verzeichnisse? Dem Buch liegt ja offensichtlich keine CD mit Beispieldateien bei. Nun, wir möchten sicherstellen, dass Sie als Käufer des Buchs immer auf die jeweils aktuellste Version zugreifen können, und bieten diese daher als Download an.

Auch wenn wir großen Aufwand betrieben haben, die Beispieldateien fehlerfrei zu gestalten, kann es sein, dass wir etwas übersehen haben. Es wäre verschenkte Zeit, wenn Sie mit einem Fehler in den Beispieldateien auf CD hadern, während wir schon längst eine fehlerbereinigte Version online gestellt haben.

Sie finden die aktuelle Version der Beispieldateien auf der Seite zum Buch unter *http://www.access-entwicklerbuch.de/ribbon*.

Für Tippfaule

Wir haben die Beispiele dieses Buchs in verschiedenen Dokumenten und Datenbanken untergebracht. In den meisten Fällen liefert der Text aber alle notwendigen Listing-Zeilen, die Sie zum Nachvollziehen der Beispiele benötigen – Sie brauchen diese nur noch abzutippen. War nur ein Scherz! Sie finden jede einzelne Zeile Code in einer einzigen Textdatei, aus der Sie das gewünschte Listing einfach nur herauskopieren und am passenden Ort einfügen. Zur besseren Übersicht enthält die Textdatei *Listings.txt* fast genau den Inhalt dieses Buchs – nur dass wir alle Elemente bis auf die Listings und Überschriften entfernt haben.

Diese Datei finden Sie zusammen mit den übrigen Beispieldateien in einem Zip-Archiv, das unter *http://www.access-entwicklerbuch.de/ribbon* zum Download bereitsteht.

Zeilenumbrüche in Listings

Während XML zwar sehr empfindlich ist, was die Groß-/Kleinschreibung angeht, können Sie den Inhalt einer Zeile ruhig auf mehrere Zeilen aufteilen, solange Sie berücksichtigen, dass der XML-Parster Zeilenumbrüche als Leerzeichen interpretiert. Völlig gefahrlos ist dies, wenn Sie zumindest Attributnamen und Werte in einer Zeile belassen.

VBA ist da schon kritischer. Wenn Sie dort eine Zeile umbrechen, müssen Sie an der Stelle des Umbruchs der ersten betroffenen Zeile ein Leerzeichen und einen Unterstrich (_) hinzufügen:

```
MsgBox "Dies ist ein Meldungsfenster", vbOkOnly + vbExclamation, _
    "Meldungsfenstertitel"
```

Der besseren Lesbarkeit halber rücken Sie die Fortsetzungszeile um vier Positionen nach rechts ein.

Wenn Sie eine Anweisung mit einer langen Zeichenkette trennen möchten, müssen Sie zunächst zwei Zeichenketten daraus machen, die Sie mit dem Kaufmanns-Und (&) verknüpfen. Den Umbruch nehmen Sie dann vor oder hinter diesem Zeichen vor:

```
MsgBox "Dies ist ein Meldungsfenster mit einem Text, der sehr lang ist " _
    & "und deshalb im Listing auf zwei Zeilen aufgeteilt werden soll."
```

Warum wir das erwähnen? Nun, im Buch haben wir an solchen Stellen der Einfachheit halber die Zeile einfach umbrochen und dies durch ein spezielles Zeichen gekennzeichnet, das Sie in diesem Beispiel sehen:

```
MsgBox "Dies ist ein Meldungsfenster mit einem Text, der sehr lang ist ⁊
            und deshalb im Listing auf zwei Zeilen aufgeteilt werden soll."
```

1 Ribbons

Mit Office 2007 hat Microsoft Anfang 2007 nicht nur die Office-Anwendungen um Funktionen erweitert, sondern auch die Benutzeroberfläche umgestaltet. Diese Änderungen betreffen die Office-Anwendungen Word, Excel, PowerPoint, Access und Outlook, wobei hier nicht das Hauptfenster, sondern nur die Dialoge für Elemente wie E-Mails, Aufgaben oder Kontakte betroffen sind.

In früheren Versionen von Office bestand die Benutzeroberfläche der Anwendungen aus einem System von Menüs, Symbolleisten, Aufgabenbereichen und Dialogfeldern.

Dieses System wurde in allen Office-Anwendungen einheitlich angewandt. Im Laufe der Jahre wuchs der Funktionsumfang der Office-Anwendungen jedoch, sodass Menü- und Symbolleisten mit jeder neuen Version mehr Funktionen aufnehmen mussten. Dadurch wurde die Menüstruktur immer unübersichtlicher und die Zahl der Elemente immer größer. Das Auffinden bestimmter Funktionen und Befehle gestaltete sich in den zahllosen Symbolleisten und überfrachteten Menüstrukturen beinahe wie ein Irrlauf durch ein Labyrinth.

Die folgende Abbildung zeigt etwa sämtliche in Word 2003 verfügbaren Symbolleisten, die normalerweise im Kontext mit bestimmten Funktionen erscheinen, aber über den *Anpassen*-Dialog (Menüeintrag *Extras | Anpassen ...*) auch komplett eingeblendet werden können.

Das eigentliche Problem der Menüleisten der Office-Anwendungen bis 2003 war noch ein ganz anderes: Durch das Hinzufügen von Funktionen mit jeder neuen Version ergaben sich teilweise recht unhandliche Menütiefen, wie die übernächste Abbildung zeigt.

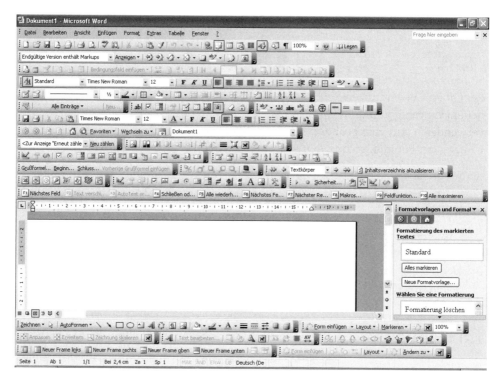

Abbildung 1.1: Benutzeroberfläche in Word 2003 mit allen Symbolleisten

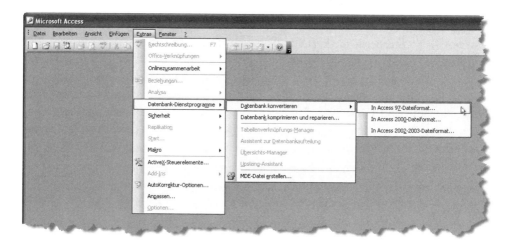

Abbildung 1.2: Verschachtelte Menüstruktur in Access 2003

Mit wachsender Anzahl von Funktionen wuchsen auch die in der Menüleiste unterzubringenden Menüpunkte, was dazu führte, dass die Office-Anwendungen zwar immer mehr Funktionen boten, die Benutzer aber zunehmend größere Probleme bekamen, diese überhaupt zu finden. Das bedeutet, dass die Anwendungen zwar eigentlich alle Funktionen boten, die für die tägliche Arbeit und auch für anspruchsvollere Anforderungen nötig waren, die Benutzer sie aber nicht nutzten, weil sie diese schlicht nicht fanden.

So beschloss Microsoft, einen Schlussstrich zu ziehen und nicht nur die Menüstruktur der Office-Anwendungen komplett zu überarbeiten, sondern die Menüs direkt in ganz neuem Gewand zu präsentieren. Man hatte erkannt, dass die seit *Word for Windows 1.0* verwendeten und vom grundsätzlichen Aufbau her nahezu unveränderten Menüs dem Umfang der Funktionen und den Anforderungen nicht mehr gewachsen waren.

Immerhin ist die Anzahl der Menüpunkte von Word 1.0 über die Versionen bis hin zu Word 2003 von rund 50 auf über 250 gewachsen – die Wachstumsrate der Symbolleisten übertrifft dies noch.

Dies war die Geburtsstunde der Ribbons, deren Entwicklung 2003 begann und in der neuen Steuerzentrale der Anwendungen von Office 2007 resultiert. Ausführliche Informationen zur Entstehung des Ribbons finden Sie unter *http://blogs.msdn.com/ jensenh/archive/2008/03/12/the-story-of-the-ribbon.aspx*.

1.1 Ribbons

Die gängige Bezeichnung der Ribbons in den deutschen Sprachversionen von Office lautet Multifunktionsleisten. Da uns aber zum einen der englische Ausdruck *Ribbon* wesentlich leichter über die Lippen geht und wir zudem im Zeitalter der Globalisierung leben, verwenden wir in diesem Buch den Ausdruck *Ribbon*.

Die neue Benutzeroberfläche besteht aus einem Ribbon, das in der linken oberen Ecke eine Schaltfläche aufweist, den sogenannten Office-Button. Das damit zu öffnende Office-Menü enthält im Wesentlichen die Befehle des ehemaligen Datei-Menüs. Daneben verfügt ein Ribbon über einen oder mehrere Tabs (Registerkarten), die beim Anklicken die Steuerelemente und Funktionen anzeigen, die thematisch zum ausgewählten Tab gehören. Jedes Tab enthält verschiedene Groups (Gruppen), auf denen Controls (Befehle) platziert sind. Teilweise werden mehrere Controls in sogenannten ControlGroups zusammengefasst.

Ein weiterer Bestandteil des Ribbons ist die Schnellzugriffsleiste (Quick Access Toolbar, kurz QAT), die wahlweise über oder unter der Registerleiste angezeigt werden kann. Die Schnellzugriffsleiste ist vom Prinzip her das einzige Element, das mit dem früheren Oberflächenkonzept vergleichbar ist. Auf ihr kann der Benutzer oft benötigte Befehle platzieren, um schneller auf diese zuzugreifen.

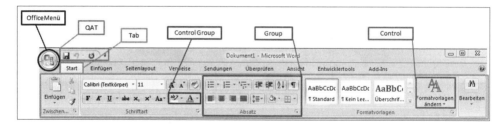

Abbildung 1.3: Ribbon-Benutzeroberfläche in Word 2007

In Office-Versionen bis einschließlich Office 2003 kann der Benutzer die vorhandenen Symbolleisten über die Benutzeroberfläche oder per VBA seinen Bedürfnissen anpassen. In Office 2007 ist es weder über die Benutzeroberfläche noch mit VBA-Programmierung möglich, die standardmäßig angezeigten Tabs, Groups und Controls des Ribbons zu verändern – okay, es gibt ein paar Tricks, dies per VBA zu erledigen, aber dazu später mehr.

Die Anpassung der Ribbons in Access, Outlook, Word, Excel und PowerPoint erfolgt weitgehend mit der gleichen syntaktischen Grundstruktur, die sich aus einer Definition des Layouts per XML-Dokument und dem Hinzufügen von Funktionen in VBA-Routinen zusammensetzt. Neben kleinen Unterschieden im notwendigen XML- und VBA-Code gibt es jedoch größere Unterschiede bei der Zuweisung der gewünschten Anpassungen, die jedoch in der Natur der jeweiligen Anwendung begründet sind.

So kann man etwa den XML-Code für die Anpassungen in Anwendungen wie Word, Excel und PowerPoint, die zur Anzeige und Bearbeitung von Dokumenten im *Office Open XML*-Format dienen, innerhalb dieser Dokumente speichern. Access liefert durch sein Wesen als Datenbanksystem ganz andere Möglichkeiten, die für die Anpassung nötigen Daten zu speichern, und Outlook benötigt gar Hilfe von außen, denn ohne die Programmierung von Add-Ins auf Basis von VB6 oder einer der .NET-Programmiersprachen geht hier gar nichts. All dies finden Sie in ausführlicher Form in den folgenden Kapiteln; nun kümmern wir uns zunächst um ein einfaches Beispiel für den Einstieg.

1.2 Aus Alt mach Neu oder: Wo sind meine *CommandBars*?

Wo finden Sie die benutzerdefinierten Menüeinträge und Symbolleisten von Dokumenten, die Sie auf Basis älterer Office-Versionen erstellt beziehungsweise gespeichert haben?

In vielen Office-Anwendungen bis Office 2003 konnte man die Menüleiste und die Symbolleisten manuell über den *Anpassen*-Dialog oder per VBA verändern. So konn-

te man neue Menübefehle hinzufügen oder Standardmenüs deaktivieren oder ausblenden. Office 2007 erlaubt nach wie vor die Ausführung von Code, der auf das
CommandBars-Objektmodell zugreift – vorausgesetzt, das Dokument hat eine entsprechende Dateiendung, dazu später mehr.

Allerdings können Sie damit nicht die den alten Menüeinträgen entsprechenden
Ribbon-Elemente steuern, (de)aktivieren oder ein-/ausblenden, sondern nur Elemente
handhaben, die Sie selbst per Code oder per *Anpassen*-Dialog zur Anwendung hinzugefügt haben. Dass dies von Microsoft nicht unbedingt gewünscht ist und wohl nur für
den Übergang geduldet wird, wird deutlich, wenn man sich anschaut, wo solche selbst
erzeugten Elemente landen: Immer wenn Sie mit VBA-Code ein Steuerelement zu einer
Menü- oder Symbolleiste hinzufügen, erscheint die Registerkarte *Add-Ins* und zeigt die
eingefügten Befehle je nach verwendeter Symbolleiste in verschiedenen Gruppen an. Es
spielt dabei keine Rolle, an welcher Menüposition der Befehl in älteren Versionen der jeweiligen Office-Anwendung platziert wurde. Alle hinzugefügten Befehle werden in der
Reihenfolge ihrer Erstellung von oben nach unten und von links nach rechts angezeigt.

Das gilt auch für Office-Dokumente älterer Bauart oder für Office 2007-Dokumente, die
in einer älteren Office-Version erstellt und in das Format der entsprechenden Office
2007-Anwendung konvertiert wurden: Alle Menü- oder Symbolleistenelemente gelangen unter Office 2007 in das *Add-In*-Tab.

Abbildung 1.4: Per VBA erstellte benutzerdefinierte Befehle zeigt das Ribbon im Register *Add-
Ins* an.

Das bedeutet zwar, dass diese Elemente noch da sind, aber wer eine professionell wirken-
de Vorlage, ein Add-In oder eine Anwendung bauen möchte, wird dies den Benutzern
nicht zumuten wollen und früher oder später das Ribbon entsprechend anpassen.

1.3 Neue Dateiformate in 2007

Mit Office 2007 hat Microsoft für die Anwendungen Word, Excel und PowerPoint
neue, XML-basierte Dateiformate eingeführt. Damit soll die Dateigröße reduziert sowie die Sicherheit, Zuverlässigkeit und die Integration in externe Quellen verbessert
werden. Die neuen Dateiformate optimieren zudem die Datei- und Datenverwaltung,

Datenwiederherstellung und Interoperabilität mit Geschäftssystemen. Jede Anwendung, die XML unterstützt, kann auf Daten im neuen Dateiformat zugreifen und diese verarbeiten. Die Anwendung muss nicht Teil des Systems und nicht einmal ein Microsoft-Produkt sein.

Die im sogenannten *Office Open XML*-Format gespeicherten Dokumente sind an einer neuen Dateinamenerweiterung zu erkennen, die gegenüber den bestehenden Dateiendungen einen weiteren Buchstaben enthält. Word 2007, Excel 2007 und Power-Point 2007 speichern Dokumente im neuen Dateiformat jeweils unter einem Dateinamen, dessen Endung entweder um den Buchstaben *x* oder *m* erweitert wird.

Dokumente mit einem *m* am Ende der Dateinamenendung können enthaltenen VBA-Code ausführen, solche mit einem *x* können dies nicht.

Um die Kompatibilität zu früheren Office-Versionen zu gewährleisten, stehen beim Speichern von Dokumenten neben den neuen Dateiformaten auch alle alten Dateiformate aus den vorherigen Versionen zur Verfügung.

Nachfolgende Tabelle veranschaulicht zu der jeweiligen Anwendung die herkömmlichen Dateinamenerweiterungen in den Excel-Versionen 97 bis 2003 zu den in Office 2007 verwendbaren neuen Office Open XML-Formaten:

Dateityp	Erweiterung in Office 97 bis 2003	Erweiterung in Office 2007
Word-Dokument	.doc	.docx
Word-Dokument mit aktivierten Makros	.doc	.docm
Word-Vorlage	.dot	.dotx
Word-Vorlage mit aktivierten Makros	.dot	.dotm
Excel-Arbeitsmappe	.xls	.xlsx
Excel-Arbeitsmappe mit aktivierten Makros	.xls	.xlsm
Excel-Vorlage	.xlt	.xltx
Excel-Vorlage mit aktivierten Makros	.xlt	.xltm
Binäre Excel 2007-Arbeitsmappe	./.	.xlsb
Excel-Add-In mit aktivierten Makros	.xla	.xlam
PowerPoint-Präsentation	.ppt	.pptx
PowerPoint-Präsentation mit aktivierten Makros	.ppt	.pptm
PowerPoint-Vorlage	.pot	.potx
PowerPoint-Vorlage mit aktivierten Makros	.pot	.potm
PowerPoint-Bildschirmpräsentation	.pps	.ppsx
PowerPoint-Bildschirmpräsentation mit aktivierten Makros	.pps	.ppsm

Tabelle 1.1: Liste der Dateinamenerweiterungen für Office 2007-Dokumenttypen

Neues Access-Dateiformat

Auch für Access-Entwickler hat Microsoft ein neues Dateiformat parat: Dort trägt man dem Umstand Rechnung, dass Access nun eine eigene Version der Jet-Engine verwendet, die ACE heißt. Die Dateiendungen ändern sich wie in der folgenden Tabelle aufgeführt:

Dateityp	Erweiterung in Office 97 bis 2003	Erweiterung in Office 2007
Standard-Datenbank	.mdb	.accdb
Kompilierte Datenbank ohne Sourcecode	.mde	.accde
Runtime-Version	./.	.accdr
Vorlagen-Datenbanken	.mdt	.accdt
Add-In-Datenbank	.mda	.accda
Assistent-Datenbank	.mdz	./.
Feldbeschreibungs-Datenbank	./.	.accdf
Arbeitsgruppen-Sicherheitsdatei	.mdw	./.

Tabelle 1.2: Liste der Dateinamenerweiterungen für Access-Datenbanken

1.4 Hin- und herkonvertieren

Eine Datei, in einem der alten Dateiformate gespeichert, können Sie in der jeweiligen Office 2007-Anwendung über den Befehl *Konvertieren* aus dem Office-Menü in das entsprechende neue Dateiformat konvertieren. Damit können Sie in einem Dokument die neuen und erweiterten Features des neuen Dateiformats verwenden.

Ebenso funktioniert auch der umgekehrte Weg: Word-, Excel- oder PowerPoint-Dateien im XML-basierenden *Office Open XML*-Format speichern Sie über die Office-Schaltfläche *Speichern unter* als Word 97–2003-Dokument, als Excel 97–2003-Arbeitsmappe oder als PowerPoint 97–2003-Präsentation.

Für Benutzer, die mit den Office Versionen 2000, XP oder 2003 arbeiten, hat Microsoft ein Compatibility Pack entwickelt, das unter folgender Adresse bereitsteht: *http://www. microsoft.com/downloads/details.aspx?familyid=941b3470-3ae9-4aee-8f43-c6bb74cd1466 &displaylang=de.*

Durch Installieren des Compatibility Packs zu Office XP oder Office 2003 können Sie unter Office 2007 erstellte *Office Open XML*-Dateien öffnen, bearbeiten, speichern und erstellen. Benutzer von Office 2000, Windows 2000 SP4 und höher haben die Möglichkeit, *Office Open XML*-Formate vom Windows-Explorer aus in binäre Dateiformate zu konvertieren.

1.4.1 Ein Container für jede Datei

Jede Datei, die in einem der neuen *Office Open XML*-Formate gespeichert ist, besteht aus einem Dateicontainer, der auf einer einfachen, komponentenbasierten und komprimierten ZIP-Dateiformatspezifikation aufbaut.

Kern der neuen *Office Open XML*-Formate ist die Verwendung von XML-Referenzschemas und eines ZIP-Containers. Jede Datei setzt sich aus einer Auflistung einer beliebigen Anzahl von Komponenten zusammen. Diese Auflistung definiert das Dokument.

Dokumentkomponenten werden mithilfe des ZIP-Formats in der Containerdatei beziehungsweise dem Paket gespeichert. Bei den meisten Komponenten handelt es sich um XML-Dateien, die in der Containerdatei gespeicherte Anwendungsdaten, Metadaten und sogar Kundendaten beschreiben.

Im Containerpaket können andere, Nicht-XML-Komponenten einschließlich Komponenten wie Binärdateien, die im Dokument eingebettete Bilder oder OLE-Objekte darstellen, enthalten sein. Zusätzlich werden durch Beziehungskomponenten die Beziehungen zwischen Komponenten festgelegt.

Dieser Entwurf stellt die Struktur für Office-Dateien dar. Während sich der Inhalt der Datei aus Komponenten zusammensetzt, beschreiben die Beziehungen, wie die einzelnen Komponenten zusammenarbeiten.

Die Zusammensetzung einer Datei nach dem *Office Open XML*-Standard können Sie sich ansehen, indem Sie eine Datei extrahieren. Gehen Sie dazu wie folgt vor:

▶ Erstellen Sie einen temporären Ordner, in dem Sie die Datei und zugehörige Komponenten speichern möchten.

▶ Speichern Sie etwa eine Excel 2007-Arbeitsmappe, die Text, Bilder und andere Elemente enthält, als *.xlsx*- oder *.xlsm*-Datei und schließen Sie die Arbeitsmappe in Excel.

▶ Hängen Sie im Windows Explorer die Erweiterung *.zip* an das Ende des Dateinamens an.

▶ Bestätigen Sie den nun erscheinenden Hinweis mit einem Klick auf die Schaltfläche *Ja*.

▶ Durch einen Doppelklick auf die Datei wird die Ordnerstruktur geöffnet und die Einzelkomponenten, aus der die Datei besteht, werden angezeigt. Je nach Inhalt der Datei werden nur die tatsächlich benötigten Ordner zur Speicherung einzelner Komponenten erstellt.

▶ Um die Datei wieder in der Office-Anwendung bearbeiten zu können, stellen Sie einfach den alten Dateinamen wieder her.

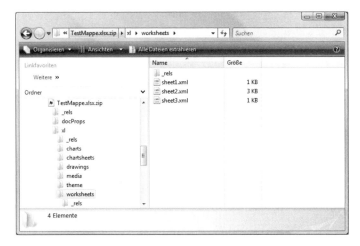

Abbildung 1.5: Komprimierter Zip-Container einer Excel-Arbeitsmappe

1.4.2 Ribbons anpassen

Die standardmäßig in Office integrierten Ribbons mit ihren Tabs, Groups und Controls wurden von Microsoft so in die interne Anwendungsstruktur integriert, dass eine direkte Bearbeitung durch den Benutzer oder Entwickler über die Benutzeroberfläche oder auch über ein Objektmodell, wie bei den Menü- und Symbolleisten von Office 2003 und älter, nicht möglich ist.

Stattdessen formulieren Sie die gewünschten Änderungen etwa zum Ausblenden oder Deaktivieren integrierter Elemente oder zum Hinzufügen eigener Tabs, Groups und Controls in das Ribbon nach einem bestimmten Schema in der Auszeichnungssprache XML. Wie ein XML-Dokument zur Anpassung des Ribbons aussieht, ist an dieser Stelle noch gar nicht wichtig. Erstmal interessiert uns, wie man die in einem XML-Dokument formulierten Anpassungen für den Benutzer sichtbar macht.

Dazu gibt es mehrere Möglichkeiten, die auch davon abhängen, in welchem Zusammenhang die Anpassungen gültig sein sollen. Es kann sein, dass der Benutzer eine dauerhafte Änderung wünscht, um etwa Befehle aus dem Office-Menü direkt im Start-Tab einer Office-Anwendung verfügbar zu machen, oder eine Änderung soll nur in Zusammenhang mit einer bestimmten Dokumentvorlage wirksam werden. Vielleicht ist es aber auch nur ein einziges Dokument, wie eine Excel-Datei, die ja prinzipiell eine eigene Anwendung sein kann, das Änderungen am Ribbon hervorrufen soll.

Wo man nun Hand anlegen muss, um eine Anpassung des Ribbons zu erreichen, hängt auch von der Anwendung ab: Bei Excel, Word und PowerPoint kann man dies durch Manipulation des jeweils geladenen Dokuments erreichen (wobei dies auch eine normale oder eine globale Vorlage sein kann), bei Access funktioniert dies ebenfalls über eine, wenn auch anders geartete, Anpassung der geladenen Datei und in Outlook sind schon richtige Programmierkenntnisse gefragt.

Da wir uns aber um Access und Outlook in späteren Kapiteln kümmern, geht es zunächst zu den *Office Open XML*-Dokumenten, die ohne großen Änderungsaufwand sowohl als Dokumente als auch als Vorlagen verwendet werden können.

Dort speichert man die gewünschten Ribbon-Anpassungen in einem XML-Dokument, das zwingend den Dateinamen *customUI.xml* haben muss und in einem Ordner mit der Bezeichnung *customUI* gespeichert wird, der sich im Containerpaket der *Office Open XML*-Datei befindet. Es reicht aber nicht aus, die XML-Datei einfach nur innerhalb des Paketes zu speichern, Sie müssen der Anwendung, die dieses Dokument öffnet, auch noch mitteilen, dass dort eine solche Datei enthalten ist.

Um eine Beziehung zwischen der Arbeitsmappendatei und der Anpassungsdatei herzustellen, muss in der *_rels*-Datei ein Verweis auf die XML-Anpassungsdatei hinterlegt werden.

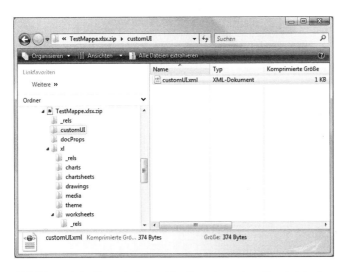

Abbildung 1.6: Komprimierter Zip-Container einer Excel-Arbeitsmappe mit XML-Anpassungsdatei

Da es einen beträchtlichen Aufwand bedeutet, die genannten Dateien und Ordner bei jeder Datei, in der das Ribbon geändert werden soll, zu erstellen und zu modifizieren, verwenden Sie am besten den *Custom UI Editor*, den Sie unter folgender Adresse kostenlos downloaden können:

http://openxmldeveloper.org/articles/CustomUIeditor.aspx

Der *Custom UI Editor* ist ein praktisches kleines Tool zum Einfügen von Ribbon-XML-Code und der dazugehörigen Bilder in Dateien im *Office Open XML*-Format. Die Beispiele in diesem Buch für Word, Excel und PowerPoint haben wir ebenfalls mit dem von Microsoft empfohlenen *Custom UI Editor* entwickelt.

Der *Custom UI Editor* erstellt beim Bearbeiten eines *Office Open XML*-Dokuments automatisch den Ordner *CustomUI* mit der *customUI.xml*-Definitionsdatei und speichert beides im Dokument. Wenn Sie die Ribbon-Definition in einer Datei nicht mehr benötigen und den Programmcode in einer *customUI.xml* komplett entfernen, wird die jeweilige Office-Anwendung beim Öffnen der Datei eine Fehlermeldung anzeigen.

Um diese Fehlermeldung zu verhindern, muss die XML-Definitionsdatei mindestens das Stammelement zur Identifikation enthalten.

Der *Custom UI Editor* ist nicht in der Lage, ein leeres XML-Dokument automatisch zu löschen, und es gibt für diesen Zweck auch keinen entsprechenden Befehl im Programm.

Um die *customUI.xml*-Datei aus dem Datei-Container zu entfernen, müssen Sie die Dateistruktur durch Erweitern des Dateinamens um die Endung *.zip* sichtbar machen und die Datei *customUI.xml* sowie den Ordner *CustomUI* manuell löschen. Entfernen Sie anschließend die *.zip*-Erweiterung, damit Sie die Office-Datei wieder mit der zugehörigen Office-Anwendung öffnen können.

1.5 Einführendes Beispiel für eine Änderung des Excel-Ribbons

Am Beispiel einer Excel-Arbeitsmappe zeigen wir Ihnen die Schritte zum Erstellen einer einfachen Ribbon-Schaltfläche, die per Mausklick eine Aktion auslöst.

Zusammengefasst sind folgende Schritte erforderlich:

▷ Erstellen Sie eine Excel-Arbeitsmappe. Speichern und schließen Sie diese anschließend.

▷ Starten Sie den *Custom UI Editor* und öffnen Sie die zuvor erstelle Excel-Datei.

▷ Fügen Sie im *Custom UI Editor* den XML-Code ein, der die Ribbon-Anpassung beschreibt, und addieren Sie eventuell benötigte Bilder.

▷ Prüfen Sie den XML-Code mit der *Validieren*-Funktion des *Custom UI Editors*.

▷ Speichern und schließen Sie die Excel-Arbeitsmappe im *Custom UI Editor*.

▷ Öffnen Sie die Excel-Arbeitsmappe wieder in Excel, um sich das Ergebnis der Ribbon-Änderung anzusehen.

▷ Fügen Sie VBA-Prozeduren in das VBA-Projekt der Excel-Arbeitsmappe ein, die durch Schaltflächen und andere Steuerelemente ausgelöst werden sollen.

Arbeitsmappe erstellen

Als Erstes erstellen Sie eine Excel-Arbeitsmappe, in der eine kleine Tabelle Ihre Ausgaben überwachen soll. Mit ein paar Mausklicks auf die Registerkarte *Start | Formatvorlagen | Als Tabelle formatieren* erstellen Sie aus der einfachen Liste eine ansprechende farbliche Tabelle mit Filterfunktion, die auch gleich eine Ergebniszeile mitbringt:

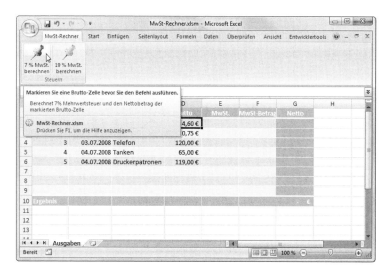

Abbildung 1.7: Excel-Arbeitsmappe mit formatierter Ausgaben-Tabelle

Als Nächstes füllen Sie die Tabelle mit Daten, was mit entsprechenden Belegen bis einschließlich der *Brutto*-Spalte noch unproblematisch ist. Was jetzt noch fehlt, ist die Angabe des Mehrwertsteuersatzes (7% oder 19%) sowie die Berechnung der Mehrwertsteuer und des Netto-Betrags. Dies ließe sich natürlich auch mit Formeln berechnen, aber komfortabler ist es, wenn Sie nur auf eine Schaltfläche zu klicken brauchen und die fehlenden Angaben dadurch automatisch in die Tabelle eingefügt werden. Und genau das ist die Aufgabe der zwei Schaltflächen, die Sie nun dem Ribbon hinzufügen.

Speichern und schließen Sie zunächst die Excel-Arbeitsmappe. Um eine Excel-Arbeitsmappe mit Ribbon-Code auszustatten, ist es nicht zwingend erforderlich, dass die Datei in dem für Makros erlaubten Dateiformat **.xlsm* gespeichert wird. Wenn in der Datei selbst kein VBA-Makrocode enthalten ist, können Sie diese auch im Dateiformat **.xlsx* speichern. Die Ribbon-Definition wird von beiden Dateiformaten eingelesen. Wenn die durch die Ribbon-Definition hinzugefügten Steuerelemente jedoch VBA-Routinen aufrufen sollen, müssen Sie die Dateiendung *.xlsm* verwenden.

Starten Sie den *Custom UI Editor*, öffnen Sie über das Menü *File | Open* die zuvor erstellte Excel-Datei und fügen Sie folgenden XML-Code in das Fenster des Editors ein:

```
<customUI xmlns="http://schemas.microsoft.com/office/2006/01/customui">
    <ribbon startFromScratch="false">
        <tabs>
            <tab id="tab1" insertBeforeMso="TabHome" label="MwSt-Rechner">
                <group id="grp1"
                        label="Steuern">
                    <button id="btn7"
                            image="pin2_green"
                            size="large"
                            label="7 % MwSt. berechnen"
                            screentip="Markieren Sie eine Brutto-Zelle, bevor
                                    Sie den Befehl ausführen."
                            supertip="Berechnet 7% Mehrwertsteuer und den
                                    Nettobetrag der markierten Brutto-Zelle"
                            onAction="btn_onAction"/>
                    <separator id="sep1" />
                    <button id="btn19"
                            image="pin2_orange"
                            size="large"
                            label="19 % MwSt. berechnen"
                            screentip="Markieren Sie eine Brutto-Zelle, bevor
                                    Sie den Befehl ausführen."
                            supertip="Berechnet 19% Mehrwertsteuer und den
                                    Nettobetrag der markierten Brutto-Zelle"
                            onAction="btn_onAction"/>
                </group>
            </tab>
        </tabs>
    </ribbon>
</customUI>
```

Listing 1.1: Ribbon-Schaltflächen zur Mehrwertsteuer-Berechnung definieren (*MwSt-Rechner.xlsm*)

XML-Code validieren

Wenn Sie Ihren XML-Code fertiggestellt haben, sollten Sie ihn auf seine Gültigkeit/ Lauffähigkeit hin überprüfen. Klicken Sie dazu im *Custom UI Editor* auf die Schaltfläche *Validate*. Mögliche fehlerhafte Elemente zeigt das Tool per Meldungsfenster an. Wenn der gesamte XML-Code wohlgeformt, also gültig ist, erscheint ebenfalls ein entsprechendes Meldungsfenster.

Auch einwandfrei validierter XML-Programmcode wird unter Umständen zur Laufzeit (also bei Dateiöffnung etwa einer Excel-Datei) nicht einwandfrei ausgeführt. Damit

Excel mögliche Fehler anzeigt, aktivieren Sie in den Excel-Optionen (Office-Menü/ Schaltfläche *Excel-Optionen*) im Bereich *Erweitert\|Allgemein* die Option *Fehler in Benutzeroberflächen in Add-Ins anzeigen*.

Eigene Icons einfügen

In obiger XML-Definition befinden sich zwei benutzerdefinierte Bild-Verweise (*pin2_green* und *pin2_orange*), die auf den beiden Schaltflächen angezeigt werden sollen:

```
... image="pin2_green" ....
```

Benutzerdefinierte Symbole können Sie in Form von Bilddateien einfügen, die in einem der folgenden Dateitypen vorliegen müssen:

- PNG (**.png*)
- BMP (**.bmp*)
- TIF (**.tif*)
- ICO (**.ico*)
- JPG (**.jpg*)

Klicken Sie im *Office Open XML*-Dokument auf das Symbol *Insert Icons* und laden Sie die Bilddateien aus einem beliebigen Ordner Ihrer Festplatte in den Editor.

Abbildung 1.8: Eigene Icons in das *Office Open XML*-Dokument einfügen

Auf diese Weise importierte Bilddateien zeigt der Editor in der rechten Fensterhälfte des Editors an. Per Rechtsklick auf eine Bilddatei können Sie deren ID ändern.

Geben Sie im Code bei der Zuweisung des *image*-Attributs die genaue ID-Bezeichnung der gewünschten Bilddatei ohne Dateiendung an.

Bilder dynamisch einfügen

Sie können Bilder auch auf andere Arten in Dokumente einsetzen und diese den Ribbon-Steuerelementen dynamisch zur Laufzeit hinzufügen. Mehr zu diesem Thema erfahren Sie später in Kapitel 5, »Bilder im Ribbon«.

Bei Verwendung von benutzerdefinierten Bilddateien dürfen die Dateinamen keine Umlaute (*ä, ü, ö*) oder Leerzeichen enthalten. Auch wenn die Bezeichnungen der Bilddateien nachträglich im *Custom UI Editor* geändert werden, liefert die Office-Anwendung beim Öffnen der Datei sofort eine Fehlermeldung und zeigt die geänderte Ribbon-Benutzeroberfläche gar nicht oder fehlerhaft an.

Die über den *Custom UI Editor* eingefügten Icons werden mit der Datei gespeichert und dadurch auch bei Weitergabe der Datei auf anderen PCs problemlos angezeigt. Die nachfolgende Abbildung zeigt den Speicherort der Icons innerhalb des Excel-Datei-Containers.

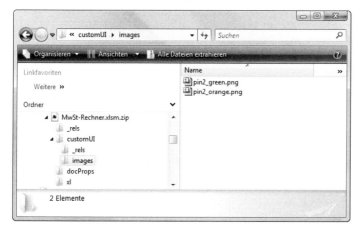

Abbildung 1.9: Speicherpfad benutzerdefinierter Icons innerhalb der Excel-Arbeitsmappe

Wenn Sie nachträglich die Icons ändern wollen, müssen Sie übrigens nicht zwingend den XML-Code ändern, sondern ersetzen im Ordner *images* die alten Bilder durch neue und benennen die neuen Bilddateien nach den alten Dateinamen.

33

Auf Fehlersuche

Einige Ribbon-Fehler erkennt der *Custom UI Editor* nicht, weil diese erst zur Laufzeit auftreten. Dabei handelt es sich meist um Fehler im Zusammenhang mit den durch das Ribbon aufgerufenen Callback-Funktionen. Entweder ist eine dort angegebene Funktion nicht vorhanden, die angegebenen Parameter stimmen nicht oder die Routine selbst löst einen Fehler aus. Diese Fehler bleiben unerkannt, solange Sie die Fehlerbehandlung nicht explizit aktivieren. Sie finden diese in den Optionen der jeweiligen Anwendung im Bereich *Erweitert*. Die Option heißt *Fehler in Benutzeroberflächen in Add-Ins anzeigen* und ist insofern ungünstig benannt, als Ribbons auch auf anderen Wegen als durch Add-Ins zu einem Dokument oder einer Anwendung hinzugefügt werden können. Die Option gilt für alle Office-Anwendungen. Wenn Sie diese also in Word deaktivieren, zeigen auch Excel, Access und Co. keine Ribbon-Fehler mehr an und umgekehrt.

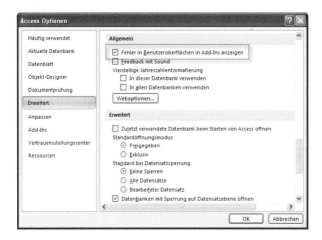

Abbildung 1.10: Aktivieren der Fehlerbehandlung für das Ribbon

Über VBA-Prozeduren, -Funktionen und Callbacks

Das oben vorgestellte XML-Listing zu diesem Beispiel weist den beiden enthaltenen Schaltflächen über das *onAction*-Attribut je eine VBA-Prozedur zu, die aufgerufen werden soll, wenn der Benutzer auf eine der beiden Schaltflächen klickt:

```
... onAction="btn_onAction" ...
```

Beide Ribbon-Schaltflächen verweisen im XML-Code auf die gleiche VBA-Prozedur. Das ist durchaus korrekt: Die VBA-Prozedur ermittelt anhand eines Parameters, woher der Aufruf kommt, und führt die entsprechende Aktion durch. Alternativ können Sie auch verschiedene Prozedurnamen verwenden.

In der Ribbon-Programmierung bezeichnet man VBA-Routinen, die von Ribbon-Steuerelementen aufgerufen werden, als Callback-Funktionen. Dem versierten VBA-

Programmierer wird sicherlich auffallen, dass hier von Funktionen die Rede ist. Die sogenannten Funktionen werden jedoch unter VBA als Sub-Prozeduren definiert, die noch nicht einmal Rückgabewerte im klassischen Sinne besitzen.

Stattdessen liefert man den Rückgabewert, so denn einer gefragt ist, über einen Übergabeparameter der jeweiligen Sub-Routine zurück. Mehr dazu erfahren Sie in Kapitel 4, »VBA und Callbacks«, dieses Buches.

Je nach verwendetem Steuerelement benötigen Callback-Funktionen unterschiedliche Parameter in ihrer Deklaration. Die erforderlichen Codegerüste der im XML-Code angegebenen Callbacks liefert ihnen für Word, Excel und PowerPoint ebenfalls der *Custom UI Editor*.

Mit einem Klick auf das Symbol *Generate Callbacks* wird ein weiteres Registerfenster im Editor sichtbar, das die benötigten Codegerüste anzeigt. Kopieren Sie die Codegerüste, indem Sie den Code mit der Maus markieren, die rechte Maustaste drücken und im Kontextmenü den Befehl *Copy* aufrufen.

Abbildung 1.11: Codegerüst von Callback-Funktionen für im XML-Code definierte Steuerelemente

Nachdem nun der XML-Code und die benötigten Bildverweise über den *Custom UI Editor* in die Excel-Arbeitsmappe eingefügt wurden, speichern Sie die Datei im Editor und schließen sie über das Menü *File | Close*.

Callbacks in Excel bereitstellen

Nach dem Öffnen der Beispieldatei in der Excel-Anwendung zeigt Excel als Erste der Registerkarten das neue Tab *MwSt-Rechner*. Dieses *Tab* enthält die Gruppe *Steuern* mit den beiden Ribbon-Schaltflächen zur Berechnung der Mehrwertsteuer. Führen Sie den Mauszeiger über eine der Schaltflächen, um die hinterlegten Hilfetexte anzuzeigen:

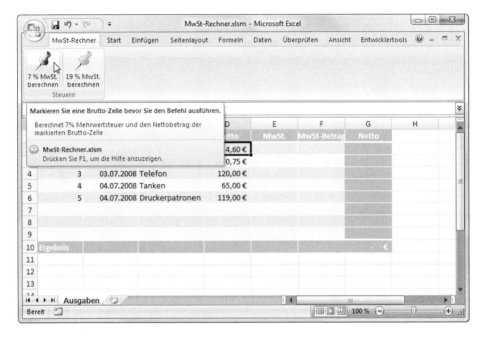

Abbildung 1.12: Ribbon-Schaltflächen zur Berechnung der Mehrwertsteuer

Wenn Sie jetzt auf eine der beiden Schaltflächen klicken, erhalten Sie eine Fehlermeldung, weil die aufzurufende Prozedur nicht gefunden wurde. Das ändern wir sofort:

Öffnen Sie den VBA-Editor, indem Sie in der Excel-Anwendung zur Registerkarte *Entwicklertools* wechseln und in der Gruppe *Code* die Schaltfläche *Visual Basic* anklicken (falls die Registerkarte *Entwicklertools* nicht sichtbar sein sollte, lässt sie sich über die Optionen der Anwendung unter *Häufg verwendet | Entwicklerregisterkarte in Multifunktionsleisten anzeigen* aktivieren).

Markieren Sie im Projekt-Explorer auf der linken Seite des Editor-Fensters das Modul *VBA-Projekt (MwSt.Rechner.xlsm)* und fügen Sie über das Menü *Einfügen | Modul* ein neues Standardmodul in das VBA-Projekt ein.

Im Eigenschaftenfenster des Moduls können Sie den Modulnamen *Modul1* in eine aussagekräftigere Bezeichnung wie *mdl_01_Callbacks* umbenennen.

Fügen Sie in das Codefenster auf der rechten Editorseite das Codegerüst der Callback-Funktion ein, die Sie im *Custom UI Editor* in die Zwischenablage kopiert haben.

Das Ergebnis sieht dann wie folgt aus:

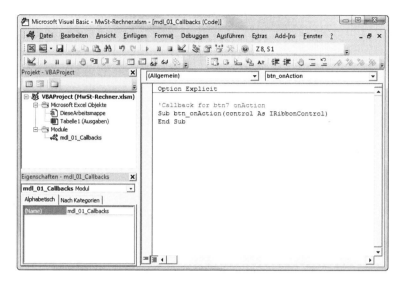

Abbildung 1.13: Excel-VBA-Editor mit Callback-Funktion

Das Anklicken einer Ribbon-Schaltfläche in diesem Beispiel löst zwar jetzt keine Fehlermeldung mehr aus, aber es passiert auch im Tabellenblatt noch nichts. Sie müssen die Callback-Funktion erst wie jede normale VBA-Routine mit den nötigen Befehlen vervollständigen. Da wir Grundlagen der VBA-Programmierung bei Lesern dieses Buchs voraussetzen, verzichten wir an dieser Stelle auf eine ausführliche Beschreibung des VBA-Codes. Sie finden einige erklärende Kommentare zum Code innerhalb der Prozedur. Auf die Verwendung des *IRibbonControl*-Parameters gehen wir in den folgenden Kapiteln noch ausführlich ein.

```
Public Sub btn_onAction(control As IRibbonControl)
    With ActiveCell
        'Prüfen, ob eine Brutto-Zelle markiert wurde
        If Cells(1, .Column).Value <> "Brutto" Then
            MsgBox "Es wurde keine Brutto-Zelle markiert.", vbExclamation
            Exit Sub
        End If
        'Prüfen, ob Zelle einen Zahlenwert enthält
        If IsNumeric(.Value) And .Value > 0 Then
            'Prüfen, welche Schaltfläche angeklickt wurde
            Select Case control.ID
                Case "btn7"
                    'MwSt. Satz und Berechnungen in Zellen schreiben
                    Cells(.Row, "E").Value = "7%"
                    Cells(.Row, "F").Value = .Value - .Value / 1.07
```

```
                        Cells(.Row, "G").Value = .Value / 1.07
                Case "btn19"
                    Cells(.Row, "E").Value = "19%"
                    Cells(.Row, "F").Value = .Value - .Value / 1.19
                    Cells(.Row, "G").Value = .Value / 1.19
            End Select
        End If
    End With
End Sub
```

Listing 1.2: Callback-Funktion zur Berechnung der Mehrwertsteuer

Nachdem Sie die vollständige Callback-Funktion in ein Standardmodul des VBA-Projektes eingefügt haben, schließen Sie den VBA-Editor, um zur Excel-Anwendung zurückzukehren.

Bevor Sie eine der beiden Ribbon-Schaltflächen ausführen, müssen Sie eine Zelle in der Brutto-Spalte markieren. Die Befehle der Prozedur orientieren sich an der aktiven Zelle und füllen von dieser Zelle ausgehend die weiteren Zellen. Das Ergebnis der Berechnung sehen Sie in Abbildung 1.14.

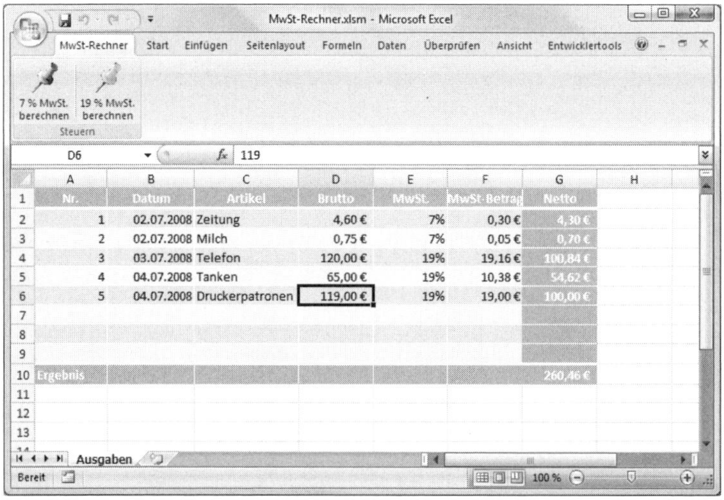

Abbildung 1.14: Excel-Tabelle mit berechneter Mehrwertsteuer

Aller Anfang ist schwer

Herzlichen Glückwunsch: Wenn Sie bis hierher folgen konnten, was hoffentlich nicht allzu schwer war, haben Sie den Einstieg in die Ribbon-Programmierung geschafft. Das war allerdings nur der Anfang: Sie haben ja gerade einmal zwei Schaltflächen zu einer Anwendung hinzugefügt, die einfache Funktionen ausführen. In den folgenden Kapiteln werden sich Ihnen noch zahlreiche weitere Möglichkeiten eröffnen. Den Anfang macht ein Kapitel, das den Aufbau der oberen Ebenen der Hierarchie einer Ribbon-Definition erläutert und alle möglichen Arten vorstellt, dort und an den eingebauten Steuerelementen Anpassungen vorzunehmen. Bevor es dann an den Eigenbau der eigentlichen Steuerelemente des Ribbons geht, führt Kapitel 3, »Callbacks und VBA« Sie in die Grundlagen der Programmierung des Ribbons ein. In Kapitel 4 ist es dann soweit: Sie lernen die bunte Vielfalt der Steuerelemente des Ribbons kennen.

2 Ribbons anpassen

Zum Anpassen der Benutzeroberfläche einer der Office 2007-Anwendungen brauchen Sie mindestens eines: ein XML-Dokument mit der Beschreibung der Anpassungen.

Oft gehen solche Anpassungen aber mit neuen Funktionen einher, sodass auch ein wenig Programmcode in einer vom Anwendungsfall abhängigen Programmiersprache benötigt wird.

XML? Programmieren? Wenn das böhmische Dörfer für Sie sind, gibt es wohl einigen Nachholbedarf, den wir hier leider nur bedingt abdecken können, denn:

Das Ribbon und seine Anpassung sind komplexe Themen. Deshalb wollen wir nicht den Großteil der Seiten dieses Buches mit Material über XML und VBA-/VB-Programmierung füllen, die in zahlreichen anderen Büchern bereits zur Genüge erläutert ist.

Was den Bereich XML angeht, brauchen Sie sich auch keine Sorgen zu machen: Anhand der einfachen Beispiele in diesem Buch werden Sie schnell die Regeln kennenlernen.

Dennoch einige kurze Hinweise: XML ist die Abkürzung für *Extensible Markup Language* (englisch für *erweiterbare Auszeichnungssprache*) zur Darstellung hierarchisch strukturierter Daten in Form von Textdateien.

Die Struktur und möglichen Elemente zur Ribbon-Anpassung sind in einer XML-Schemadatei definiert, die Sie inklusive Helpfile unter *http://www.microsoft.com/downloads/details.aspx?familyid=15805380-f2c0-4b80-9ad1-2cb0c300aef9&displaylang=en* downloaden können, aber auch im Download zum Buch finden. Wenn Sie keine XML-Kenntnisse haben, dann schauen Sie besser gar nicht erst in die Schemadatei hinein, denn diese ist recht komplex.

In einigen XML-Editoren mit Intellisense-Unterstützung, wie zum Beispiel dem XML-Notepad 2007, können Sie die Schemadefinitionsdatei aber hinterlegen und somit sicherstellen, dass Sie nur erlaubte Elemente im XML-Dokument verwenden und die richtigen Elemente und Attribute auswählen.

Der *Custom UI Editor*, den wir im ersten Kapitel bereits vorgestellt haben, bietet diese Möglichkeit zur Integration des Ribbon-XML-Schemas jedoch nicht.

Hier sind Sie bei der Entwicklung auf unterstützende Listen und Übersichtstafeln angewiesen. Ein Paket mit Excel-Listen aller für Ribbons verfügbaren Tabs, Groups und Controls sowie deren IDs bietet Microsoft unter folgender Adresse an:

http://www.microsoft.com/downloads/details.aspx?familyid=4329D9E9-4D11-46A5-898D-23E4F331E9AE&displaylang=en

idMso-Werte finden

Früher oder später werden Sie nach den *idMso*-Werten suchen, die eingebaute Elemente eindeutig identifizieren und die für viele Zwecke benötigt werden.

Es gibt im Wesentlichen zwei Möglichkeiten:

Entweder Sie öffnen den Optionen-Dialog der jeweiligen Anwendung, wechseln dort zum Bereich *Anpassen*, suchen über die dort vorhandenen Listen das gewünschte Steuerelement heraus und platzieren den Mauszeiger über dem entsprechenden Eintrag. Dies führt zur Anzeige einer Quickinfo, die unter anderem die englische *idMso* enthält (siehe Abbildung 2.1).

Die zweite Variante zum Auffinden von eingebauten Elementen finden Sie im Download zu diesem Kapitel (weitere Informationen siehe Kasten unten). Wir haben die unter obigem Download verfügbaren Listen der *idMsos* für die einzelnen Office-Anwendungen etwas überarbeitet.

Damit Sie eingebaute Elemente direkt aus einer Excel-Tabelle entnehmen können und nicht immer im Bereich *Anpassen* des Optionen-Dialogs der jeweiligen Anwendung nachsehen müssen, haben wir die Excel-Tabellen um die deutsche Übersetzung ergänzt.

Abbildung 2.2 zeigt, wie dies aussieht. Sie brauchen hier nur in der Spalte *Control Name (deutsch)* nach der deutschen Bezeichnung eines Ribbon-Elements zu suchen und erhalten in der ersten Spalte die *idMso*. Für Elemente ohne Bezeichnung funktioniert dies leider nicht; hier empfiehlt es sich, das übergeordnete Elemente, also etwa ein *group*-Element, anhand der Beschriftung zu suchen und die darin enthaltenen Elemente zu durchforsten.

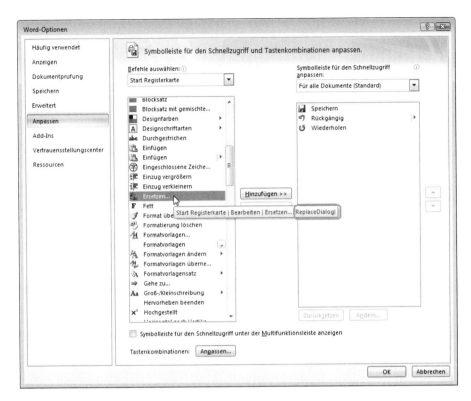

Abbildung 2.1: *idMso*-Parameter von Steuerelementen ermitteln

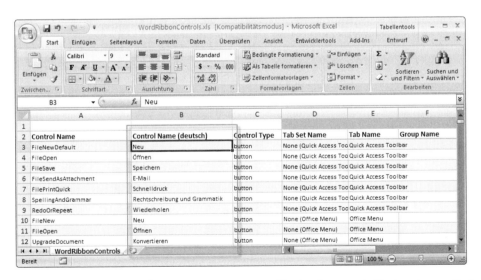

Abbildung 2.2: Deutsche Übersetzung der *idMsos* für das bessere Auffinden der englischen Pendants

Beispieldateien und weitere Informationen

Die Beispieldateien zu diesem Kapitel, die Schemadatei *customUI.xsd* sowie unsere überarbeitete Version der *idMso*-Listen vom Microsoft finden Sie im Verzeichnis *Kap_RibbonsAnpassen* des Downloads zu diesem Buch unter *http://www.access-entwicklerbuch.de/ribbon*.

Grundsätzlich sind die hier abgedruckten XML-Ribbon-Anpassungen für alle fünf Office-Anwendungen geeignet. Sollte dies nicht der Fall sein, weisen wir ausdrücklich darauf hin.

2.1 Das Ribbon in den Office-Anwendungen

Bevor wir uns an die Struktur der XML-Definitionen für Anpassungen des Ribbons heranwagen, wollen wir einen kurzen Überblick liefern, wo Sie überhaupt an den Ribbon-Schrauben drehen können. Damit meinen wir nicht die Elemente des XML-Dokuments, sondern die Orte, an denen die gewünschten XML-Dokumente landen. Das sind nämlich gar nicht wenige. Grundsätzlich teilen wir diese in zwei Bereiche auf:

- Ribbon-Anpassungen auf Dokument-Ebene

- Ribbon-Anpassungen auf (anwendungs)globaler Ebene

Die erste Variante bezieht sich auf Anpassungen, die in Zusammenhang mit einem Dokument beziehungsweise einer Datenbank zum Einsatz kommen. Dabei gibt es den Sonderfall der Vorlage. Die zweite Art sind Anpassungen, die nicht nur in Zusammenhang mit einem oder mehreren Dokumenten wirken, sondern immer gültig sind. Unter Outlook geht dies gar nicht anders – hier gibt es gar keine Dokumente.

2.1.1 Office Open XML-Dokumente

Die Dokumente von Excel, Word und PowerPoint werden bis auf wenige Kleinigkeiten gleich behandelt, was die Anpassung des Ribbons angeht. Ribbons werden dort innerhalb des Dokuments gespeichert, was im Gegensatz zu früher keine binäre Einheit mehr, sondern eine Zusammenstellung mehrerer Dateien ist, zu denen auch die XML-Datei mit der Ribbon-Definition und die darin verwendeten Bilder zählen – so denn ein Ribbon festgelegt ist.

Diese Ribbon-Definition wird beim Öffnen des Dokuments geladen, in dem sie gespeichert ist. Bei einem solchen Dokument kann es sich um ein ganz normales Dokument, um eine Dokumentvorlage oder eine globale Vorlage (vorrangig unter Word) oder gar um ein Add-In (die *.xlam*-Datei unter Excel) handeln.

Bei all diesen Möglichkeiten speichern Sie die Ribbon-XML-Definition direkt im *Office Open XML*-Dokument, was am einfachsten mit dem *Custom UI Editor* funktioniert.

Danach gibt es beispielsweise folgende Möglichkeiten:

- Speichern des Ribbons in einem einfachen Dokument: Das Ribbon wird genau in dem Dokument angepasst, in dem es sich befindet.

- Speichern des Ribbons in einer Dokumentvorlage unter Word (*.dotx* oder *.dotm*): Sie erstellen neue Dokumente auf Basis dieser Dokumentvorlage und bekommen auch ihr Ribbon angezeigt.

- Speichern des Ribbons in einer Word-Dokumentvorlage, die diesmal als globale Dokumentvorlage festgelegt wird: Das Ribbon wird beim Öffnen jedes Dokuments angezeigt.

- Speichern des Ribbons in einem Excel-Add-In (*.xlam*) im Verzeichnis *C:\Dokumente und Einstellungen\<Benutzername>\Anwendungsdaten\Microsoft\AddIns* (Windows XP) beziehungsweise *C:\Users\<Benutzername>\AppData\Roaming\Microsoft\AddIns* unter Vista: Das Ribbon wird mit jedem Excel-Dokument angezeigt.

Ribbon-Anpassungen samt Funktionen können Sie auch auf anderen Wegen in *Office Open XML*-Dokumenten verfügbar machen.

- COM-Add-Ins auf Basis von Visual Basic 6 (siehe Kapitel 7, »Ribbon-Anpassung per VB6-COM-Add-In«)

- Verwaltete Add-Ins auf Basis der .NET-Programmiersprachen (funktioniert prinzipiell wie in Kapitel 8, »Ribbons in Outlook 2007«, beschrieben)

2.1.2 Access-Datenbanken

Unter Access gibt es die folgenden Möglichkeiten für den Einsatz von Ribbons (siehe Kapitel 6, »Ribbons in Access 2007«):

- Direkt in der eigenen Datenbank, zu speichern in einer speziellen Tabelle namens *USysRibbons*

- In Bibliotheksdatenbanken, die per Verweis eingebunden sind. Diese müssen die Möglichkeit zum Öffnen von in der Bibliotheksdatenbank enthaltenen Formularen liefern, die wiederum mit der Ribbon-Definition ausgestattet sind.

- In Add-In-Datenbanken, die ihre Ribbons ebenfalls über die Ribbon-Definition der in der Add-In-Datenbank enthaltenen Formulare und Berichte liefern.

- In COM-Add-Ins auf Basis von Visual Basic 6 (siehe Kapitel 7, »Ribbon-Anpassung per VB6-COM-Add-In«)

- In verwalteten Add-Ins auf Basis einer der .NET-Programmiersprachen (funktioniert ähnlich wie in Kapitel 8, »Ribbons in Outlook 2007«, beschrieben)

2.1.3 Outlook

Das Outlook-Hauptfenster arbeitet noch mit dem *CommandBars*-Modell und präsentiert dementsprechend Menü- und Symbolleisten statt des Ribbons.

Dieses tritt nur in den Inspektoren in Erscheinung. Das sind die Fenster, in denen Sie etwa neue E-Mails verfassen. Dieses lässt sich nur per Add-In anpassen:

▷ Per COM-Add-In auf Basis von Visual Basic 6 (siehe Kapitel 7, »Ribbon-Anpassung per VB6-COM-Add-In«)

▷ Per verwaltetem Add-In auf Basis einer der .NET-Programmiersprachen (siehe Kapitel 8, »Ribbons in Outlook 2007«)

Beispiele

Wie Sie sehen, gibt es eine Menge Möglichkeiten, Ribbons unterzubringen. Dementsprechend könnten wir hier massenweise Beispiele für jede Kombination liefern. Da wir das Buch aber nicht damit überfrachten wollten, haben wir die meisten Beispiele so ausgelegt, dass diese möglichst mit allen Anwendungen zusammenarbeiten. Oft finden Sie im Folgenden Hinweise auf spezielle Beispieldateien, welche die Ribbon-Definition enthalten; dies bedeutet in den seltensten Fällen, dass Sie diese nicht auch in anderen Anwendungen einsetzen können. Dies gilt eigentlich nur dann, wenn die Ribbon-Definition sich auf anwendungsspezifische Elemente bezieht.

2.2 Die XML-Struktur

Ein XML-Dokument weist einen logischen Aufbau in Form einer Baumstruktur auf und ist damit hierarchisch strukturiert. Seine Syntax ähnelt der von HTML-Dokumenten. Ein wohlgeformtes (valides) und fehlerfreies XML-Dokument muss verschiedene Regeln einhalten:

▷ Jede XML-Datei besitzt immer genau ein Wurzelelement (root) auf oberster Ebene, das ein oder mehrere Kind-Elemente und noch weiter verschachtelte Kind-Elemente besitzen kann.

▷ Elemente bestehen in der Regel aus einem öffnenden und einem schließenden Element (zum Beispiel *<element>...</element>*).

▷ Die Ausnahme sind Elemente ohne Kindelemente, die Sie in einem Element zusammenfassen können (*<element .../>*).

▷ Die öffnenden und schließenden Elemente müssen sich immer auf der gleichen Ebene befinden:

```
<Element>
    <Kind-Element ...>
    </Kind-Element>
</Element>
```

▷ Ein Element kann ein oder mehrere Attribute (Eigenschaften) besitzen, die unterschiedliche Namen aufweisen müssen:

```
<Element Attribut1="Text1" Attribut2="Text2" />
```

▷ Kommentare schreiben Sie nach folgendem Muster:

```
<!-- Kommentar-Text -->
```

▷ Elemente und Attribute sind case-sensitiv, was bedeutet, dass Sie die Groß-/ Kleinschreibung laut Schemadatei genau einhalten müssen.

▷ Bei zusammengesetzten Schlüsselwörtern, die aus mehreren Teilwörtern bestehen, wird die Camel Case-Konvention verwendet. Hierbei beginnen alle Teilwörter außer dem ersten mit einem großen Buchstaben (etwa *buttonGroup)*.

2.3 Das *customUI*-Element

Das oberste Element einer Ribbon-XML-Anpassungsdatei heißt *customUI*. Dieses Element muss zwingend das *xmlns*-Attribut mit der für die Ribbon-Programmierung erforderlichen Namensdefinition, dem Schema, enthalten. Ein XML-Schema ist ein Verzeichnis, das alle möglichen Elemente und zugehörige Regeln auflistet, die in der auf ihm aufbauenden XML-Datei verwendet werden dürfen, also etwa Komponenten, Steuerelemente und unterstützende Auflistungen, die die Anpassung des Ribbons ermöglichen. Nebenbei: Auch wenn die Namespace-Definition wie eine Internet-Adresse aussieht, werden Sie dort nicht etwa die Datei *customUI.xsd* finden, weil der Wert von *xmlns* lediglich eine eindeutige Kennzeichnung des zu verwendenden Namespace darstellt.

```
<customUI xmlns="http://schemas.microsoft.com/office/2006/01/customui">
    ... Ribbon-Code ...
</customUI>
```

Innerhalb des *customUI*-Elementes dürfen Sie nur die beiden folgenden Elemente verwenden:

▷ *commands*

▷ *ribbon*

Das *commands*-Element kann *command*-Elemente enthalten, von denen jedes einem eingebauten Ribbon-Befehl entspricht. Darüber können Sie diese Steuerelemente aktivieren oder deaktivieren oder auch mit neuen Funktionen belegen (was ein sehr cooles Feature ist! In Kapitel 8, »Ribbons in Outlook 2007«, erfahren Sie anhand eines Praxisbeispiels, was Sie damit anfangen können). Weitere Informationen zum *commands*-Element finden Sie weiter unten in Abschnitt 2.12, »Das *commands*-Element«.

Das zweite mögliche Unterelement heißt *ribbon* und sieht vier weitere untergeordnete Elemente vor:

- *officeMenu*: Menü, das sich beim Klicken auf den Office-Button öffnet und im Wesentlichen die Befehle des früheren Datei-Menüs enthält

- *qat* (Schnellzugriffsleiste): Kleine Leiste rechts neben dem Office-Button und standardmäßig über der Ribbon-Leiste positioniert. Enthält Befehle, die schnell zugänglich sein sollen, und lässt sich als einziges Element über die Benutzeroberfläche anpassen (Kontextmenüeintrag: *Symbolleiste für den Schnellzugriff anpassen*).

- *tabs*: enthält *tab*-Elemente, die das »eigentliche« Ribbon ausmachen. Die in den untergeordneten *tab*-Elementen definierten Registerseiten kann der Benutzer per Klick auf den Registerreiter auswählen. Sie enthalten die in Gruppen aufgeteilten Steuerelemente.

- *contextualTabs*: Tabs, die nur in Zusammenhang mit bestimmten Objekten eingeblendet werden – etwa das Bildtools-Tab, wenn ein Grafikobjekt markiert ist. Der Einsatz benutzerdefinierter *contextualTabs* ist nur in Access möglich (siehe Kapitel 6, »Ribbons in Access 2007«).

Abbildung 2.3 auf der folgenden Seite verdeutlicht die hierarchische Struktur von *customUI*-XML-Dokumenten mit ihren Elementen und Kind-Elementen.

2.4 Das *ribbon*-Element

Das *ribbon*-Element enthält alle Elemente, welche die eigentliche Ribbon-Leiste beschreiben, also das längliche Element mit den Registerseiten, das Gruppen und Steuerelemente zeigt.

Das *ribbon*-Element hat nur ein einziges XML-Attribut namens *startFromScratch*, dem aber eine ganz wesentliche Aufgabe zukommt:

Stellt man es auf den Wert *true* ein, dann werden alle weiteren in der XML-Definition hinzugefügten Elemente auf einer leeren Ribbon-Leiste positioniert und nicht einfach dort untergeordnet oder hinten angefügt.

Attribut	Beschreibung
startFromScratch	Legt fest, ob die eingebauten Steuerelemente ausgeblendet werden sollen

Tabelle 2.1: Attribute des *ribbon*-Elements

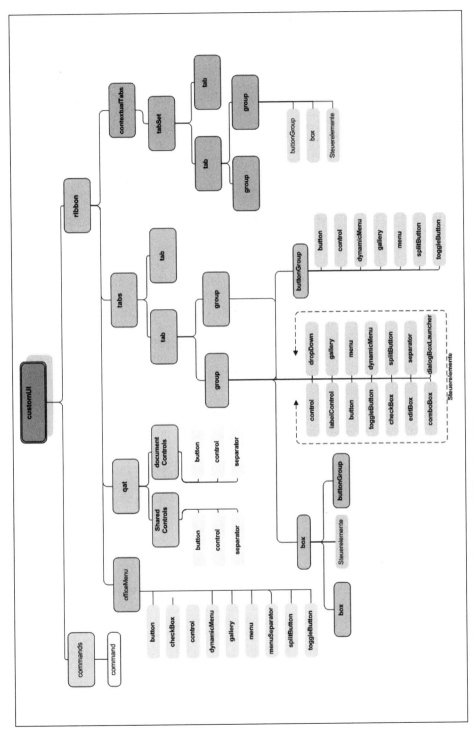

Abbildung 2.3: Übersicht über das *customUI*-Objektmodell

Das hat seinen Grund: Viele Entwickler verwenden Office als Plattform zum Erstellen eigenständiger Anwendungen oder ergänzen die vorhandene Funktionalität um eigene Bausteine. Damit der Anwender die benutzerdefinierten Funktionen einfach aufrufen kann, soll natürlich auch die Benutzerumgebung um entsprechende Elemente erweitert werden – und gegebenenfalls sollen die eingebauten Elemente auch erst mal alle rausfliegen.

Die *startFromScratch*-Eigenschaft bestimmt aber nicht nur, ob alle eingebauten *tab*-Elemente der Anwendung ausgeblendet werden sollen. Wenn Sie *startFromScratch* auf *true* einstellen, blenden Sie auch fast alle Befehle des Office-Menüs aus und entfernen die integrierten Befehle aus der Schnellzugriffsleiste. Das sieht dann beispielsweise wie in Abbildung 2.4 aus. Unberührt bleiben von dieser Einstellung beispielsweise die *contextualTabs* – das sind diejenigen Tabs, die erst mit bestimmten Elementen einer Office-Anwendung wie etwa den Berichten in Access eingeblendet werden.

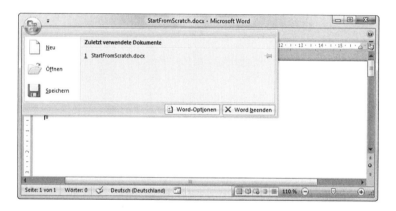

Abbildung 2.4: Die Benutzeroberfläche auf ein Minimum reduzieren

Die folgende Ribbon-XML-Anpassung ist eigentlich die einfachste, mit der Sie etwas bewirken können. Sie blendet fast alle eingebauten Elemente der Benutzeroberfläche aus. Beachten Sie, dass der Wert *true* kleingeschrieben ist – dies ist eine Vorgabe der Schemadatei *customUI.xsd*:

```
<customUI xmlns="http://schemas.microsoft.com/office/2006/01/customui">
    <ribbon startFromScratch="true">
    </ribbon>
</customUI>
```

Listing 2.1: Die Office-Benutzeroberfläche ausblenden (*startFromScratch.docx*)

Ribbon-Definitionen werden grundsätzlich nur in Zusammenhang mit dem Dokument oder dem Add-In unter Word, Excel und PowerPoint, der Datenbank beziehungsweise dem Formular oder Bericht in Access oder einem Add-In unter Outlook angewendet. Wenn Sie also obige Ribbon-Anpassung in einer von zwei aktuell geöffneten Arbeitsmappen verwenden, blendet Excel die eingebauten Elemente der Benutzeroberfläche abwechselnd ein und aus.

Die Standardeinstellung des *startFromScratch*-Attributes ist *false*. Ist das Attribut also nicht ausdrücklich im *ribbon*-Stammtag angegeben, so wird automatisch der Standardwert angenommen. Findet dann nachfolgend keine Veränderung an der Ribbon-Struktur im XML-Code statt, so erfolgt die Anzeige der gesamten Benutzeroberfläche.

Nun, da Sie wissen, wie Sie das Ribbon weitgehend von eingebauten Elementen befreien, gehen Sie einen Schritt weiter – zum Anpassen der bestehenden und zum Hinzufügen benutzerdefinierter Elemente. Dies ist für dieses Kapitel allerdings auf die Elemente bis zur Gruppenebene, also dem *group*-Element, begrenzt. Die Steuerelemente, also das eigentliche Salz in der Suppe, stellen wir Ihnen in Kapitel 4, »Steuerelemente«, vor. Dazwischen lernen Sie noch einiges über den Einsatz von VBA und Co. in Ribbons.

2.5 Das *tabs*-Element

Die neue Benutzeroberfläche von Office 2007 besteht im Wesentlichen aus der Ribbon-Leiste mit ihren Registerkarten (*tab*-Elemente). Im Standardzustand sieht der Benutzer nur die eingebauten Ribbon-Tabs, die jeweils mehrere thematisch zusammen passende Gruppen mit Steuerelementen und Befehlen enthalten. Diese integrierten Tabs können Sie mit XML-Code ein- und ausblenden.

Zusätzlich haben Sie die Möglichkeit, benutzerdefinierte Tabs zu erstellen, einzelne Tabs auszublenden oder alle eingebauten Tabs auszublenden und nur die gewünschten wieder sichtbar zu machen (je nachdem, was gerade einfacher ist).

Beides ist nur über das *tabs*-Element möglich, das unterhalb des *ribbon*-Elements eingeordnet ist und eines oder mehrere *tab*-Elemente enthält, die jeweils für eine eigene Registerseite in der Ribbon-Leiste stehen.

Andere Aufgaben hat das *tabs*-Element nicht – es fasst lediglich die *tab*-Elemente einer Ribbon-Definition zusammen.

2.6 Das *contextualTabs*-Element

Dieses Element fasst wie das *tabs*-Element untergeordnete *tab*-Elemente zusammen, wobei dies allerdings nicht direkt, sondern über ein zwischengeschaltetes *tabSet*-Element geschieht. Es gibt in allen Anwendungen eingebaute *contextualTabs*-Elemente, die nur in Zusammenhang mit bestimmten Ansichten oder der Anzeige bestimmter Elemente erscheinen. Ein Beispiel ist jenes, das unter Word beim Editieren von Tabellen erscheint und das die beiden *tabs* mit der Beschriftung *Entwurf* und *Layout* liefert.

Dieses Element dient lediglich als Container für kontextbezogene Elemente und hat keine eigenen Eigenschaften.

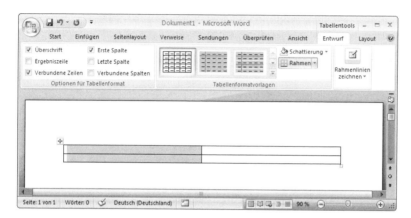

Abbildung 2.5: Beispiel für ein *contextualTabs*-Element

2.7 Das *tabSet*-Element

Beim *tabSet*-Element sieht das schon anders aus: Neben der *idMso* zum Festlegen des betroffenen Elements können Sie mit dem Attribut *visible* immerhin bestimmen, ob das TabSet überhaupt angezeigt werden soll.

Die folgende XML-Definition blendet beispielsweise die beim Bearbeiten von Tabellen in Word angezeigte Gruppe von Tabs aus:

```
<customUI xmlns="http://schemas.microsoft.com/office/2006/01/customui">
  <ribbon>
    <contextualTabs>
      <tabSet idMso="TabSetTableTools" visible="false"/>
    </contextualTabs>
  </ribbon>
</customUI>
```

Attribut	Beschreibung
idMso	Eindeutige ID des eingebauten Steuerelements
visible	Gibt an, ob das Element sichtbar ist

Tabelle 2.2: Eigenschaften des *tabSet*-Elements

Das *tabSet*-Element kann ausschließlich *tab*-Elemente enthalten (siehe unten), und zwar eingebaute und benutzerdefinierte (dies nur unter Access, siehe Kapitel 6, »Ribbons in Access 2007«).

In den übrigen Anwendungen können Sie das Konstrukt aus *contextualTab*- und *tabSet*-Elementen nur dazu verwenden, *tabSet*- und untergeordnete Elemente wie *tab*-, *group*- und die darin enthaltenen Steuerelemente auszublenden. Eine Gruppe im oben vorgestellten Tabellen-TabSet unter Word blenden Sie etwa wie folgt aus:

```
<customUI xmlns="http://schemas.microsoft.com/office/2006/01/customui">
  <ribbon>
    <contextualTabs>
      <tabSet idMso="TabSetTableTools">
        <tab idMso="TabTableToolsDesign">
          <group idMso="GroupTableLayout" visible="false"/>
        </tab>
      </tabSet>
    </contextualTabs>
  </ribbon>
</customUI>
```

2.8 Das *tab*-Element

Das *tab*-Element ist das erste Element in diesem Zweig der *customUI*-Hierarchie, das sichtbar in Erscheinung tritt, und zwar durch die entsprechende Registerkarte in der Ribbon-Leiste.

2.8.1 Eindeutige Kennzeichnung von Elementen

An dieser Stelle ist es an der Zeit, über einige Attribute zu sprechen, welche diejenigen Elemente des Ribbons, von denen es mehr als eines gibt, als eindeutig kennzeichnen. Einige Attribute? Ja, es gibt gleich drei Attribute, die diese Aufgabe übernehmen können. Die Beschreibung der drei Attribute erklärt gleichzeitig den Grund dafür:

▶ *idMso*: Wird mit integrierten Steuerelementen verwendet. Die Werte für das Attribut *idMso* für die eingebauten Elemente können Sie beispielsweise den oben erwähnten Excel-Tabellen entnehmen.

▶ *id*: Wird mit benutzerdefinierten Steuerelementen verwendet. Diesen Wert können Sie selbst festlegen. Praktisch ist es, wenn Sie ein Präfix voranstellen, das dem Typ des Elements entspricht, also beispielsweise *tab* für Tab, *grp* für Group oder *btn* für Button, und einen eindeutigen, aussagekräftigen Text hinten anhängen (etwa *btnSchliessen*).

▶ *idQ*: Kommt zum Einsatz, wenn Ribbon-Elemente durch mehrere Ribbon-Definitionen gleichzeitig geändert werden sollen, was in der Regel nur bei Add-Ins vorkommt. Nähere Erläuterungen und ein Beispiel hierzu finden Sie in Abschnitt 7.8, »Verwendung mehrerer Ribbon-Erweiterungen«.

Für die Werte des *id*- oder *idQ*-Attributs gelten folgende Regeln:

▶ Das erste Zeichen muss ein Buchstabe sein.

▶ Leer- und Sonderzeichen sind nicht erlaubt.

▶ Die *id* muss im XML-Dokument eindeutig sein.

▶ Eine *id* darf nicht den gleichen Namen wie der Wert einer *idMso* oder *idQ* haben.

Die folgende Tabelle zeigt eine Übersicht der Attribute des *tab*-Elements.

Attribut	Beschreibung
id	Eindeutige ID eines benutzerdefinierten Steuerelements; nicht zu benutzen in Kombination mit *idMso* oder *idQ*
idMso	Eindeutige ID eines eingebauten Steuerelements; nicht zu benutzen in Kombination mit *id* oder *idQ*
idQ	Steuerelement-ID, enthält Namespace-Verweis; nicht in Kombination mit *id* oder *idMso*. Weitere Informationen finden Sie in Abschnitt 7.8, »Verwendung mehrerer Ribbon-Erweiterungen«
insertAfterMso	Gibt an, hinter welchem eingebauten Steuerelement mit *idMso* ein neues Element angelegt werden soll
insertBeforeMso	Gibt an, vor welchem eingebauten Steuerelement mit *idMso* ein neues Element angelegt werden soll
insertAfterQ	Gibt an, hinter welchem eingebauten Steuerelement mit *idQ* ein neues Element angelegt werden soll
insertBeforeQ	Gibt an, vor welchem Steuerelement mit *idQ* ein neues Element angelegt werden soll
keytip	Gibt das Tastenkürzel an, das beim Betätigen der *Alt*-Taste erscheint
label	Bezeichnungsfeld eines Steuerelements
tag	Speichert zusätzliche Informationen über ein Element. Wird beim Aufruf von Callback-Funktionen als Parameter übergeben
visible	Gibt an, ob ein Element sichtbar ist

Tabelle 2.3: Attribute des *tab*-Elements

Außerdem besitzt das *tab*-Element einige Callback-Attribute, auf die wir in Kapitel 3, »Callbacks und VBA«, eingehen – das gilt im Übrigen auch für die Callback-Attribute der anderen hier vorgestellten Elemente. Also keine Angst, wenn Sie mal ein Attribut vermissen – wir haben es nicht vergessen.

2.8.2 Integrierte *tab*-Elemente ausblenden

Wenn Sie nicht die gesamte Benutzeroberfläche ausblenden wollen, sondern lediglich eine bestimmte Registerkarte, legen Sie ein *tab*-Element mit der eindeutigen *idMso* des betroffenen *tab*-Elements an und setzen sein *visible*-Attribut auf *false*:

```
<customUI xmlns="http://schemas.microsoft.com/office/2006/01/customui">
    <ribbon startFromScratch="false">
        <tabs>
            <tab idMso="TabHome" visible="false" />
        </tabs>
    </ribbon>
</customUI>
```

Diese Ribbon-Definition funktioniert in Word, Excel und PowerPoint, unter Access verwenden Sie statt *TabHome* den Wert *TabHomeAccess*. Die Outlook-Fenster verwenden kein direktes *Start*-Tab.

Um mehrere *tab*-Elemente auszublenden, legen Sie für jede Registerkarte ein eigenes *tab*-Element an und machen es mit *visible="false"* unsichtbar:

```
<tabs>
    <!-- Register "Start" ausblenden- -->
    <tab idMso="TabHome" visible="false" />
    <!-- Register "Einfügen" ausblenden -->
    <tab idMso="TabInsert" visible="false" />
</tabs>
```

Abbildung 2.6: Die Registerkarten *Start* und *Einfügen* wurden ausgeblendet (*TabVisible.pptx*).

2.8.3 Integrierte *tab*-Elemente einblenden

Wenn Sie eingebaute Tabs einblenden möchten, die eine Anwendung standardmäßig nicht anzeigt, müssen Sie das Ribbon neu aufbauen.

Dazu blenden Sie die vorhandenen Elemente mit *startFromScratch="true"* aus und legen für jedes einzublendende eingebaute Tab ein *tab*-Element mit dem Attribut *visible="true"* an:

```
<customUI xmlns="http://schemas.microsoft.com/office/2006/01/customui">
    <!-- Benutzeroberfläche zurücksetzen -->
    <ribbon startFromScratch="true">
        <tabs>
            <tab idMso="TabHome" visible="true" />
            <tab idMso="TabInsert" visible="true" />
        </tabs>
    </ribbon>
</customUI>
```

Listing 2.2: Nicht standardmäßig eingeblendete integrierte Registerkarten können Sie nur dann sichtbar machen, wenn Sie das *startFromScratch*-Attribut auf *true* setzen (*TabVisible_2.pptx*).

2.8.4 Benutzerdefinierte *tab*-Elemente hinzufügen

Der einfachste XML-Programmcode zur Erstellung einer benutzerdefinierten Register-karte sieht wie folgt aus:

```
<customUI xmlns="http://schemas.microsoft.com/office/2006/01/customui">
    <ribbon>
        <tabs>
            <tab id="CustomTab" label="My first tab">
            </tab>
        </tabs>
    </ribbon>
</customUI>
```

Dies fügt ein *tab*-Element rechts von den bereits vorhandenen eingebauten *tab*-Elemen-ten an.

2.8.5 Die Reihenfolge eigener *tab*-Elemente festlegen

Wenn Sie mit XML-Code im Ribbon ein benutzerdefiniertes Tab einfügen und dabei auf ein Attribut zur Bestimmung der Position verzichten, dann wird der Tab automatisch rechts neben der letzten angezeigten Registerkarte platziert.

Mit folgender XML-Definition werden drei benutzerdefinierte Registerkarten eingefügt. Über das *label*-Attribut erhalten die Tabs einen aussagekräftigen Beschriftungstext. Der erste und dritte Tab werden nach der Reihenfolge ihrer Erstellung an das letzte vorhan-denen *tab*-Element angehängt. Die zweite Registerkarte *MyTab2* findet über das Attribut *insertAfterMso* und die Zuweisung des eingebauten Tabs *TabHome* seinen Platz rechts neben der Registerkarte *Start*.

```xml
<customUI xmlns="http://schemas.microsoft.com/office/2006/01/customui">
    <ribbon startFromScratch="false">
        <tabs>
            <!-- Tab an letzter Stelle einfügen -->
            <tab id="MyTab1" label="My Tab 1" />
            <!-- Registerkarte nach angegebenem Tab einfügen -->
            <tab id="MyTab2" label="My Tab 2" insertAfterMso="TabHome" />
            <!-- Tab an letzter Stelle einfügen -->
            <tab id="MyTab3" label="My Tab 3" />
        </tabs>
    </ribbon>
</customUI>
```

Listing 2.3: Benutzerdefinierte Tabs in XML-Datei definieren (*TabPosition.xlsx*)

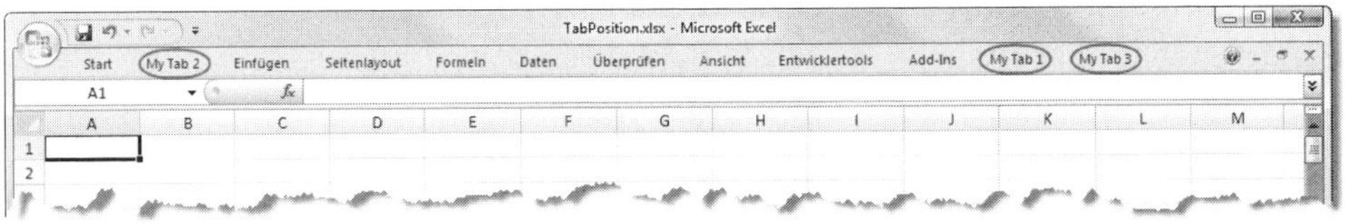

Abbildung 2.7: Benutzerdefinierte Tabs neben integrierten Registerkarten einfügen

Setzen Sie im Ribbon-Code das *startFromScratch*-Attribut auf *true*, so werden die integrierten Tabs ausgeblendet. Die Reihenfolge der benutzerdefinierten Tabs wird jedoch wie vorher eingehalten, auch wenn die integrierten Tabs nicht zu sehen sind.

Abbildung 2.8: Benutzerdefinierte Tabs ohne integrierte Registerkarten

2.8.6 Ein kontextbezogenes *tab*-Element ausblenden

Neben den allgemeinen Registerkarten (*Start, Einfügen* et cetera) enthält das Ribbon zusätzliche Registerkarten, die nur dann angezeigt werden, wenn bestimmte Elemente auf dem Tabellenblatt, wie zum Beispiel ein Diagramm, markiert werden oder spezielle Funktionen (zum Beispiel *Kopf- und Fußzeile*) aufgerufen werden, die eine spezifische Registerkarte mit Gruppen und Controls bereitstellen.

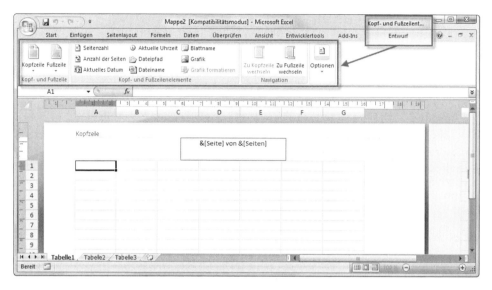

Abbildung 2.9: Eine kontextbezogene Registerkarte wird bei Auswahl bestimmter Objekte angezeigt.

Eine kontextbezogene Registerkarte wird in der XML-Definition über das *contextualTabs*-sowie das *tabSet*-Element definiert.

Nachfolgender XML-Code verhindert in Excel die Anzeige der Registerkarte *Kopf- und Fußzeilentools* mitsamt den dazugehörigen Gruppen und Steuerelementen:

```
<customUI xmlns="http://schemas.microsoft.com/office/2006/01/customui">
    <ribbon startFromScratch="false">
        <contextualTabs>
            <!-- Registerkarte Kopf- und Fußzeile ausblenden -->
            <tabSet idMso="TabSetHeaderAndFooterTools" visible="false" />
        </contextualTabs>
    </ribbon>
</customUI>
```

Listing 2.4: Die kontextbezogene Registerkarte Kopf- und Fußzeile ausblenden (*TabSetHeaderFooter.xlsx*)

---

idMsos **kontextbezogener** *tab*-**Elemente finden**

Wenn Sie die *idMso* eines *contextualTab*-Elements suchen, verwenden Sie die im Verzeichnis *Kap_RibbonsAnpassen* vorliegenden Excel-Tabellen. Filtern Sie einfach das Feld nach *contextualTabs*.

Im Gegensatz zu den Tabs der oberen Ebene lassen sich *TabSets* mit XML nicht beliebig einblenden. Diese werden nach wie vor nur angezeigt, nachdem der Benutzer ein kontextsensitives Objekt markiert.

2.8.7 PowerPoint liefert zwei Tabs für einen

In PowerPoint gibt es mit *TabSlideMasterHome* ein besonderes *tab*-Element, da dieses zwei Tabs auf einen Schlag einblendet. Die Angabe des folgenden *tab*-Elements zeigt mit *Folienmaster* und *Start* die beiden Tabs aus der folgenden Abbildung auf einen Schlag an:

```
<tab idMso="TabSlideMasterHome" visible="true" />
```

Abbildung 2.10: Diese beiden Registerkarten erscheinen bei Angabe des Tabs *TabSliceMasterHome*.

Sie liegen allerdings falsch, wenn Sie davon ausgehen, dass dieses Element den gleichen Effekt wie diese beiden Tabs liefert:

```
<tab idMso="TabSlideMaster" visible="true" />
<tab idMso="TabHome" visible="true" />
```

Schließt der Benutzer bei Verwendung des *tab*-Elements *TabSlideMasterHome* die zu Beginn angezeigte Masteransicht, so wird auch die *Start*-Registerkarte mit ausgeblendet. Bei Verwendung von beiden Tabs hingegen bleibt auch nach Beendigung der Masteransicht die *Start*-Registerkarte weiterhin sichtbar.

2.9 Das *group*-Element

Zwischen den soeben beschriebenen *tab*-Elementen und den eigentlichen Steuerelementen steht das *group*-Element, das mehrere Steuerelemente zu einer Gruppe zusammenfasst und dies durch einen Rahmen sowie eine am unteren Rand befindliche Beschriftung kenntlich macht. Eingebaute Gruppen lassen sich mit XML-Code nur ausblenden, aber nicht anpassen; Sie können also beispielsweise nicht die Beschriftung einer eingeblendeten Gruppe ändern.

Die folgende Tabelle liefert eine Auflistung aller für das *group*-Element verfügbaren Attribute.

Attribut	Beschreibung
id	Eindeutige ID eines benutzerdefinierten Steuerelements; nicht zu benutzen in Kombination mit *idMso* oder *idQ*
idMso	Eindeutige ID eines eingebauten Steuerelements; nicht zu benutzen in Kombination mit *id* oder *idQ*
idQ	Steuerelement-ID, enthält Namespace-Verweis; nicht in Kombination mit *id* oder *idMso*. Weitere Informationen finden Sie in Abschnitt 7.8, »Verwendung mehrerer Ribbon-Erweiterungen«
image	Ist laut *customUI.xsd* verfügbar, wird jedoch nicht berücksichtigt
imageMso	siehe *image*
insertAfterMso	Gibt an, hinter welchem eingebauten Steuerelement mit *idMso* ein neues Element angelegt werden soll
insertBeforeMso	Gibt an, vor welchem eingebauten Steuerelement mit *idMso* ein neues Element angelegt werden soll
insertAfterQ	Gibt an, hinter welchem eingebauten Steuerelement mit *idQ* ein neues Element angelegt werden soll
insertBeforeQ	Gibt an, vor welchem Steuerelement mit *idQ* ein neues Element angelegt werden soll
label	Bezeichnungsfeld eines Steuerelements
keytip	Kennzeichnet die Tastenkombination für das Element
screentip	Oberer, fett angezeigter Text im Kästchen, das beim Positionieren der Maus über dem Element erscheint
supertip	Unterer, normal angezeigter Text im Kästchen, das beim Positionieren der Maus über dem Element erscheint
tag	Speichert zusätzliche Informationen über ein Element. Wird beim Aufruf von Callback-Funktionen als Parameter übergeben
visible	Gibt an, ob ein Element sichtbar ist

Tabelle 2.4: Attribute des *group*-Elements

2.9.1 Integrierte *group*-Elemente ausblenden

Zum Ausblenden einer Gruppe geben Sie im XML-Dokument zunächst das *tab*- und darin das auszublendende *group*-Element mit der gewünschten *idMso* an.

Die XML-Definition für das Ribbon aus der folgenden Abbildung sieht so aus:

```
<customUI xmlns="http://schemas.microsoft.com/office/2006/01/customui">
    <ribbon startFromScratch="false">
        <tabs>
            <!-- Gruppe Zwischenablage in Register Start ausblenden -->
            <tab idMso="TabHome">
                <group idMso="GroupClipboard" visible="false" />
            </tab>
        </tabs>
```

```
        </ribbon>
    </customUI>
```

Listing 2.5: XML-Definition zum Ausblenden integrierter Gruppen (*GroupVisiblePowerPoint.pptx*)

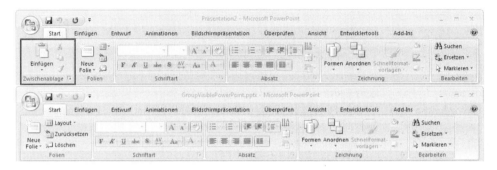

Abbildung 2.11: Die Gruppe *Zwischenablage* im Register *Start* ausblenden

2.9.2 Integrierte *group*-Elemente einblenden

Im Gegensatz zu integrierten Tabs lassen sich integrierte Gruppen sowohl bei aktivierter als auch bei deaktivierter Benutzeroberfläche (*startFromScratch*-Attribut) anzeigen. Sie können ebenso frei definieren, ob integrierte Gruppen auf benutzerdefinierten Tabs oder auf den von Office bereitgestellten Tabs zur Verfügung stehen sollen. Eine Ausnahme bilden die Gruppen der Registerkarte *Add-Ins*, die Sie weder auf integrierten noch auf benutzerdefinierten Tabs anzeigen können.

Der folgende XML-Abschnitt fügt auf einer benutzerdefinierten Registerkarte die Gruppe *Schriftart* ein.

```
<tab id="tab_01" label="Tab mit integrierten Gruppen">
    <!-- Gruppe Schriftart aus Start-Register anzeigen -->
    <group idMso="GroupFont" visible="true" />
</tab>
```

Abbildung 2.12: Integriertes *tab*-Element mit Gruppen aus anderen integrierten Tabs

Der nachfolgende XML-Code für Word zeigt die *Start*-Registerkarte mit verschiedenen Gruppen aus anderen integrierten Tabs an:

```xml
<customUI xmlns="http://schemas.microsoft.com/office/2006/01/customui">
  <!-- Benutzeroberfläche ausblenden -->
  <ribbon startFromScratch="true">
    <tabs>
      <!-- Register Start einblenden -->
      <tab idMso="TabHome" visible="true">
        <!-- Alle Gruppen bis auf Schriftart in Start-tab ausblenden -->
        <group idMso="GroupClipboard" visible="false" />
        <group idMso="GroupParagraph" visible="false" />
        <group idMso="GroupStyles" visible="false" />
        <group idMso="GroupEditing" visible="false" />
        <!-- Group Kopf- und Fußzeile aus Einfügen-Tab in Start
             anzeigen -->
        <group idMso="GroupHeaderFooter" visible="true" />
        <!-- Gruppe Hyperlinks aus Register Einfügen -->
        <group idMso="GroupInsertLinks" visible="true" />
        <!-- Gruppe Dokumentansichten aus Register Ansicht -->
        <group idMso="GroupDocumentViews" visible="true" />
      </tab>
    </tabs>
  </ribbon>
</customUI>
```

Listing 2.6: Start-Tab mit Gruppen aus anderen Tabs anzeigen (*HomeGroupsChange.docx*)

2.9.3 Gruppen eines kontextbezogenen *tab*-Elements ausblenden

Um eine Gruppe einer kontextbezogenen Registerkarte auszublenden, verwenden Sie nachfolgende XML-Definition. In der kontextbezogenen Registerkarte *Kopf- und Fußzeilentools* wird hier die Gruppe *Optionen* ausgeblendet:

```xml
<customUI xmlns="http://schemas.microsoft.com/office/2006/01/customui">
  <ribbon startFromScratch="false">
    <contextualTabs>
      <tabSet idMso="TabSetHeaderAndFooterTools">
        <tab idMso="TabHeaderAndFooterToolsDesign">
          <!-- Gruppe Optionen im Register
               Kopf- und Fußzeilentools ausblenden -->
          <group idMso="GroupHeaderFooterOptions" visible="false" />
        </tab>
```

```
      </tabSet>
    </contextualTabs>
  </ribbon>
</customUI>
```

Listing 2.7: Eine Gruppe auf einer kontextbezogenen Registerkarte ausblenden (*GroupHeader-FooterOptions.docx*)

2.9.4 Benutzerdefiniertes *group*-Element erstellen

Eigene Gruppen bilden die Grundlage zum Einfügen von integrierten und benutzerdefinierten Steuerelementen. Sie werden im XML-Code entweder in integrierten- oder eigenen *tab*-Elementen definiert:

```
<tabs>
  <!--Benutzerdefinierte Registerkarte einfügen-->
  <tab id="MyTab" label="Meine Tab">
    <!-- Benutzerdefinierte Gruppe einfügen-->
    <group id="MyGroup" label="Meine Gruppe">
      <!--Steuerelemente einfügen-->
    </group>
  </tab>
<tabs>
```

2.9.5 Ein integriertes *group*-Element nachbauen, um dieses anzupassen

Sie können integrierte Gruppen und die darin enthaltenen Elemente nicht anpassen. Sollte dies dennoch einmal unbedingt nötig sein, bauen Sie die Gruppe halt nach und manipulieren das Ergebnis dann nach Ihren Vorstellungen.

Das folgende Beispiel demonstriert die Vorgehensweise am Beispiel der Gruppe *Zellen* auf der Registerkarte *Start* von Excel:

```
<customUI xmlns="http://schemas.microsoft.com/office/2006/01/customui">
  <!--Benutzeroberfläche ausblenden-->
  <ribbon startFromScratch="true">
    <tabs>
      <!--Benutzerdefinierte Registerkarte einfügen-->
      <tab id="MyTab" label="Meine Tab">
        <!--integrierte Gruppe einfügen-->
        <group idMso ="GroupCells" />
        <!--benutzerdefinierte Gruppe erstellen -->
```

```
        <group id="MyGroupCells"
                insertAfterMso="GroupCells"
                label="Meine Zellen-Gruppe">
          <!--Elemente der Zellen-Gruppe einfügen-->
          <splitButton idMso="InsertCellstMenu" size="large" />
          <splitButton idMso="TableDeleteRowsAndColumnsMenu"
                       size="large" />
          <menu idMso="FormatCellsMenu" size="large" />
        </group>
      </tab>
    </tabs>
  </ribbon>
</customUI>
```

Listing 2.8: Eine integrierte Gruppe nachbauen (*ChangeMsoGroup.xlsx*)

Der XML-Code der Beispieldatei fügt dem Ribbon ein benutzerdefiniertes *tab*-Element mit der nachzubauenden Gruppe hinzu. Die zweite benutzerdefinierte Gruppe enthält die gleichen Steuerelemente wie die erste, nur dass diese aus den einzelnen Elementen nachgebaut wird. Der Unterschied zwischen den beiden Gruppen ist lediglich an der Bezeichnung *Meine Zellen-Gruppe* erkennbar – ihr Verhalten bleibt identisch. Die Bezeichnung können Sie übrigens auch noch angleichen.

Abbildung 2.13: Eine benutzerdefinierte Gruppe nach dem Vorbild einer integrierten Gruppe erstellen

Wenn Sie einzelne Befehle aus der Gruppe ausschließen wollen, löschen Sie die entsprechende Codezeile aus der Ribbon-Programmdatei oder kommentieren sie wie folgt aus:

```
<!-- <menu idMso="FormatCellsMenu" size="large" /> -->
```

2.10 Das *qat*-Element oder: Die Schnellzugriffsleiste

Die Schnellzugriffsleiste ist die kleine Leiste, die Office standardmäßig rechts vom Office-Button und über der Ribbon-Leiste anzeigt. Sie ersetzt quasi die Symbolleiste aus Office 2003 und älter und kann als einziges Element des Ribbons manuell angepasst werden.

2.10.1 Anpassungen per XML

Die Schnellzugriffsleiste können Sie nur anpassen, wenn die eingebauten Elemente mit dem Attribut *startFromScratch* ausgeblendet wurden:

```
<ribbon startFromScratch="true">
```

Für das Hinzufügen von Elementen benötigen Sie dann zunächst ein *qat*-Element, das wiederum mindestens eines von zwei weiteren Elementen enthält:

▷ *sharedControls*: wird vorrangig in Add-Ins verwendet und in allen geöffneten Dateien der aktuellen Anwendung angezeigt. Hier können Sie keine benutzerdefinierten, sondern nur eingebaute Elemente unterbringen. Sie können dieses Element zwar auch in Dokumenten und Datenbanken verwenden, aber das *documentControls*-Element ist hier vorzuziehen.

▷ *documentControls*: wird in Dokumenten und in Datenbanken verwendet und angezeigt, wenn die jeweilige Datei geöffnet ist. Kann eingebaute und benutzerdefinierte Elemente anzeigen, Letztere allerdings nur mit zusätzlichen Verrenkungen (siehe unten).

Diese beiden Elemente können drei Arten von Steuerelementen unterbringen:

▷ *control*

▷ *button*

▷ *separator*

Folgender Code-Abschnitt etwa fügt auf der Schnellzugriffsleiste den *Speichern*-Befehl ein:

```
<ribbon>
  <qat>
    <sharedControls>
      <button idMso="FileSave"/>
    </sharedControls>
  </qat>
</ribbon>
```

Im *documentControls*-Knoten werden Befehle definiert, die nur in der erzeugenden Instanz (also in einem Dokument oder einer Datenbank) zur Verfügung stehen. Folgende XML-Definition fügt auf der Schnellzugriffsleiste eines Dokuments den *Drucken*-Befehl ein:

```
<documentControls>
  <button idMso="FilePrint"/>
<documentControls>
```

65

Folgende XML-Definition fügt auf der Schnellzugriffsleiste die in Excel integrierten Befehle *AutoSumme* sowie den Aufruf des Dialogfelds *Datenüberprüfung* ein. Außerdem soll die Schnellzugriffsleiste eine benutzerdefinierte Schaltfläche enthalten, deren Icon im Dokument gespeichert wird.

```
<customUI xmlns="http://schemas.microsoft.com/office/2006/01/customui">
  <!-- Ribbon-Oberfläche ausblenden-->
  <ribbon startFromScratch="true">
    <!-- Schnellzugriffsleiste -->
    <qat>
      <!-- Add-Ins Befehle-->
      <sharedControls>
        <button idMso="AutoSum"/>
      </sharedControls>
      <!-- Arbeitsmappen Befehle-->
      <documentControls>
        <!-- Integrierten Befehl einfügen-->
        <button idMso="DataValidation"/>
        <!-- Benutzerdefinierten Befehl einfügen-->
        <button id="btnFlag" image="FlagGreen"
                label="Benutzerdefinierter Befehl" />
      </documentControls>
    </qat>
    <!-- XML-Code für tabs, groups, controls-->
  </ribbon>
</customUI>
```

Listing 2.9: Schnellzugriffsleiste mit integrierten und eigenen Befehlen bestücken (QAT.xlsm)

Besonderheiten benutzerdefinierter Elemente

Sie werden beim Testen dieser oder ähnlicher XML-Definitionen feststellen, dass die Office-Anwendungen benutzerdefinierte Elemente in der Schnellzugriffsleiste nicht anzeigen.

Das stimmt nur teilweise, denn wenn Sie in Word, Excel und PowerPoint zu einem anderen Dokument und wieder zurück wechseln (dieses kann bereits geöffnet sein, muss es aber nicht), erscheinen auch benutzerdefinierte Elemente in der Schnellzugriffsleiste.

Das Gleiche gilt für Access, wenn das Ribbon zusammen mit einem Formular oder Bericht angezeigt wird und das entsprechende Objekt den Fokus kurzzeitig an ein anderes Objekt abgibt und dann zurückerhält.

Abbildung 2.14: Integrierte und benutzerdefinierte Befehle auf der Schnellzugriffsleiste

Einen kleinen Workaround haben wir in der Beispieldatei *QAT.xlsm* für Sie vorbereitet. Ein Klick auf die Schaltfläche *Workaround* der Beispieldatei führt die gleichnami-
ge Routine aus. In der Prozedur wird eine neue Arbeitsmappe erstellt, die von Excel
automatisch aktiviert wird. Diese wird anschließend ohne Speicherabfrage sofort wieder geschlossen und dadurch die eigene Datei wieder aktiviert. Dieser Vorgang verläuft außerordentlich schnell und ist für den Anwender nicht sichtbar, sodass auf die
Deaktivierung der Bildschirmaktualisierung per Code verzichtet werden kann.

```
Public Sub Workaround()
    'erstellt eine neue Arbeitsmappe
    Workbooks.Add
    'schließt neue Arbeitsmappe ohne zu speichern
    ActiveWorkbook.Close SaveChanges:=False
End Sub
```

Listing 2.10: Nach dem Wechsel zu einer anderen Arbeitsmappe und Aktivierung der eigenen
Datei werden auch die eigenen Befehle auf der Schnellzugriffsleiste sichtbar (*QAT.xlsm*).

Benutzerdefinierte *qat*-Befehle (fast) ohne Einschränkungen

Beim Hinzufügen benutzerdefinierter *qat*-Befehle per XML-Definition müssen Sie damit leben, dass
die eingeblendeten Elemente per *startFromScratch="true"* verschwinden und dass Sie Verrenkungen
machen müssen, damit diese auch mal angezeigt werden. Weiter unten in Abschnitt 2.10.5 erfahren Sie, wie es anders geht – allerdings auch wieder mit einer kleinen Einschränkung ...

Auch für Access hier noch ein Hinweis, wie Sie, wenn auch auf Kosten eines kleinen
Bildschirmflackerns, zu Ihrem benutzerdefinierten Schnellzugriffsleisteneintrag kommen. Dazu fügen Sie der Ribbon-Definition ein *onLoad*-Callback-Attribut hinzu, das
folgende Routine auslöst (wenn Ihnen noch Grundkenntnisse zum Thema Callbacks
fehlen, finden Sie alles Wissenswerte in Kapitel 3, »Callbacks und VBA«):

```
Sub onLoad(ribbon As IRibbonUI)
    DoCmd.OpenForm "frmTest"
    DoCmd.Close acForm, "frmTest"
End Sub
```

frmTest ist dabei ein Formular ohne weitere Funktion, das einfach nur geöffnet und wieder geschlossen wird.

2.10.2 Manuelle Anpassung der Schnellzugriffsleiste

Eigentlich soll die Schnellzugriffsleiste es dem Benutzer ermöglichen, oft verwendete eingebaute Ribbon-Befehle besser zugänglich zu machen. Dies gelingt mit dem Menü, das Sie über den nach unten zeigenden Pfeil rechts von der Schnellzugriffsleiste aufklappen:

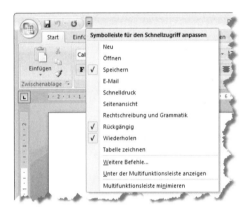

Abbildung 2.15: Die Symbolleiste für den Schnellzugriff und das Menü für ihre Anpassung

Benutzerdefinierte und XML-gesteuerte Anpassungen

Wenn Sie die Schnellzugriffsleiste per XML-Ribbon-Definition angepasst haben, was nur in Verbindung mit *startFromScratch="true"* funktioniert, können Sie keine Befehle mehr manuell zur Schnellzugriffsleiste hinzufügen, da die notwendigen Steuerelemente nun deaktiviert sind.

Hier fügen Sie die von Microsoft als wichtig erachteten Befehle ganz schnell per Mausklick zur Schnellzugriffsleiste hinzu oder entfernen die vorhandenen Elemente. Der Eintrag *Weitere Befehle...* öffnet den Optionen-Dialog der jeweiligen Anwendung mit aktiviertem *Anpassen*-Bereich, der das Hinzufügen und Entfernen aller vorhandenen Befehle erlaubt (siehe Abbildung 2.16). Und wenn das Ribbon gerade einen Befehl anzeigt, den Sie gern in der Schnellzugriffsleiste unterbringen würden, öffnen Sie einfach mit der rechten Maustaste dessen Kontextmenü und wählen den Eintrag *Zu Symbolleiste für den Schnellzugriff hinzufügen* aus (siehe Abbildung 2.17). Zum Entfernen eines solchen Befehls verwenden Sie hingegen den Eintrag *Aus Symbolleiste für den Schnellzugriff entfernen* aus dem Kontextmenü des jeweiligen Eintrags der Schnellzugriffsleiste.

Abbildung 2.16: Dialog zum Anpassen der Schnellzugriffsleiste

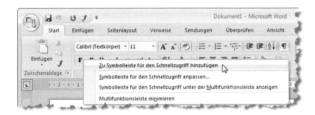

Abbildung 2.17: Per Kontextmenü können Sie beliebige Befehle zur Schnellzugriffsleiste hinzufügen.

2.10.3 Schnellzugriffsleiste positionieren

Die standardmäßig oben im Ribbon befindliche Schnellzugriffsleiste können Sie auch unterhalb der Ribbonleiste platzieren. Dazu klicken Sie den Eintrag *Unter der Multifunktionsleiste anzeigen* aus dem Menü der Schnellzugriffsleiste an. Mit dieser Einstellung vergrößert sich der Ribbon-Bereich allerdings um einen zusätzlichen Balken, der Bereich neben dem Office-Button bleibt nun leer.

2.10.4 Symbolleistendateien sichern und exportieren

Die Office-Anwendungen aus Office 2003 und älter speichern Änderungen, die der Benutzer an den Symbolleisten vorgenommen hat, in speziellen Symbolleistendateien (Ausnahme hiervon ist Access). Wenn Sie umfangreiche Änderungen vorgenommen haben, sollten Sie diese Dateien sichern. So können Sie diese für Notfälle und zum

Übertragen auf andere Computer verwenden. Word speichert die personalisierten Symbolleisten-Einstellungen in Dokumentvorlagen (üblicherweise in der *Normal.dot*).

Excel verwendet dazu die Datei *Excel11.xlb* und unter PowerPoint heißt die Datei *PPT11*, wobei die Zahl *11* im Dateinamen für die interne Office-Version steht.

Access speichert die Symbolleisteneinstellungen in internen Systemtabellen.

Mit Änderung des Oberflächenkonzepts in Office 2007 von Symbolleisten zu Ribbons hat Microsoft auch diese Einstellungsdateien für Änderungen der Schnellzugriffsleiste neu konzipiert. Wenn Sie Änderungen der Schnellzugriffsleiste über den *Anpassen*-Dialog vornehmen, können Sie wählen, ob Sie diese Anpassungen anwendungsweit (also unabhängig vom angezeigten Dokument) oder nur für die gerade aktive Datei speichern möchten. Änderungen, die für die gesamte Anwendung gelten sollen, speichert diese in *qat*-Symboldateien, bei denen es sich selbstverständlich wieder um XML-Dateien handelt. Nachfolgende Tabelle zeigt alle Office-Programme mit den betroffenen Funktionsbereichen und dazugehörigen Dateinamen:

Programm	Funktionsbereich	Dateiname
Access	Alle	*Access.qat*
Excel	Alle	*Excel.qat*
Word	Alle	*Word.qat*
PowerPoint	Alle	*PowerPoint.qat*
Outlook	Kontakte	*Olkaddritem.qat*
	Kalender	*Olkapptitem.qat*
	Verteilerliste	*Olkdistitem.qat*
	Journaleintrag	*Olklogitem.qat*
	Mail	*Olkmailitem.qat*
	Notizen	*Olkpostitem.qat*
	Vorgänge	*Olktaskitem.qat*

Tabelle 2.5: Liste der Office-Programme mit ihren Symboldateien

Unter Windows XP speichern die Office-Anwendungen die *.qat*-Dateien an folgendem Speicherort:

```
C:\Dokumente und Einstellungen\<Benutzername>\Lokale Einstellungen\
Anwendungsdaten\Microsoft\Office
```

Unter Windows Vista finden Sie die *.qat*-Datei hier:

```
C:\Users\<Benutzername>\AppData\Local\Microsoft\Office
```

Die Anwendungen speichern Anpassungen an einer Schnellzugriffsleiste direkt in der entsprechenden *.qat*-Datei und nicht erst beim Schließen der Anwendung, wie zum Beispiel im Falle der Datei *.*xlb* unter Excel 2003. Die *.qat*-Dateien der einzelnen Programme sind nur dann in den angegebenen Ordnern verfügbar, wenn der Benutzer Änderungen an der entsprechenden Schnellzugriffsleiste vorgenommen hat.

2.10.5 Benutzerdefinierte Befehle manuell zur Schnellzugriffsleiste hinzufügen

Wenn Sie im Dialog aus der folgenden Abbildung unter *Befehle auswählen:* den Eintrag *Makros* auswählen, bietet die darunter liegende Liste unter Word, Excel und PowerPoint alle im aktuellen Projekt als *Public* deklarierten VBA-Prozeduren zur Auswahl an. Unter Access werden dort keine VBA-Prozeduren, sondern Access-Makros aufgelistet. Beides machen Sie so über die Schnellzugriffsleiste verfügbar. Haben Sie dies erledigt, können Sie auch noch die Symbole anpassen. Dazu wählen Sie den fraglichen Eintrag aus der Liste der aktuellen Elemente der Schnellzugriffsleiste aus und klicken auf die *Ändern-*Schaltfläche. Es erscheint der Dialog aus der folgenden Abbildung, der allerdings nur 181 der insgesamt ca. 1850 unter Office verfügbaren eindeutigen Ribbon-Symbole liefert. Die Symbole interner Befehle können Sie so nicht anpassen. Das ist besonders für jene Befehle nachteilig, die kein eigenes Symbol mitbringen und stattdessen nur einen hellgrünen Kreis auf der Schnellzugriffsleiste anzeigen. Hierzu zählt in Excel zum Beispiel der Befehl zum Aufruf des *Add-Ins-Managers*.

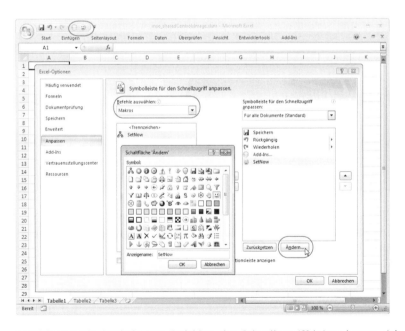

Abbildung 2.18: Symbole von Befehlen der Schnellzugriffsleiste lassen sich nur für Makros ändern (*mso_sharedControlsImage.xlsm*).

Um auch Symbole integrierter Befehle zu ändern oder ein Symbol der Office 2007 Icons-Gallery zu verwenden, passen Sie einfach die *qat*-Symboldatei an. Deren XML-Code enthält grundsätzlich alle Standardbefehle, wobei das Attribut *visible* festlegt, ob das Element derzeit in der Schnellzugriffsleiste erscheint oder nicht.

An diese Liste schließen sich die benutzerdefinierten Befehle – hier für den Add-Ins-Manager – mit den zusätzlichen Attributen an:

```
<mso:customUI
    xmlns:x1="http://schemas.microsoft.com/office/2006/01/customui/macro"
    xmlns:mso="http://schemas.microsoft.com/office/2006/01/customui">
  <mso:ribbon>
    <mso:qat>
      <mso:sharedControls>
        <mso:control idQ="mso:FileNewDefault" visible="false"/>
        <mso:control idQ="mso:FileOpen" visible="false"/>
        <mso:control idQ="mso:FileSave" visible="true"/>
        <mso:control idQ="mso:FileSendAsAttachment" visible="false"/>
        <mso:control idQ="mso:FilePrintQuick" visible="false"/>
        <mso:control idQ="mso:FilePrintPreview" visible="false"/>
        <mso:control idQ="mso:Spelling" visible="false"/>
        <mso:control idQ="mso:Undo" visible="true"/>
        <mso:control idQ="mso:Redo" visible="true"/>
        <mso:control idQ="mso:SortAscendingExcel" visible="false"/>
        <mso:control idQ="mso:SortDescendingExcel" visible="false"/>
        <mso:control idQ="mso:AddInManager" visible="true"/>
        <mso:button idQ="x1:SetNow_1" visible="true" label="SetNow"
                                      onAction="SetNow"
                                      imageMso="HappyFace"/>
      </mso:sharedControls>
    </mso:qat>
  </mso:ribbon>
</mso:customUI>
```

Listing 2.11: *Excel.qat*-Symboldatei mit angepassten Befehlen der Schnellzugriffsleiste (*Excel.qat*)

Diese *.qat*-Datei tauscht das standardmäßige grüne Icon des Befehls *Add-Ins-Manager* durch Angabe eines integrierten Symbols der Office Icon-Gallery aus:

```
<mso:control idQ="mso:AddInManager" visible="true"
             imageMso="FunctionsDateTimeInsertGallery"/>
```

Abbildung 2.19: Das Symbol zum Aufruf des *Add-Ins Managers* wurde geändert.

Benutzerdefinierte Symbole können Sie hier allerdings nicht verwenden.

2.10.6 Schnellzugriffsleiste in einzelnen Dateien anpassen

Befehle lassen sich auch nur für einzelne Dokumente auf der Schnellzugriffsleiste platzieren. Dies hat den Vorteil, dass die individuelle Konfiguration mit der Datei gespeichert wird und bei Weitergabe auf fremden Computern zur Verfügung steht. Die doku-
mentabhängige Anpassung der Schnellzugriffsleiste über die Office-Oberfläche können
Sie zunächst nur über den *Anpassen*-Dialog vornehmen. Wählen Sie dazu im rechten
Auswahlfeld den Namen der aktiven Datei und fügen Sie die gewünschten Befehle über
die *Hinzufügen*-Schaltfläche ein.

Abbildung 2.20: Dokumentbasierende Befehle auf der Schnellzugriffsleiste einfügen

Solche Änderungen, die Sie über die Benutzeroberfläche an der Schnellzugriffsleiste
vornehmen, werden – mit Ausnahme von Access – in einer weiteren *customUI.xml* gespeichert, die ebenfalls im *.zip*-Container der Datei, dort jedoch im Ordner *userCustomization* vorliegt. Der *userCustomization*-Ordner mit seiner *customUI.xml* ist immer dann
vorhanden, wenn Sie dokumentbasierende Anpassungen an der Schnellzugriffsleiste
der Datei vorgenommen haben.

Die XML-Definitionsdatei der Schnellzugriffsleiste können Sie nicht mit dem *Custom UI Editor* bearbeiten. Um diese einzusehen oder zu ändern, müssen Sie den *.zip*-Container der Datei sichtbar machen.

Schließen Sie dazu das Dokument und erweitern Sie im Explorer die Dateiendung der Datei um den Zusatz *.zip*. Die Ordnerstruktur sieht dann wie in der folgenden Abbildung aus:

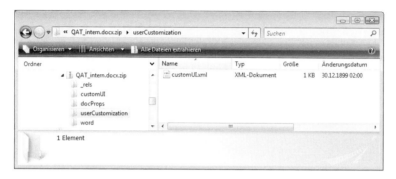

Abbildung 2.21: Zip-Container eines Word-Dokuments mit zwei Ribbon-Definitionsdateien

Um die *customUI.xml* der Schnellzugriffsleiste zu bearbeiten, extrahieren Sie diese, indem Sie sie etwa auf den Desktop ziehen und mit Notepad oder einem anderen Editor öffnen.

```
<mso:customUI
    xmlns:mso="http://schemas.microsoft.com/office/2006/01/customui">
  <mso:ribbon>
    <mso:qat>
      <mso:documentControls>
        <mso:control idQ="mso:ParagraphMarks" visible="true" />
      </mso:documentControls>
    </mso:qat>
  </mso:ribbon>
</mso:customUI>
```

Listing 2.12: Quellcode der *userCustomzation/customUI.xml* für die dokumentbasierende Schnell-zugriffsleiste (*QAT_intern.docx*)

2.11 Das *officeMenu*-Element

Neben den bereits erwähnten Elementen können Sie auch das Office-Menü anpassen. Das Office-Menü ersetzt das ehemalige Datei-Menü der Office-Anwendungen.

> **Office-Schaltfläche und/oder Office-Menü ausblenden**
>
> Um Ihnen gleich die Hoffnung zu nehmen: Sie können Office-Button und Office-Menü weder komplett ausblenden noch das Aussehen des Office-Buttons anpassen – zumindest nicht mit eingebauten Mitteln. Über externe Lösungen informieren wir Sie auf der Internetseite zum Buch unter *http://www.access-entwicklerbuch.de/ribbon*.

2.11.1 Einträge des Office-Menüs ausblenden

Da man das Office-Menü nicht komplett ausblenden kann, zeigen wir Ihnen, welche Möglichkeiten es zum Deaktivieren und Ausblenden einzelner Befehle gibt. Das Endergebnis der nachfolgend beschriebenen Schritte zeigt die folgende Abbildung:

Abbildung 2.22: Ausblenden und Deaktivieren aller Befehle im Office-Menü

startFromScratch="true" blendet im Office-Menü fast alle Befehle aus. Übrig bleiben die drei folgenden Standard-Befehlsschaltflächen:

- *Neu*
- *Öffnen*
- *Speichern*

Das *officeMenu*-Element wird in der XML-Definition unterhalb des *ribbon*-Elements, aber nach einem möglichen *commands*-Zweig aufgeführt.

Mit den folgenden Codezeilen wird die Benutzeroberfläche ausgeschaltet und anschließend werden die drei verbleibenden Standardbefehle ausgeblendet (*OfficeMenu_Clear.xlsx*):

```
<ribbon startFromScratch ="true">
  <officeMenu>
    <button idMso="FileNew" visible="false"/>
    <button idMso="FileOpen" visible="false"/>
    <button idMso="FileSave" visible="false"/>
  </officeMenu>
</ribbon>
```

Wenn die Benutzeroberfläche nicht durch den *startFromScratch*-Modus ausgeschaltet werden soll, Sie aber dennoch Befehle aus dem Office-Menü entfernen möchten, müssen Sie im XML-Code die gewünschten integrierten Schaltflächen des Office-Menüs separat ausblenden. Die folgende Tabelle listet die Eigenschaften der dort vorhandenen Befehle auf:

Control-Typ	idMso	Befehl
button	*FileNew*	*Neu*
button	*FileOpen*	*Öffnen*
button	*FileSave*	*Speichern*
button	*FileSaveAsMenu*	*Speichern unter*
splitButton	*FilePrintMenu*	*Drucken*
splitButton	*FilePrepareMenu*	*Vorbereiten*
menu	*FileSendMenu*	*Senden*
menu	*MenuPublish*	*Veröffentlichen*
button	*FileClose*	*Schließen*

Tabelle 2.6: Befehle des Office-Menüs

Die Schaltflächen zum Anzeigen der Optionen und zum Beenden der Anwendung im unteren Bereich des Office-Menüs können Sie nicht über das *officeMenu*-Element ansprechen. Es ist lediglich möglich, diese beiden Schaltflächen über das *command*-Element zu deaktivieren:

```
<commands>
  <command idMso="ApplicationOptionsDialog" enabled="false"/>
  <command idMso="FileExit" enabled="false"/>
</commands>
```

Listing 2.13: Die Schaltflächen zum Anzeigen und Beenden der Anwendung im Office-Menü deaktivieren

Der rechte Fensterbereich des Office-Menüs mit der Überschrift *Zuletzt verwendete Dokumente* kann nicht über XML angesprochen werden. Mit VBA können Sie jedoch dessen Einträge ausblenden. Diesen Befehl führen Sie beim Öffnen der Datei im *Workbook_Open*-Ereignis (Excel) oder *Document_Open*-Ereignis (Word) aus:

```
Application.DisplayRecentFiles = False
```

Aber Vorsicht: Diese Einstellung bleibt auch nach dem Schließen des Dokuments bestehen! Sie können die Liste der zuletzt angezeigten Dokumente manuell nur dadurch wieder in Gang bringen, indem Sie im Bereich *Erweitert* der Anwendungsoptionen die Option *Diese Anzahl zuletzt verwendeter Dokumente anzeigen* auf den gewünschten Wert setzen – anderenfalls bleibt dieser auf *0* stehen.

2.11.2 Einen Eintrag zum Office-Menü hinzufügen

Wenn Sie Nutzern Ihrer Anwendung das Office-Menü als Ausgangspunkt für den Aufruf von Funktionen anbieten möchten, können Sie auch dort eigene Einträge hinzufügen. Der entsprechende Bereich ist direkt unterhalb des *ribbon*-Elements, also auf der gleichen Ebene wie die *tabs*-Auflistung zu finden und heißt *officeMenu*. Unterhalb dieses Elements können Sie verschiedene Steuerelemente wie im folgenden Beispiel anlegen.

Beim Einfügen benutzerdefinierter Steuerelemente im Office-Menü spielt es keine Rolle, ob die Benutzeroberfläche über das *startFromScratch*-Attribut ein- oder ausgeblendet wird. Wenn das Steuerelement an einer bestimmten Position eingefügt werden soll, können Sie mit dem Attribut *insertAfterMso* oder *insertBeforeMso* festlegen, vor oder nach welchem eingebauten Steuerelement das neue Element Platz finden soll. Natürlich können Sie auch nicht nur benutzerdefinierte, sondern auch eingebaute Befehle hinzufügen.

Abbildung 2.23: Ein neuer Eintrag im Office-Menü

```
<customUI xmlns="http://schemas.microsoft.com/office/2006/01/customui">
    <!-- Benutzeroberfläche nicht ausblenden -->
    <ribbon startFromScratch="false">
    <officeMenu>
        <!-- Eine Schaltfläche im Office-Menü einfügen -->
        <button id="btnOffice" label="Neuer Eintrag"
                image="hand" insertAfterMso="FileNew" />
    </officeMenu>
```

```
    </ribbon>
   </customUI>
```

Listing 2.14: Das Office-Menü erhält einen neuen Eintrag (*OfficeMenu_AddControl.xlsx*)

2.12 Das *commands*-Element

Das *commands*-Element dient wie das tabs-Element nur zum Zusammenfassen gleichartiger untergeordneter Elemente, in diesem Fall des *command*-Elements.

Das *commands*-Element hat dementsprechend keine eigenen Attribute.

2.13 Das *command*-Element

In die Ribbon-Benutzeroberfläche integrierte Steuerelemente können Sie per XML zwar nicht ausblenden, aber deaktivieren. Dies erledigen Sie innerhalb eines *command*-Elements. Hierfür gibt es im Ribbon-XML-Dokument unterhalb des *customUI*-Elements eine eigene Auflistung namens *commands*. Die Elemente heißen passend *command* und werden anhand des Attributs *idMso* eindeutig den vorhandenen Steuerelementen zugeordnet. Das *commands*-Element kann beliebig viele *command*-Elemente enthalten.

Das *command*-Element enthält lediglich die zwei Attribute aus der folgenden Tabelle:

Attribut	Beschreibung
idMso	Eindeutige ID eines eingebauten Steuerelements
enabled	Legt fest, ob das Steuerelement aktiviert oder deaktiviert ist (*true, false, 0, 1*)

Tabelle 2.7: Attribute des *command*-Elements

Zum Deaktivieren von Befehlen verwenden Sie im *command*-Element das *enabled*-Attribut:

```
<commands>
  <command idMso="Control Name" enabled="false" />
</commands>
```

Will man in früheren Excel-Versionen einen Befehl deaktivieren, muss man in einer Schleife alle Symbolleisten durchlaufen und das gewünschte Steuerelement über seine *Id* deaktivieren. In Office 2007 genügt eine *command*-Zeile in der XML-Definition, um das angegebene Steuerelement im Ribbon und gegebenenfalls auf der Schnellzugriffsleiste zu deaktivieren. Wurde das Steuerelement vom Benutzer der Schnellzugriffsleiste hinzugefügt, dann wird auch dieser Befehl deaktiviert. Das Deaktivieren eines Befehls verhindert nicht nur die Benutzung der jeweiligen Befehlsschaltflächen, sondern setzt auch die von Office für diese Befehle definierten Tastenkombinationen außer Kraft.

Im Gegensatz zu früheren Office-Versionen muss man sich auch nicht darum kümmern, wie der Zustand der Benutzeroberfläche vor der Anwendung der benutzerdefinierten Anpassungen aussah, damit man diesen bei einem Wechsel zu einem anderen geöffneten Dokument der Anwendung oder nach dem Schließen der Datei wieder herstellen kann. In Office 2007 sind Änderungen an der Ribbon-Struktur dokumentbasierend und werden nur in der Datei ausgeführt, in welcher die XML-Definition hinterlegt ist.

Nachfolgende XML-Definition deaktiviert beispielsweise alle vorhandenen *Fett*-Schaltflächen der Ribbon-Oberfläche:

```xml
<customUI xmlns="http://schemas.microsoft.com/office/2006/01/customui">
  <commands>
    <!-- den Befehl Fett deaktivieren -->
    <command idMso="Bold" enabled="false" />
  </commands>
  <ribbon>
    <!-- hier weiteren Code einfügen -->
  </ribbon>
</customUI>
```

Listing 2.15: Alle Fett-Schaltflächen in Ribbon, Mini-Symbolleiste und auf benutzerdefinierten Symbolleisten werden deaktiviert (*CommandDeactivate.pptx*).

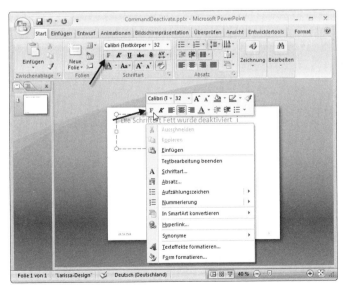

Abbildung 2.24: Die Verwendung der Schriftart *Fett* ist in dieser Datei nicht möglich.

Wichtig ist auch, dass selbst solche *Fett*-Schaltflächen, die etwa über Add-Ins älterer Office-Anwendungen im Add-Ins-Tab erscheinen, deaktiviert werden und, was die Tastenkürzel-Junkies unter Ihnen vielleicht interessiert, auch die Tastenkombination *Strg + F* tut's nicht mehr.

Sonderfälle

Einige Steuerelemente können Sie im *command*-Element nicht über die übliche *idMso* referenzieren, sondern über eine alternative *idMso* – Sie können also nicht die im Anpassen-Dialog ersichtliche *idMso* verwenden und auch nicht die aus den Excel-Tabellen aus dem Download zu diesem Kapitel stammenden. Das Tückische ist, dass sich die Fehler auf unterschiedliche Art äußern: Es erscheinen verschiedene Fehlermeldungen, und manchmal funktioniert der Zugriff einfach nicht. Stattdessen benutzen Sie die in der dritten Spalte der nachfolgenden Tabelle aufgeführten Elemente:

Control Type	Control-idMso (Erster Name)	Control-idMso zum Deaktivieren
button	*AlternativeText*	*ObjectSizeAndPropertiesDialog*
gallery	*Drawing1ColorPickerFill*	*ShapeFillcolorPicker*
gallery	*Drawing1ColorPickerFillWordArt*	*ShapeFillColorPicker*
gallery	*Drawing1ColorPickerLineStyles*	*OutlineColorPicker*
gallery	*Drawing1ColorPickerLineStylesWordArt*	*OutlineColorPicker*
gallery	*Drawing1GalleryBrightness*	*PictureBrightnessGallery*
gallery	*Drawing1GalleryContrast*	*PictureContrastGallery*
gallery	*Drawing1GalleryTextures*	*ShapeFillTextureGallery*
button	*FileSaveAsOtherFormats*	*FileSaveAs*
gallery	*GalleryAllShapesAndCanvas*	*ShapesInsertGallery*
gallery	*GalleryAllShapesAndTextboxes*	*ShapesInsertGallery*
checkBox	*GridlinesExcel*	*ViewSheetGridlines*
gallery	*InsertBuildingBlocksEquationsGallery*	*EquationInsertGallery*
gallery	*PictureBorderColorPickerClassic*	*OutlineColorPicker*
gallery	*PictureShapeGallery*	*ShapeChangeShapeGallery*
button	*PlayMacro*	*MacroPlay*
gallery	*ShapeOutlineColorPicker*	*OutlineColorPicker*
gallery	*ShapeQuickStylesHome*	*ShapeStylesGallery*
checkBox	*ShowRuler*	*ViewRulerWord*
gallery	*TableTextStylesGallery*	*TextStylesGallery*
button	*UnmergeCells*	*SplitCells*
checkBox	*ViewGridlines*	*ViewGridlinesPowerPoint*
checkBox	*ViewHeadings*	*ViewSheetHeadings*

Tabelle 2.8: Übersicht aller Controls, die Sie im *command*-Element nicht über die übliche *idMso* referenzieren können

Eingebaute Steuerelemente mit eigenen Funktionen versehen

Über das Attribut *onAction* des *command*-Elements können Sie die eigentliche Funktion des Steuerelements durch eine eingebaute Funktion ersetzen. Mehr zu diesem Thema erfahren Sie in Abschnitt 3.3.5, »*command*-Element«.

3 VBA und Callbacks

Wenn Sie benutzerdefinierte Steuerelemente im Ribbon dazu veranlassen möchten, auch das zu tun, was Sie möchten, kommen Sie nicht umhin, mit VBA zu arbeiten.

Es gibt nur zwei Ausnahmen: Sie erzeugen ein Ribbon für eine Access-Datenbank und verwenden die dortigen Makro-Objekte oder Sie nehmen Visual Studio zur Erstellung eines COM-Add-Ins oder eine der anderen Office 2007-Vorlagen und greifen auf alternative Programmiersprachen wie C# zu.

In den meisten Fällen jedoch werden Sie zu VBA greifen, weil dies erstens die in Office eingebaute Programmiersprache und sie zweitens ganz einfach zu erlernen ist.

Dennoch können wir keinen VBA-Grundlagenkurs anbieten, da es viel zu viel Interessantes zum Thema Ribbon zu berichten gibt.

Sollten Sie völlig unbeleckt sein, was VBA und Programmierung im Allgemeinen angeht, müssen Sie entweder besonderen Ehrgeiz an den Tag legen oder sich zuvor anderweitig mit den Grundlagen vertraut machen.

In diesem Kapitel erhalten Sie alle wichtigen Informationen zur Automatisierung des Ribbons und seiner Steuerelemente. Beispiele dazu finden Sie in ausreichender Menge im folgenden Kapitel 4, »Ribbon-Steuerelemente«.

Wir hätten die Beispiele auch bereits in diesem Kapitel 3 bringen können, aber in Zusammenhang mit der Beschreibung der jeweiligen Steuerelemente ist Kapitel 4 nach unserer Meinung sinnvoller.

3.1 Definition Callback-Funktion

Eine Ribbon-Definition bietet an verschiedenen Stellen die Möglichkeit, sogenannte Callback-Funktionen als Attribut festzulegen. Was aber ist überhaupt eine Callback-Funktion? Wikipedia schreibt dazu:

»Eine Rückruffunktion (englisch callback function) bezeichnet in der Informatik eine Funktion, die einer anderen Funktion als Parameter übergeben wird und von dieser unter gewissen Bedingungen aufgerufen wird. [...]«

Das bedeutet in diesem Fall, dass Sie einem Attribut einen Funktionsnamen zuweisen, den die Anwendung zu gegebener Zeit, also beispielsweise, wenn der Benutzer auf eine Schaltfläche klickt, aufruft. Der Begriff »Funktion« bezieht sich also nicht auf die Besonderheit einer Routine, einen Funktionswert zurückzuliefern. Dies wird weiter unten noch eine Rolle spielen.

> **Allgemeine Darstellung der Beispiele**
>
> Die folgenden Beispiele können Sie wie beschrieben in Word-, Excel- und PowerPoint-Dokumenten wie auch unter Access verwenden. Sollten Besonderheiten auftreten, weisen wir darauf hin.

Zwei Callback-Arten

Das Ribbon kennt zwei Arten von Callback-Funktionen:

- *Get...*-Callbacks
- Ereignis-Callbacks

Die *Get...*-Callbacks werden zu bestimmten Gelegenheiten ausgelöst und dienen im Wesentlichen dazu, Informationen über das Aussehen des jeweiligen Elements einzulesen. Dabei kann es sich beispielsweise um die Beschriftung eines Elements (*label*) oder dessen Größe (*size*) handeln. Zu allen *Get...*-Callbacks gibt es ein entsprechendes Attribut, über das man die jeweilige Eigenschaft des Steuerelements statisch über die XML-Definition festlegen kann, also beispielsweise *size* und *getSize*, *label* und *getLabel* oder *enabled* und *getEnabled*.

Die VBA-Routine, die als Wert des jeweiligen Callback-Attributs festgelegt ist, muss hier den benötigten Wert zurückliefern und erhält als Hilfe per Parameter einen Verweis auf das auslösende Steuerelement, mit dem sie etwa dessen *id* herausfinden kann.

Ereignis-Callbacks sind eher vergleichbar mit den Ereignisprozeduren, die Sie möglicherweise von VBA her kennen und die beispielsweise beim Öffnen eines Dokuments unter Word, Excel und PowerPoint oder beim Öffnen eines Formulars unter Access ausgelöst werden.

Ereignis-Callbacks liefern keine Werte, die das Ribbon weiterverarbeiten muss, sondern werden einfach nur ausgelöst. Eine Ausnahme sind jene Ereignis-Callbacks, die den *cancel*-Parameter verwenden und damit die Ausführung abbrechen können.

Mit oder ohne Code?

Wenn Sie in einem *Office Open XML*-Dokument VBA-Code unterbringen und ausführen möchten, müssen Sie dieses unter Angabe einer anderen Dateiendung speichern. Dabei wird äußerlich zunächst einmal nur der Buchstabe *x* durch *m* für *Makro* ersetzt, also etwa *.docm* statt *.docx* oder *.xlsm* statt *.xlsx*. Intern geschieht allerdings noch eine Menge mehr, sodass Sie nicht einfach die Dateiendung ändern können, sondern das Dokument über die jeweilige Anwendung in der veränderten Form speichern müssen.

3.2 *Get...*-Callbacks

Mit den *Get...*-Callback-Funktionen können Sie die Eigenschaften von Ribbon-Elementen, die Sie sonst statisch mit Attributen wie *label* oder *size* versehen, dynamisch per VBA festlegen.

Schauen wir uns das an einem kleinen Beispiel für ein Word-Dokument an, das Sie entsprechend den Informationen im Kasten *Mit oder ohne Code?* als *Word-Dokument mit Makros (*.docm)* speichern. Diesem Dokument fügen Sie mit dem *Custom UI Editor* die folgende Ribbon-Definition hinzu:

```
<customUI xmlns="http://schemas.microsoft.com/office/2006/01/customui">
    <ribbon>
        <tabs>
            <tab id="tab1" label="Beispieltab f&#252;r Get-Callbacks">
                <group id="grp1" label="Beispielgruppe">
                    <button id="btn1" getLabel="GetLabel"/>
                </group>
            </tab>
        </tabs>
    </ribbon>
</customUI>
```

Gegenüber den bisher verwendeten Ribbon-Definitionen finden Sie mit *getLabel="GetLabel"* ein zusätzliches Element (im Listing fett gedruckt).

> **Beispieldatei**
>
> Die Beispiele für die *Get*...-Callbacks finden Sie im Dokument *GetCallback.docm*.

Wenn Sie das Word-Dokument nun speichern und mit Word öffnen, können verschiedene Probleme auftreten. Das erste zeigt sich, wenn die Einstellungen für die Makrosicherheit keine Ausführung von Makros erlauben.

Das Ergebnis sieht dann wie in der folgenden Abbildung aus, wobei Sie die Ausführung der Makros beziehungsweise der VBA-Routinen durch einen Klick auf die Schaltfläche *Optionen* und anschließendes Auswählen der Option *Diesen Inhalt aktivieren* freigeben können.

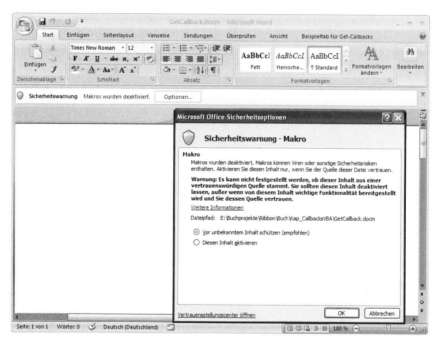

Abbildung 3.1: Wenn die Einstellungen für die Makrosicherheit keine Ausführung von VBA-Code erlauben, zeigt Word diese Warnung an und bietet weitere Optionen.

3.2.1 Makrosicherheit einstellen

Es gibt mehrere Möglichkeiten, um die Sicherheitseinstellungen für die Ausführung von VBA-Code von vornherein anzupassen. Sie finden diese im Optionen-Dialog der jeweiligen Office-Anwendung im Bereich *Vertrauensstellungscenter*. Dort klicken Sie auf die

Schaltfläche *Einstellungen für das Vertrauensstellungscenter*. Der nun erscheinende Dialog liefert wiederum verschiedene Bereiche. Den Bereich *Einstellungen für Makros* kennen Sie vermutlich aus älteren Office-Versionen.

Hier können Sie grundsätzlich festlegen, wie die Office-Anwendungen mit VBA-Makros umgehen sollen, und beispielsweise vorgeben, dass Office alle VBA-Makros ohne Rückfrage ausführen soll.

Eine weitere Möglichkeit ist, bestimmte Ordner als vertrauenswürdige Speicherorte festzulegen. Word und die anderen Office-Anwendungen führen dann jeglichen VBA-Code in Dateien aus, die in einem solchen Verzeichnis gespeichert sind.

Die Wahl der richtigen Strategie soll aber nicht Thema dieses Buchs sein. Zum Nachvollziehen unserer Beispiele legen Sie am einfachsten einen vertrauenswürdigen Speicherort fest und speichern die Beispieldokumente an diesem Ort.

Außerdem müssen Sie dafür Sorge tragen, dass diese Voraussetzungen auf Rechnern erfüllt sind, auf denen andere Benutzer von Ihnen erstellte Dokumente, Vorlagen oder Add-Ins mit VBA-Code einsetzen.

3.2.2 Weitere Fehlerquellen

Falls Sie die Makrosicherheit so eingestellt haben, dass die Office-Anwendung VBA-Routinen ausführen kann, gibt es weitere Fehlerquellen.

Wenn Sie das Beispieldokument öffnen, wird Word die Ribbon-Erweiterung zunächst wie gewünscht anzeigen.

Abbildung 3.2: Word zeigt das neue Tab wie erwartet an.

Wenn Sie allerdings zum neuen *tab*-Element wechseln, erscheint möglicherweise zunächst die folgende Meldung, die zwar auch darauf hinweist, dass die Makrosicherheit im aktuellen Kontext keine Ausführung von VBA-Code erlaubt, was aber aufgrund der getroffenen Maßnahmen nicht der Fall ist. Vielmehr trifft hier die erste Annahme zu, nach der das Makro nicht gefunden wurde:

Abbildung 3.3: Diese Meldung deutet darauf hin, dass der durch ein Callback-Attribut aufgerufene VBA-Code wegen Sicherheitsbeschränkungen nicht ausgeführt werden kann.

3.2.3 Callback-Funktion anlegen

Ganz klar: Wenn man in der Ribbon-Definition eine VBA-Routine in einem Callback-Attribut festlegt, dann sollte dies auch tunlichst vorhanden sein. Also legen wir eine solche Routine an. Im einfachsten Fall wechseln Sie einfach mit der Tastenkombination *Alt + F11* zum VBA-Editor und klicken dort im Projekt-Explorer (anzuzeigen mit *Strg + R*) einfach doppelt auf den Eintrag *ThisDocument* des Projekts mit dem Namen des aktuellen Dokuments.

Abbildung 3.4: Anlegen einer Callback-Funktion im Modul *ThisDocument* des Projekts des aktuellen Word-Dokuments

Hier tragen Sie nun die folgende Routine ein:

```
Sub GetLabel(control As IRibbonControl, ByRef label)
    label = "Beispiellabel"
End Sub
```

Diese Routine besteht aus vier wichtigen Elementen:

▷ *GetLabel* ist der Name der Callback-Funktion, der auch für das entsprechende Attribut (hier *getLabel*) in der XML-Definition des Ribbons angegeben ist.

▷ *control As IRibbonControl* ist ein Parameter, der einen Verweis auf das Steuerelement übergibt, für das diese Funktion aufgerufen wird. Wofür Sie diesen Parameter nutzen können, erfahren Sie weiter unten.

▶ *ByRef label* ist der Rückgabeparameter der Funktion. Irgendwo innerhalb der Funktion müssen Sie die Variable *label* mit dem gewünschten Wert füllen.

▶ Dies geschieht in der Zeile *label = "Beispiellabel"*.

Zusammengefasst wird diese Routine beim Anzeigen des jeweiligen Steuerelements aufgerufen, damit sie dem Parameter *label* den Text zuweist, der als Bezeichnung auf dem Steuerelement angezeigt werden soll. Wenn Sie das Dokument nun erneut öffnen und zum benutzerdefinierten Tab wechseln, sollte dies ohne Fehler geschehen und die Schaltfläche den angegebenen Text anzeigen.

Falls nicht, prüfen Sie zunächst, ob die Routine tatsächlich den richtigen Namen hat und ob diese öffentlich verfügbar ist. Dies erledigen Sie, indem Sie im Direktfenster einen Ausdruck wie den aus der folgenden Abbildung eingeben.

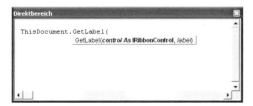

Abbildung 3.5: Diese Callback-Funktion ist öffentlich verfügbar.

Sie können die Callback-Funktionen übrigens auch in einem Standardmodul unterbringen. Dies macht Sinn, wenn Sie den Code für die Ribbon-Steuerung vom übrigen Code trennen und ihn daher in einem eigenen Modul unterbringen möchten. Stimmt der Name der Callback-Funktion und ist diese über obigen Test öffentlich erreichbar, haben Sie möglicherweise falsche Parameter definiert. In diesem Fall erscheint eine der Fehlermeldungen aus den folgenden beiden Abbildungen.

Abbildung 3.6: Diese Meldung erscheint, wenn die Callback-Funktion zu viele Parameter hat ...

Abbildung 3.7: ... und diese, wenn es zu wenige oder die falschen Parameter sind.

Tritt keiner dieser Fehler mehr auf, sollte die Schaltfläche die gewünschte Beschriftung anzeigen.

3.2.4 Aufbau der Callback-Funktionen

Sicher werden Sie sich fragen, ob alle Callback-Funktionen so aufgebaut sind wie die zum Füllen einer Steuerelementbezeichnung und, falls dies nicht der Fall ist, wo es Informationen über den Aufbau der übrigen Callback-Funktionen gibt. Die Antwort ist ganz leicht: Sie finden die Definition der Callback-Funktionen in diesem Buch, und zwar im folgenden Kapitel über die einzelnen Steuerelemente.

Zwar sind die meisten Callback-Funktionen – speziell die für die *Get*...-Attribute – immer gleich aufgebaut, teilweise besitzen sie jedoch in Abhängigkeit vom jeweiligen Steuerelement unterschiedliche Parameter.

3.2.5 *Get*...-Callbacks zur Laufzeit aufrufen

Prinzipiell haben Sie mit dem oben beschriebenen Beispiel noch nichts erreicht: Zwar verwenden Sie nun eine *Get*...-Callback-Funktion, um die Eigenschaft *label* des Steuerelements zu füllen, aber dies geschieht nur einmal beim ersten Anzeigen des Steuerelements. Theoretisch hätten Sie für die gleiche Funktionalität auch das *label*-Attribut mit dem gewünschten Text füllen können.

Aufruf abfangen

Welches der tatsächliche Zeitpunkt des Aufrufs einer *Get*...-Prozedur ist, können Sie leicht feststellen. Dazu setzen Sie einfach einen fixen Haltepunkt im Code, der in folgendem Listing fett gedruckt ist:

```
Sub GetLabel(control As IRibbonControl, ByRef label)
    Stop
    label = "Beispiellabel"
End Sub
```

Schließen Sie das Dokument, öffnen Sie es erneut und klicken Sie auf das benutzerdefinierte Tab. Der VBA-Editor erscheint und markiert die Zeile mit dem Haltepunkt – und zwar genau in dem Moment, bevor die Schaltfläche erstmalig auf der Bildfläche erscheint (siehe Abbildung 3.8).

Zugriff ermöglichen

Der Sinn von *Get*...-Callbacks liegt darin, Attribute von Steuerelementen auch zur Laufzeit ändern zu können. Nun gibt es kein Objektmodell wie das der *CommandBars*, mit dem man sich durch die Objekthierarchie hangeln und die Eigenschaften des betreffenden Steuerelements einstellen könnte.

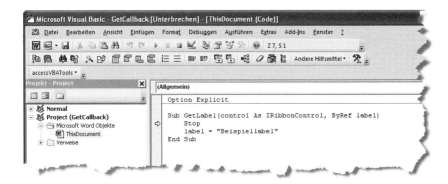

Abbildung 3.8: Mit einem fixen Haltepunkt finden Sie heraus, wann die Office-Anwendungen die *Get...*-Callbacks aufrufen.

Man kann zwar hier und da Informationen über die eingebauten Elemente des Ribbons abfragen (siehe weiter unten in Abschnitt 3.8, »*CommandBars*-Funktionen«), aber mehr ist über das *CommandBars*-Objektmodell leider aktuell nicht möglich. Der von Microsoft zur Beeinflussung des Ribbons zur Laufzeit vorgesehene Weg sieht vielmehr so aus:

▷ Das Ribbon wird geladen und löst einen Ereignis-Callback namens *onLoad* aus, der dem Element *customUI* hinzugefügt wird:

```
<customUI xmlns="..." onLoad="OnLoad">
```

▷ Das VBA-Projekt enthält eine globale oder modulweit gültige Variable zum Speichern eines Verweises auf das Ribbon:

```
Public objRibbon As IRibbonUI
```

▷ Die durch das Attribut *onLoad* ausgelöste Callback-Routine füllt die soeben festgelegte Variable mit dem als Parameter übergebenen Verweis auf das Ribbon-Objekt:

```
Sub OnLoad(ribbon As IRibbonUI)
    Set objRibbon = ribbon
End Sub
```

▷ Das Objekt des Typs *IRibbonUI* liefert zwei Methoden. Die erste heißt *Invalidate* und sorgt dafür, dass alle *Get...*-Callbacks beim nächsten Erscheinen des entsprechenden Steuerelements erneut ausgelöst werden. Diesen Befehl können Sie nach erneutem Laden des Dokuments und dem damit verbundenen Füllen von *objRibbon* etwa über das Direktfenster so ausführen:

```
ThisDocument.objRibbon.Invalidate
```

Auch wenn die Schaltfläche nun keine neue Beschriftung erhält, können Sie den erneuten Aufruf anhand des fixen Haltepunktes nachvollziehen. Den Bezug auf *ThisDocument* können Sie im Übrigen weglassen, wenn *objRibbon* öffentlich in einem Standardmodul deklariert ist.

▶ Die zweite Methode heißt *InvalidateControl* und erwartet als Parameter den Wert des Attributs *id* eines Steuerelements, dessen *Get...*-Callbacks erneut aufgerufen werden sollen. Ein Beispielaufruf unter Word sieht so aus:

```
ThisDocument.objRibbon.InvalidateControl "btn1"
```

Wenn *objRibbon* in einem Standardmodul deklariert ist, kann man den Bezug auf das Modul *ThisDocument* weglassen.

Mehr brauchen Sie nicht zu tun – Sie können nun zu beliebigen Anlässen die *Invalidate*-Methode aufrufen, um alle Steuerelemente mit *Get...*-Attributen zu aktualisieren, oder Sie verwenden die *InvalidateControl*-Methode mit dem Namen eines einzelnen zu aktualisierenden Steuerelements als Parameter. Ein Beispiel finden Sie etwa in Abschnitt 4.14, »*checkBox*-Element«.

Ein *Get...*-Callback für mehrere Steuerelemente

Weiter oben haben wir erwähnt, dass die *Get...*-Callbacks mit dem Parameter *control* des Typs *IRibbonControl* einen Verweis auf das aufrufende Steuerelement liefern, und angedeutet, dass man dies durchaus sinnvoll einsetzen kann.

Der Hintergrund ist, dass man eine Callback-Funktion grundsätzlich von verschiedenen Steuerelementen aus aufrufen kann. Wie das geht, zeigt das folgende Beispiel. Die Ribbon-Definition dieses Beispiels enthält zwei neue Elemente des Typs *labelControl* (fett gedruckt), die beide die gleiche Callback-Funktion wie die bereits vorhandene Schaltfläche aufrufen:

```
<customUI xmlns="..." onLoad="OnLoad">
    <ribbon>
        <tabs>
            <tab id="tab1" label="Beispieltab f&#252;r Get-Callbacks">
                <group id="grp1" label="Beispielgruppe">
                    <button id="btn1" getLabel="GetLabel"/>
                    <labelControl id="lblDate" getLabel="GetLabel"/>
                    <labelControl id="lblTime" getLabel="GetLabel"/>
                </group>
            </tab>
        </tabs>
    </ribbon>
</customUI>
```

Ohne Änderungen im VBA-Code zeigen nun Schaltfläche und Bezeichnungsfelder den gleichen Text an. Die folgende Version der Callback-Funktion nutzt jedoch den im ersten Parameter übergebenen Verweis auf das *IRibbonControl*-Objekt aus. Dabei vergleicht die Routine den in der ID-Eigenschaft des *IRibbonControl*-Objekts enthaltenen Wert des Attributs *id* des aufrufenden Steuerelements mit entsprechenden Werten und liefert den passenden Text zurück – in diesem Fall die aktuelle Uhrzeit und das aktuelle Datum:

```
Sub GetLabel(control As IRibbonControl, ByRef label)
    Select Case control.ID
        Case "btn1"
            label = "Beispiellabel"
        Case "lblTime"
            label = Time
        Case "lblDate"
            label = Date
    End Select
End Sub
```

Die folgende Tabelle zeigt eine Übersicht aller verfügbaren *Get*...-Attribute:

Attribut	Beschreibung
getContent	Nur für *dynamicMenu*-Elemente. Erwartet die Beschreibung des Inhalts in Form eines XML-Dokuments.
getDescription	Übergibt das Element als *IRibbonControl* und erwartet einen Wert für das Attribut *Description* als String-Variable.
getEnabled	Übergibt das Element als *IRibbonControl* und erwartet einen Wert für das Attribut *Enabled* (1, 0, *true, false*).
getImage	Übergibt das Element als *IRibbonControl* und erwartet einen Verweis auf ein Objekt des Typs *IPictureDisp* (OLE-Automation/*StdPicture*).
getItemCount	Wird beim Füllen eines *comboBox*-, *dropDown*- oder *gallery*-Elements aufgerufen. Übergibt das Element als *IRibbonControl* und erwartet einen Wert für die Anzahl der anzuzeigenden Elemente.
getItemHeight	Übergibt das Element als *IRibbonControl* und erwartet einen Wert für die Höhe der in einem *gallery*-Element angezeigten Bilder.
getItemID	Wird beim Füllen eines *comboBox*-, *dropDown*- oder *gallery*-Elements entsprechend der mit *getItemCount* ermittelten Anzahl aufgerufen und übergibt dieses als *IRibbonControl* sowie einen Index-Wert des aktuellen Eintrags des Elements, um den ID-Wert für den aktuellen Eintrag abzufragen.
getItemImage	Wird beim Füllen eines *comboBox*-, *dropDown*- oder *gallery*-Elements entsprechend der mit *getItemCount* ermittelten Anzahl aufgerufen und übergibt dieses als *IRibbonControl* sowie einen Index-Wert des aktuellen Eintrags des Elements, um einen Verweis auf ein Objekt des Typs *IPictureDisp* für den aktuellen Eintrag abzufragen.

Tabelle 3.1: Die *Get*...-Callback-Attribute des Ribbons unter Office 2007

Attribut	Beschreibung
getItemLabel	Wird beim Füllen eines *comboBox-*, *dropDown-* oder *gallery*-Elements entsprechend der mit *getItemCount* ermittelten Anzahl aufgerufen und übergibt dieses als *IRibbonControl* sowie einen Index-Wert des aktuellen Eintrags des Elements, um die Beschriftung des aktuellen Eintrags abzufragen.
getItemScreentip	Wird beim Füllen eines *comboBox-*, *dropDown-* oder *gallery*-Elements entsprechend der mit *getItemCount* ermittelten Anzahl aufgerufen und übergibt dieses als *IRibbonControl* sowie einen Index-Wert des aktuellen Eintrags des Elements, um den Screentip für den aktuellen Eintrag abzufragen.
getItemSupertip	Wird beim Füllen eines *comboBox-*, *dropDown-* oder *gallery*-Elements entsprechend der mit *getItemCount* ermittelten Anzahl aufgerufen und übergibt dieses als *IRibbonControl* sowie einen Index-Wert des aktuellen Eintrags des Elements, um den Supertip für den aktuellen Eintrag abzufragen.
getItemWidth	Übergibt das Element als *IRibbonControl* und erwartet einen Wert für die Breite der in einem *gallery*-Element angezeigten Bilder.
getKeytip	Übergibt das Element als *IRibbonControl* und erwartet einen Wert für das Attribut *keytip* als *String*-Wert.
getLabel	Übergibt das Element als *IRibbonControl* und erwartet einen Wert für das Attribut *label* als *String*-Wert.
getPressed	Übergibt das Element als *IRibbonControl* und erwartet einen Wert für das Attribut *pressed* als *String*-Wert (*true* oder *false*, *1* oder *0*)
getScreentip	Übergibt das Element als *IRibbonControl* und erwartet einen Wert für das Attribut *screentip* als *String*-Wert.
getSelectedItemID	Wird von *dropDown-* und *gallery*-Elementen aufgerufen. Übergibt das Element als *IRibbonControl* und erwartet einen *String*-Wert für das Attribut *selectedItemID*.
getSelectedItemIndex	Wird von *dropDown-* und *gallery*-Elementen aufgerufen. Übergibt das Element als *IRibbonControl* und erwartet einen Wert für das Attribut *selectedItemIndex* als *String*-Wert.
getShowImage	Übergibt das Element als *IRibbonControl* und erwartet den Wert *true* oder *false* beziehungsweise *1* oder *0* für das Attribut *showImage* als *String*-Wert.
getShowLabel	Übergibt das Element als *IRibbonControl* und erwartet den Wert *true* oder *false* beziehungsweise *1* oder *0* für das Attribut *showLabel* als *String*-Wert.
getSize	Wird von *button-*, *menu-*, *splitButton-* und *toggleButton*-Elementen aufgerufen. Übergibt das Element als *IRibbonControl* und erwartet den Wert *normal* oder *large* für das Attribut *size* als *String*-Wert.
getSupertip	Übergibt das Element als *IRibbonControl* und erwartet einen Wert für das Attribut *supertip* als *String*-Wert.
getText	Wird von *editBox-*, *comboBox-*, *dropDown-* oder *gallery*-Elementen aufgerufen. Übergibt das Element als *IRibbonControl* und erwartet einen Wert für das Attribut *text* als *String*-Wert.
getTitle	Wird vom *menuSeparator*-Element aufgerufen. Übergibt das Element als *IRibbonControl* und erwartet einen Wert für das Attribut *title* als *String*-Wert.
getVisible	Übergibt das Element als *IRibbonControl* und erwartet den Wert *true* oder *false* beziehungsweise *1* oder *0* für das Attribut *visible* als *String*-Wert.

Tabelle 3.1: Die *Get*...-Callback-Attribute des Ribbons unter Office 2007 (Fortsetzung)

3.3 Ereignis-Callbacks

Im Gegensatz zu den *Get*...-Callbacks gibt es noch einige Ereignis-Callbacks, die durch direkten Zugriff auf verschiedene Steuerelemente ausgelöst werden.

Die einfachste Variante ist wohl ein Klick auf eine Schaltfläche, der über das Attribut *onAction* in eine VBA-Routine umgeleitet werden kann.

Für dieses Beispiel wählen wir eine Excel-Datei – letztlich könnte man aber auch eine Word- oder PowerPoint-Datei verwenden, da sich die beschriebenen Aktionen ohnehin nicht auf das Dokument auswirken.

> **Beispieldatei**
>
> Beispiele für die Ereignis-Callbacks finden Sie im Verzeichnis *Kap_Callbacks* des Beispieldownloads unter *www.access-entwicklerbuch.de/ribbon* im Dokument *Ereigniscallbacks.xlsm*.

Die Ribbon-Definition, die Sie wiederum mit dem *Custom UI Editor* anlegen, sieht so aus, wobei das *onAction*-Attribut im folgenden Listing fett markiert ist:

```
<customUI xmlns="http://schemas.microsoft.com/office/2006/01/customui">
    <ribbon>
        <tabs>
            <tab id="tab1" label="Beispiel f&#252;r Ereigniscallbacks">
                <group id="grp1" label="Beispielgruppe">
                    <button id="btn1" label="OnAction-Beispiel"
                        onAction="OnAction"/>
                </group>
            </tab>
        </tabs>
    </ribbon>
</customUI>
```

Eine einfache Callback-Funktion sieht wie folgt aus:

```
Public Sub OnAction(control As IRibbonControl)
    MsgBox control.ID
End Sub
```

Die Routine nutzt die ID-Eigenschaft des übergebenen *IRibbonControl*-Objekts und gibt den Wert des Attributs *id* des aufrufenden Steuerelements aus. In den folgenden Abschnitten, die sich mit den Callbacks der einzelnen Ribbon-Elemente beschäftigen, lernen Sie die übrigen Callbacks und vor allem die teilweise steuerelementabhängigen Parameter kennen.

Insgesamt gibt es vier Ereignis-Callbacks, die folgende Tabelle auflistet:

Attribut	Beschreibung
loadImage	Das *loadImage*-Callback gibt man in Zusammenhang mit dem *customUI*-Element an. Es wird beim Laden des Ribbons und später durch die *Invalidate*-beziehungsweise *InvalidateControl*-Methoden ausgelöst. Es wird für jedes Steuerelement einmal aufgerufen, dessen *image*-Attribut einen Bildverweis enthält.
onAction	Das *onAction*-Callback wird durch Aktionen verschiedener Steuerelemente ausgelöst, beispielsweise beim Anklicken eines *button*-Elements.
onChange	Das *onChange*-Attribut gibt es nur für das *comboBox*- und für das *editBox*-Element. Es wird ausgelöst, wenn sich der ausgewählte Eintrag beziehungsweise der Text eines der angegebenen Steuerelemente ändert.
onLoad	Das *onLoad*-Callback wird nur in Zusammenhang mit dem *customUI*-Element verwendet und einmalig beim Laden des Ribbons ausgeführt. Es dient vorrangig dazu, das als Parameter übergebene *IRibbonUI*-Objekt in einer Objektvariablen zu speichern.

Tabelle 3.2: Übersicht der Ereignis-Callback-Attribute

3.4 Ribbon-Objekte

Das Ribbon liefert neue VBA-Objekte, die in den folgenden Abschnitten vorgestellt werden.

3.4.1 *IRibbonUI*

Das *IRibbonUI*-Objekt wird von der *onLoad*-Callback-Funktion des *customUI*-Elements bereitgestellt. Man speichert es, wie auch weiter unten in Abschnitt 3.5.1, »*customUI*-Element«, beschrieben, in einer Variablen des gleichen Typs:

```
Dim objRibbon As IRibbonUI
Sub OnLoad(ribbon As IRibbonUI)
    Set objRibbon = ribbon
End Sub
```

Das Objekt ist eines der wichtigsten für die Interaktion mit dem Ribbon. Es liefert zwei Methoden namens *Invalidate* und *InvalidateControl*, die in den folgenden Abschnitten beschrieben werden.

Invalidate-Methode

Diese Methode sorgt dafür, dass alle *Get...*-Callbackfunkionen der betroffenen Ribbon-Definition ausgelöst werden. Beispiel:

```
objRibbon.Invalidate
```

InvalidateControl-Methode

Diese Methode löst alle *Get...*-Callback-Funktionen des im Parameter der Methode angegebenen Steuerelements aus. Beispiel:

```
objRibbon.InvalidateControl "btn1"
```

3.4.2 *IRibbonControl*

Das *IRibbonControl*-Objekt referenziert jeweils ein Ribbon-Control und wird als Parameter der Callback-Funktionen von Steuerelementen geliefert. Es enthält drei Eigenschaften, über die man das aufrufende Steuerelement identifizieren kann.

context-Eigenschaft

Diese Eigenschaft liefert normalerweise, also bei Verwendung von VBA, den Wert *Nothing*. Sie benötigen die Eigenschaft erst dann, wenn COM-Add-Ins ins Spiel kommen. Dort ist es so, dass eine externe Komponente, eben das COM-Add-In, die Ribbon-Definition und die enthaltene Funktionalität liefern und diese innerhalb der Anwendung ausgeführt werden soll.

Klicken Sie also nun etwa in Word auf eine Ribbon-Schaltfläche, die von einem COM-Add-In angelegt wurde, erhalten Sie in der im COM-Add-In befindlichen Callback-Funktion mit der *context*-Eigenschaft eine Referenz auf ein Objekt der aufrufenden Anwendung. Mehr dazu lesen Sie in Kapitel 8, »Ribbons in Outlook 2007«.

id-Eigenschaft

Die *id*-Eigenschaft liefert den Namen des aufrufenden Ribbon-Elements als Zeichenkette.

tag-Eigenschaft

Die *tag*-Eigenschaft liefert den Inhalt des *tag*-Attributs des aufrufenden Elements. Sie können dies nutzen, wenn Sie beim Aufruf zusätzliche Informationen über ein Element benötigen oder darin beispielsweise einen Status speichern.

3.4.3 *IRibbonExtensibility* (nur COM-Add-Ins)

Die *IRibbonExtensibility* findet nur in COM-Add-Ins Verwendung. Sie liefert eine einzige Funktion namens *GetCustomUI*.

Die *GetCustomUI*-Funktion

Die *GetCustomUI*-Funktion wird von der Host-Anwendung des COM-Add-Ins aufgerufen, bevor diese das eingebaute Ribbon anzeigt, um eventuell in einem COM-Add-In enthaltene benutzerdefinierte Ribbon-Anpassungen einzulesen und anzuwenden. *GetCustomUI* erwartet dabei als Rückgabewert den XML-Ausdruck im *String*-Format.

Mehr über diese Funktion erfahren Sie in Abschnitt 7.3, »*IRibbonExtensibility* implementieren«.

3.4.4 *Application.LoadCustomUI* (nur Access)

Die *Application.LoadCustomUI*-Methode gibt es nur in Access. Sie erlaubt es, eine benutzerdefinierte Ribbon-Definition zur Laufzeit zu laden und diese etwa als Ribbon eines Formulars oder Berichts anzuzeigen. Mehr über diese Methode erfahren Sie in Kapitel 6, »Ribbons in Access 2007«.

3.5 Callbacks der Basis-Elemente des Ribbons

In Kapitel 2, »Ribbons anpassen«, haben Sie bereits die im oberen Bereich der Hierarchie einer Ribbon-Definition angesiedelten Elemente kennengelernt. Einige wenige davon besitzen *Get...*- und/oder Ereignisattribute. Diese besprechen wir in den folgenden Abschnitten, die eine wichtige Voraussetzung für die Lektüre des folgenden Kapitels 4, »Ribbon-Elemente«, darstellen.

3.5.1 *customUI*-Element

Dem *customUI*-Element kommt beim Steuern von Ribbon-Elementen mit Callbacks eine tragende Rolle zu. Es bietet zwar nur zwei Callback-Attribute, die es aber in sich haben:

▷ *onLoad* ermöglicht es, beim Laden einen Verweis auf das aktuelle Ribbon in einer Variablen zu speichern

▷ *loadImage* erwartet die Angabe einer Callback-Funktion, welche die in den *image*-Attributen verschiedener Steuerelemente angegebenen Informationen nutzt, um ihnen Bilder zuzuweisen.

Beim Laden eines Ribbons

Die *onLoad*-Callback-Funktion haben Sie schon an einigen Stellen kennengelernt. Diese erledigt nicht viel mehr, als eine Objektvariable des Typs *IRibbonUI* mit einem Verweis auf das aktuelle Ribbon zu füllen.

Die Definition des *customUI*-Elements sieht dann so aus:

```
<customUI xmlns="http://schemas.microsoft.com/office/2006/01/customui"
        onLoad="OnLoad">
```

Die Callback-Funktion enthält nur eine einzige Zeile:

```
Sub OnLoad(ribbon As IRibbonUI)
    Set objRibbon = ribbon
End Sub
```

Die Variable *objRibbon* müssen Sie zuvor noch deklarieren, am besten als öffentliche Variable in einem Standardmodul:

```
Dim objRibbon As IRibbonUI
```

Was Sie mit dem *IRibbonUI*-Element anfangen können, erfahren Sie weiter oben in Abschnitt 3.4.1, »*IRibbonUI*-Element«. Die folgende Tabelle fasst die Callback-Attribute des *customUI*-Elements zusammen und zeigt die VBA-Syntax für die Callback-Funktionen.

Attribut	VBA-Syntax
onLoad	Sub OnLoad(ribbon As IRibbonUI)
loadImage	Sub LoadImage(ByVal imageId As string, ByRef image)

Tabelle 3.3: Callback-Funktionen des *customUI*-Elements

Vorsicht, Objektverlust!

Falls Sie VBA-Neuling sind, ein kurzer Hinweis: Unbehandelte Fehler leeren Objektvariablen, sodass in diesem Fall der Zugriff auf *objRibbon* wiederum einen Fehler liefert. Sie sollten daher immer für eine Fehlerbehandlung sorgen (wie das funktioniert, erläutern diverse VBA-Bücher). Unter Access können Sie besondere Sicherheitsmaßnahmen treffen (siehe Abschnitt 6.6, »Ribbon-Objekt fehlerresistent speichern«).

3.5.2 *tab*-Element

Das *tab*-Element besitzt drei *Get*...-Attribute, welche die Werte für die Attribute *visible*, *label* und *keytip* eines *tab*-Elements liefern.

Attribut	VBA-Syntax
getVisible	Sub GetVisible(control As IRibbonControl, ByRef visible)
getLabel	Sub GetLabel(control As IRibbonControl, ByRef label)
getKeytip	Sub GetKeytip (control As IRibbonControl, ByRef label)

Tabelle 3.4: Callback-Funktionen des *tab*-Elements

3.5.3 *group*-Element

Das *group*-Element besitzt die folgenden Callback-Attribute, mit denen Sie zur Laufzeit Eigenschaften dieses Elements einstellen können:

Attribut	VBA-Syntax
getImage	Sub GetImage(control As IRibbonControl, ByRef image)
getVisible	Sub GetVisible(control As IRibbonControl, ByRef visible)
getLabel	Sub GetLabel(control As IRibbonControl, ByRef label)
getKeytip	Sub GetKeytip (control As IRibbonControl, ByRef label)
getScreentip	Sub GetScreentip(control As IRibbonControl, ByRef screentip)
getSupertip	Sub GetSupertip(control As IRibbonControl, ByRef screentip)

Tabelle 3.5: Callback-Funktionen des *group*-Elements

3.5.4 *tabSet*-Element

Das *tabSet*-Element besitzt nur ein einziges *Get*...-Attribut, welches ermittelt, ob das Element ein- oder ausgeblendet dargestellt werden soll. Hier die Syntax der entsprechenden Callback-Funktion:

Attribut	VBA-Syntax
getVisible	Sub GetVisible(control As IRibbonControl, ByRef visible)

Tabelle 3.6: Callback-Funktionen des *tabSet*-Elements

3.5.5 *command*-Element

Das *command*-Element dient, wie bereits in Abschnitt 2.13, »Das *command*-Objekt«, beschrieben, zum Anpassen eingebauter Steuerelemente.

Bisher haben Sie erfahren, dass Sie diese Steuerelemente über das Attribut *enabled* entweder aktivieren oder deaktivieren können. Das ist aber auch nur der statische Teil der Geschichte: Sie können das Aktivieren und Deaktivieren über das *Get*...-Attribut *getEnabled* nämlich auch zur Laufzeit erledigen, und außerdem können Sie mit dem *onAction*-Attribut eine Callback-Funktion angeben, die statt der oder zusätzlich zur eingebauten Funktion aufgerufen wird.

Letzteres ist leider nur mit den folgenden Steuerelementtypen möglich:

▷ *button*

▷ *checkBox*

▷ *toggleButton*

Beispiel Speichern-Schaltfläche

Zum Testen weisen Sie im folgenden Beispiel der Speichern-Funktion einer Anwendung eine zusätzliche Sicherheitsabfrage hinzu. Der notwendige Ribbon-Code sieht so aus:

```
<customUI xmlns="http://schemas.microsoft.com/office/2006/01/customui">
  <commands>
  <!-- Der Schaltfläche »Speichern« eine VBA Prozedur zuweisen -->
    <command idMso="FileSave" onAction="MySave"/>
  </commands>
</customUI>
```

Listing 3.1: Einem internen Befehl eine VBA-Prozedur zuweisen (*CommandOnAction.xlsm*)

Wenn Sie nun die Callback-Funktion für das *onAction*-Attribut im entsprechenden VBA-Modul hinterlegen möchten, müssen Sie eines beachten: Die Syntax dieser Routinen sieht für das *command*-Element etwas anders aus als für die benutzerdefinierten *button*-, *checkBox*- und *toggleButton*-Elemente.

Die folgende Tabelle zeigt die benötigte Struktur und liefert die für die *getEnabled*-Callback-Funktion gleich mit:

Element	Attribut	VBA-Syntax
command	*getEnabled*	Sub GetEnabled(control As IRibbonControl, ByRef enabled)
command/ button	*onAction*	Sub OnAction(control As IRibbonControl, ByRef CancelDefault)
command/ toggleButton	*onAction*	Sub OnAction(control As IRibbonControl, pressed As Boolean, byRef cancelDefault)
command/ checkBox	*onAction*	Sub OnAction(control As IRibbonControl, pressed As Boolean, ByRef cancelDefault)

Tabelle 3.7: Callback-Funktionen des *command*-Elements

Wer sich an die Syntax der bisher verwendeten *onAction*-Callback-Funktion erinnert, dem fällt vielleicht der zusätzliche Parameter *cancelDefault* auf. Mit diesem können Sie in der Callback-Funktion angeben, ob die Anwendung die eingebaute Funktion des betroffenen Steuerelements im Anschluss an die benutzerdefinierte Funktion ausführen soll. In unserem Beispiel macht dies gleich doppelt Sinn.

Unsere Ersatzfunktion soll ein Meldungsfenster anzeigen, das den Benutzer fragt, ob er den Speichervorgang tatsächlich durchführen möchte. Falls ja, setzt die Routine den Wert *cancelDefault* auf den Wert *False* hin, was bedeutet, dass die Ausführung der eigentlichen Funktion nicht abgebrochen und die Datei somit gespeichert werden soll:

```
Public Sub MySave(control As IRibbonControl, ByRef cancelDefault)
    If MsgBox("Soll die Datei wirklich gespeichert werden?", _
            vbYesNo + vbQuestion, _
            "Ribbon-Programmierung für Office 2007") = vbYes Then
        cancelDefault = False
    End If
End Sub
```

Listing 3.2: Diese Prozedur wird beim Anklicken des *Speichern*-Befehls ausgeführt (*Command-OnAction.xlsm*).

Wenn der Benutzer auf *Nein* klickt, geschieht nichts und *cancelDefault* liefert seinen Standardwert zurück, der hier im Gegensatz zu den üblichen *Boolean*-Parametern standardmäßig den Wert *True* aufweist.

Und das ist ganz besonders wichtig: Wenn man einem eingebauten Steuerelement per *command*-Element eine *onAction*-Callback-Funktion zuweist, dann wird die eingebaute Funktion standardmäßig unterbunden (*cancelDefault = True*).

Mehr als eine Klick-Umleitung

Wenn Sie einem eingebauten Steuerelement per *command*-Element eine neue Funktion zuweisen oder diese einfach nur deaktivieren, gilt dies nicht nur für den Aufruf über das Ribbon-Steuerelement, sondern anwendungsweit für alle Aufrufarten. Das bedeutet, dass Sie die eigentliche Funktion auch nicht mehr über eine Tastenkombination (wie *Strg* + *S* zum Speichern) aufrufen können.

Keine Ribbon-Regel ohne Ausnahme

Mitunter scheint sich Microsoft einen Spaß daraus zu machen, den ambitionierten Benutzer ins Bockshorn zu jagen und Features für die verschiedenen Office-Anwendungen mal so und mal so auszulegen. In diesem Fall steht die sehr praktische Eigenschaft des *command*-Elements im Mittelpunkt, auch per Tastenkombination ausgeführte Befehle abzufangen und gegebenenfalls durch benutzerdefinierte Funktionen zu ersetzen oder zu ergänzen. Dies funktioniert nämlich in Word, PowerPoint und Access, aber nicht in Excel: Dort müssen Sie das Abfangen der Tastenkombination mühsam nachprogrammieren.

In der Beispieldatei *CommandOnAction.xlsm* werden durch die XML-Definition sämtliche Speichern-Schaltflächen auf die Prozedur *MySave* umgeleitet, aber nicht die Tastenkombination *Strg + S*.

Dies holen Sie durch die folgenden beiden Ereignisprozeduren nach, die beim Öffnen eines Workbooks die Tastenkombination »scharf« machen und sie beim Schließen wieder entfernen:

```
Private Sub Workbook_Activate()
    'Tastenkombination 'Strg + s' umleiten
    Application.OnKey "^s", "MySave"
End Sub

Private Sub Workbook_Deactivate()
    'Tastenkombination 'Strg + s' zurücksetzen
    Application.OnKey "^s"
End Sub
```

Fehlt nur noch eine kleine Änderung an der Callback-Funktion *MySave*: Die *OnKey*-Eigenschaft kann nämlich keine Parameter übergeben und deshalb müssen Sie die Parameter in *MySave* noch in optionale Parameter umwandeln. Die erste Zeile sieht dann so aus:

```
Public Sub MySave(Optional control As IRibbonControl, _
    Optional ByRef cancelDefault)
```

Fehlergefahr

Beachten Sie, dass Sie mit der weiter unten vorgestellten VBA-Methode *ExecuteMso* einen Fehler hervorrufen, wenn Sie eine per *command*-Element deaktivierte eingebaute Funktion auslösen wollen.

3.6 Syntax der Callback-Funktionen

Bei Ribbon-Definitionen für *Office Open XML*-Dokumente und Access-Anwendungen kommen die gleichen Callback-Funktionen zum Einsatz. In beiden Fällen gelten aber spezielle Vorschriften, was den Aufbau der Parameterliste angeht. Wir haben diese im folgenden Kapitel in Zusammenhang mit den einzelnen Steuerelementen und in einem separaten Download untergebracht (siehe Kasten).

Tabelle der Callbackdefinitionen

Genau wie die Auflistung der Kombinationen aus Ribbon-Elementen und Attributen finden Sie auch die Definitionen der Callback-Funktionen im Anhang oder in einem PDF-Dokument zum Download. Sie können sich diese ausdrucken und beim Programmieren des Ribbons bequem neben die Tastatur legen.

3.7 Orte für Callbacks

Die einzelnen Office-Anwendungen bieten unterschiedliche Möglichkeiten zum Anlegen von Callback-Funktionen an, und auch die Art des Zugriffs unterscheidet sich von Anwendung zu Anwendung.

3.7.1 Callbacks in Word

In Word können Sie Callback-Funktionen sowohl im Modul *ThisDocument* speichern als auch in benutzerdefinierten Standardmodulen.

Für den Zugriff auf eine Objektvariable für das Ribbon-Objekt empfiehlt es sich jedoch, ein Standardmodul zu verwenden, da man sonst jeweils die Bezeichnung des Moduls *ThisDocument* voranstellen muss.

Beispiel:

```
ThisDocument.objRibbon.Invalidate
```

In einem Standardmodul reicht Folgendes:

```
objRibbon.Invalidate
```

Generell sollten Sie die Ribbon-Definitionen unter Word in einem eigenen Modul unterbringen, das Sie beispielsweise *mdlRibbons* nennen.

3.7.2 Callbacks in Excel

Ein Excel-Dokument enthält im Vergleich zu Word-Dokumenten gleich mehrere zu Beginn vorhandene Module, die in der deutschen Version mit *DieseArbeitsmappe* sowie den Namen der Tabellenblätter benannt sind. Interessanterweise ist eine im Modul *DieseArbeitsmappe* untergebrachte Callback-Funktion nicht erreichbar. Sie müssen daher ein Standardmodul anlegen und die Callback-Funktionen dort unterbringen. Genau wie unter Word ist auch hier *mdlRibbons* eine sinnvolle Bezeichnung für dieses Modul.

3.7.3 Callbacks in PowerPoint

Eine PowerPoint-Datei enthält standardmäßig gar keine Module. Hier müssen Sie auf jeden Fall ein Standardmodul beispielsweise mit dem Namen *mdlRibbons* anlegen und die Callback-Funktionen darin speichern.

3.7.4 Callbacks in Outlook

Outlook können Sie nur über COM-Add-Ins mit Ribbons ausstatten. Mehr zu diesem Thema erfahren Sie in Kapitel 8, »Ribbons in Outlook 2007«.

3.7.5 Callbacks in Access

Unter Access verwenden Sie ebenfalls ein Standardmodul, das Sie in der Datenbank anlegen müssen, das auch das Ribbon anzeigen soll.

Es gibt allerdings noch eine Alternative, die anscheinend nur unter Access sauber funktioniert: Sie können für das *onAction*-Attribut auch eine ganz einfache Funktion angeben, wie es bei *CommandBar*-Steuerelementen der Fall war, also etwa :

```
<button id="btn1" label="OnAction-Beispiel" onAction="=Test()"/>
```

Die Routine legen Sie dann als einfache Funktion in einem Standardmodul oder, wenn das Ribbon zusammen mit einem Formular oder Bericht angezeigt wird, in dessen Klassenmodul an (dies kann auch noch weitere Vorteile haben, wie Sie später in Kapitel 6, »Ribbons in Access 2007«, sehen werden). Die Funktion könnte ganz einfach so aussehen:

```
Public Function Test()
    MsgBox "Beispielaufruf"
End Function
```

3.8 *CommandBars*-Funktionen

Über das *CommandBars*-Objektmodell können Sie weitere Anpassungen an der Benutzeroberfläche des Ribbons vornehmen und einige Informationen finden, die man eigentlich dort nicht vermutet.

Tabelle 3.8 enthält alle *CommandBars*-Methoden, mit denen Sie per VBA auf das Ribbon zugreifen können, eine genauere Beschreibung finden Sie in den folgenden Abschnitten.

3.8.1 Menübefehle ausführen

Die Office-Anwendungen boten bisher verschiedene Möglichkeiten an, um Menübefehle per VBA-Code aufzurufen. Unter Access gibt es dazu beispielsweise den folgenden Befehl:

```
RunCommand <Konstante>
```

Mit Office 2007 gibt es diesbezüglich ein einheitliches Modell: Alle über das Ribbon verfügbaren Befehle können über die Methode *ExecuteMso* unter Angabe der *idMso* ausgeführt werden (wie Sie an die *idMso* des betroffenen Befehls herankommen, erfahren Sie zu Beginn des Kapitels 2, »Ribbons anpassen«).

Die folgende Anweisung zeigt beispielsweise den *Suchen*-Dialog an:

```
CommandBars.ExecuteMso("FindDialog")
```

Methode	Beschreibung	Beispiel
ExecuteMso(idMso)	Führt die Funktion eines vom *idMso*-Parameter angegebenen Steuerelements aus.	`Application.CommandBars.ExecuteMso "FindDialogExcel"`
GetEnabledMso (idMso)	Gibt *True* zurück, wenn das vom *idMso*-Parameter angegebene Steuerelement aktiviert ist.	`Application.CommandBars.GetEnabledMso("Bold")`
GetImageMso(idMso, Width, Height)	Gibt ein *IPictureDisp*-Objekt des vom *idMso*-Parameter angegebenen Steuerelementbilds zurück, wobei die Werte von Höhe und Breite angegeben werden müssen.	`ActiveSheet.Label1.Picture = Application.CommandBars.GetImageMso("Paste", 32, 32)`
GetLabelMso(idMso)	Gibt die lokale Beschriftung des vom *idMso*-Parameter angegebenen Steuerelements als Wert vom Typ *String* zurück.	`Application.CommandBars.GetLabelMso("Copy")`
GetPressedMso (idMso)	Gibt einen boolschen Wert zurück, der angibt, ob das vom *idMso*-Parameter angegebene Umschaltflächen-Steuerelement gedrückt wird.	`Application.CommandBars.GetPressedMso("Bold")`
GetScreentipMso (idMso)	Gibt die QuickInfo des vom *idMso*-Parameter angegebenen Steuerelements als Wert des Typs *String* zurück.	`Application.CommandBars.GetScreentipMso("Cut")`
GetSupertipMso (idMso)	Gibt die ausführlichere Tipp-Info des vom *idMso*-Parameter angegebenen Steuerelements als Wert des Typs *String* zurück.	`Application.CommandBars.GetSupertipMso("Italic")`
GetVisibleMso (idMso)	Gibt *True* zurück, wenn das vom *idMso*-Parameter angegebene Steuerelement sichtbar ist.	`Application.CommandBars.GetVisibleMso("Bold")`

Tabelle 3.8: Methoden für Ribbon-Steuerelemente

Vorsicht beim Einsatz mit manipulierten eingebauten Befehlen!

Weiter oben haben Sie erfahren, wie Sie mit dem *command*-Element eingebaute Steuerelemente deaktivieren können. Wenn Sie versuchen, ein auf diese Weise deaktiviertes Steuerelement mit *ExecuteMso* auszuführen, lösen Sie damit einen Fehler aus.

Das gilt auch, wenn die *idMso* in der Anwendung nicht zur Verfügung steht, weil sie etwa aus einer anderen Office-Anwendung stammt oder wenn die Funktion aktuell deaktiviert ist.

3.8.2 Ribbon-Bilder einlesen

Unter Office 2003 und dem *CommandBars*-Objektmodell konnten Sie mit der *Picture*- und der *Mask*-Eigenschaft auf die in *CommandBar*-Steuerelementen angezeigten Bilder zugreifen.

Das *CommandBars*-Objektmodell bietet auch für eingebaute Ribbon-Steuerelemente eine entsprechende Eigenschaft an.

Damit können Sie das Image in einem Objekt des Typs *StdPicture* speichern:

```
Dim objImage As StdPicture
Set objImage = CommandBars.GetImageMso("FindDialog", 16, 16)
```

Was Sie damit anschließend anstellen können, erfahren Sie in Kapitel 5, »Bilder im Ribbon«.

3.8.3 Beschriftungen auslesen

Es gibt zwar keine automatisierte Möglichkeit, um die *idMso* eines speziellen eingebauten Steuerelements zu ermitteln, dafür geht es aber umgekehrt: Mit der Funktion *GetLabelMso* erhalten Sie die Beschriftung zum Steuerelement mit der angegebenen *idMso*.

Das geht beispielsweise mit der folgenden Anweisung, die Sie im Direktfenster der Anwendung Ihrer Wahl absetzen:

```
Debug.Print CommandBars.GetLabelMso("FindDialog")
```

3.8.4 Aktiviert/Deaktiviert-Zustand ermitteln

Für eingebaute Steuerelemente können Sie ermitteln, ob dieses gerade aktiviert oder deaktiviert ist. Dabei hilft die Funktion *GetEnabledMso*.

Beispielaufruf:

```
Debug.Print CommandBars.GetEnabledMso("FindDialog")
```

3.8.5 Sichtbar-Zustand ermitteln

Ebenso können Sie mit einer entsprechenden Funktion ermitteln, ob ein eingebautes Steuerelement sichtbar ist oder nicht:

```
Debug.Print GetVisibleMso("FindDialod")
```

3.8.6 *screenTip* und *superTip* auslesen

Auch die beiden Eigenschaften *screenTip* und *superTip* eingebauter Steuerelemente lassen sich per VBA-Funktion auslesen, und zwar mit *GetScreentipMso* und *GetSupertipMso*.

3.8.7 Statusleiste ein- und ausblenden

Die Statusleiste der Office-Anwendungen blenden Sie mit der folgenden Anweisung aus:

```
Application.CommandBars("Status Bar").Visible = False
```

Zum Einblenden weisen Sie der *Visible*-Eigenschaft den Wert *True* zu.

3.8.8 Zusatzinformationen speichern

Wenn Sie zu einem Ribbon-Element Zusatzinformationen speichern möchten, können Sie dies mit dem *tag*-Attribut in der Ribbon-Definition erledigen. Wenn Sie für eines der Callback-Attribute eine VBA-Funktion angeben, die per Parameter einen Verweis auf das entsprechende *IRibbonControl*-Objekt erhält, können Sie mit der *Tag*-Eigenschaft dieses Objekts darauf zugreifen. Das *tag*-Attribut kann auch Zeichenketten enthalten, die für die *id*-Eigenschaft nicht zulässig sind – also beispielsweise solche mit Sonderzeichen.

3.8.9 Ribbonleiste minimieren und maximieren

Man kann die Ribbonleiste, also den Teil des Ribbons, in dem sich die Tabs befinden, minimieren und maximieren. Dazu gibt es zwei Möglichkeiten:

▶ Klicken Sie mit der rechten Maustaste auf den oberen Teil der Leiste (dort, wo sich die Registerreiter befinden) und wählen Sie aus dem Kontextmenü den Eintrag *Multifunktionsleiste minimieren* aus.

▶ Verwenden Sie die Tastenkombination *Strg + F1*.

Sie können die Ribbon-Leiste nur in Access, Word, Excel und PowerPoint minimieren und maximieren, unter Outlook ist dies nicht möglich. Die folgenden Abschnitte zeigen, wie Sie das Ribbon per VBA minimieren und maximieren.

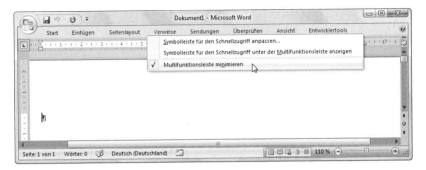

Abbildung 3.9: Durch Minimieren des Ribbons werden alle Gruppen ausgeblendet und nur bei Klick auf einen Registerreiter sichtbar.

Ribbon in Excel per VBA minimieren und maximieren

Unter Excel minimieren und maximieren Sie das Ribbon mit einem Excel-4-Makro, das aus Kompatibilitätsgründen auch in Excel 2007 weiterhin unterstützt wird.

Abbildung 3.10: Ein Excel-4-Makro minimiert die komplette Ribbon-Leiste.

In der *CommandBars*-Auflistung der Office-Anwendungen finden Sie das Ribbon unter dem Namen *Ribbon*. Sie können damit allerdings nicht besonders viel anfangen. Dies gelingt dafür mit den folgenden beiden Excel-4-Makros, die Sie in einem Standardmodul des Excel-VBA-Projektes speichern. Zur besseren Verwendbarkeit können Sie diese zum Beispiel einer Tastenkombination oder Schaltfläche auf einem Tabellenblatt zuweisen. Ebenso können Sie die Prozeduren auch aus anderen VBA-Prozeduren heraus aufrufen:

```
Public Sub HideRibbon ()
    'Ribbon ausblenden
```

```
      Application.ExecuteExcel4Macro "SHOW.TOOLBAR("""Ribbon""",False)"
End Sub

Public Sub ShowRibbon ()
    'Ribbon einblenden
    Application.ExecuteExcel4Macro "SHOW.TOOLBAR("""Ribbon""",True)"
End Sub
```

Listing 3.3: VBA-Prozeduren zum Ein- und Ausblenden des Ribbons unter Excel (*SHOW_TOOLBAR. xlsm*)

Das Ein- und Ausblenden des Ribbons wirkt sich auf die gesamte Excel-Anwendung aus und nicht nur auf die Datei, aus der das Excel-4-Makro aufgerufen wurde.

Ribbon in Word per VBA minimieren und maximieren

Word liefert die einfachste Variante, um das Ribbon zu minimieren und zu maximieren. Dort verwenden Sie einfach die folgende Anweisung:

```
Application.ActiveWindow.ToggleRibbon
```

Sie können diese Anweisung testhalber im Direktfenster des VBA-Editors absetzen.

Ribbon in PowerPoint und Access per VBA minimieren und maximieren

Die übrigen Anwendungen erfordern den Einsatz von API-Funktionen zum Ein- und Ausblenden des Ribbons. Da Access-Anwendungen wohl am ehesten eine Funktion zum Ein- und Ausblenden benötigen, haben wir ihre Beschreibung in Kapitel 6, »Ribbons in Access 2007«, im Abschnitt 6.4.2, »Ribbon ein- und ausblenden per VBA«, untergebracht.

4 Ribbon-Steuerelemente

In Kapitel 2, »Ribbons anpassen«, haben Sie alles über die Ribbon-Elemente in den oberen Ebenen der Hierarchie der XML-Dokumente zum Anpassen des Ribbons gelesen. Danach haben wir einen kleinen Schnitt gemacht, um Ihnen die Techniken für die Interaktion zwischen Ribbon und Callback-Funktionen näherzubringen. Ohne diese macht es wenig Sinn, die für das Ribbon zur Verfügung stehenden Steuerelemente vorzustellen – die meisten davon lassen sich ohne den Einsatz von Callback-Funktionen kaum nutzen. Oder halten Sie eine Schaltfläche, die auf Knopfdruck tatenlos bleibt, für hilfreich? Bevor wir uns die Steuerelemente im Detail ansehen, finden Sie nachfolgend eine Übersicht der verfügbaren Steuerelemente. Wir haben diese hier nach Funktionen gruppiert, die Beschreibungen der einzelnen Steuerelemente in den folgenden Abschnitten sind jedoch alphabetisch nach den Namen der Steuerelemente sortiert. Am Ende des Kapitels stellen wir die Attribute in der Übersicht vor.

Schaltflächen

Die folgenden Steuerelemente dienen als Schaltflächen. Das meistverwendete dürfte das *button*-Steuerelement sein, das einer ganz normalen Schaltfläche entspricht. Das *toggle-Button*-Element ist das Pendant einer handelsüblichen Umschaltfläche. Neu ist das *splitButton*-Steuerelement. Es besteht aus mehreren Schaltflächen mit ähnlichen Funktionen, von denen eine – die meistverwendete – im oberen Bereich angezeigt wird, während ein Auswahlmenü im unteren Bereich des Steuerelements die übrigen Schaltflächen verfügbar macht. Der *dialogBoxLauncher* ist prinzipiell auch eine Schaltfläche und befindet sich unten rechts in einer Gruppe – normalerweise, um einen Dialog mit weiteren Optionen zu dieser Gruppe anzuzeigen.

Hier finden Sie weitere Informationen zu den Steuerelementen:

- *button*: siehe Abschnitt 4.1.2

- *dialogBoxLauncher*: siehe Abschnitt 4.1.7

- *splitButton*: siehe Abschnitt 4.1.17

- *toggleButton*: siehe Abschnitt 4.1.18

Kontrollkästchen

Es gibt nur ein Kontrollkästchen, das im Ribbon *checkBox* heißt – mehr Varianten gibt es auch anderswo meist nicht. Zur Darstellung von Ja/Nein-Zuständen dürfte aber auch das bereits unter den Schaltflächen erwähnte *toggleButton*-Element interessant sein.

- *checkBox*: siehe Abschnitt 4.1.4

- *toggleButton*: siehe Abschnitt 4.1.18

Menüs/Kombinationsfelder

Für das Anzeigen von Listen gibt es insgesamt fünf Elemente:

- *comboBox*: siehe Abschnitt 4.1.5

- *dropDown*: siehe Abschnitt 4.1.8

- *dynamicMenu*: siehe Abschnitt 4.1.9

- *gallery*: siehe Abschnitt 4.1.11

- *menu*: siehe Abschnitt 4.1.14

Textfelder

Das Ribbon bietet nur ein Steuerelement zum Eingeben von Texten:

- *editBox*: siehe Abschnitt 4.1.10

Steuerelemente zur Formatierung

Die folgenden Steuerelemente dienen der Anordnung der im Ribbon enthaltenen Elemente:

- *box*: siehe Abschnitt 4.1.1

- *buttonGroup*: siehe Abschnitt 4.1.3

- *labelControl*: siehe Abschnitt 4.1.13

- *menuSeparator*: siehe Abschnitt 4.1.15

- *separator*: siehe Abschnitt 4.1.16

Beispieldateien

Die Beispieldateien zu diesem Kapitel finden Sie im Verzeichnis *Kap_Elemente* im Download zu diesem Buch unter *http://www.access-entwicklerbuch.de/ribbon*.

4.1 Beschreibung der Steuerelemente

Die folgenden Abschnitte beschreiben die Steuerelemente des Ribbons.

4.1.1 *box*-Element

Das *box*-Element dient der Gruppierung von Steuerelementen. Es fasst Steuerelemente zu horizontalen oder vertikalen Gruppen zusammen. Sehen Sie die Unterschiede in den drei Gruppen der folgenden Abbildung?

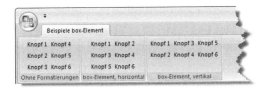

Abbildung 4.1: Mit dem *box*-Element angeordnete *button*-Elemente

Für deren Anordnung sorgen die drei folgenden Gruppen-Definitionen. Die erste enthält einfach nur die Schaltflächen, was dafür sorgt, dass so viele Elemente untereinander angeordnet werden, bis die Reihe voll ist, und erst das nächste Element in die zweite Reihe gelangt:

```
<group id="grp1" label="Ohne Formatierungen">
    <button id="btn11" label="Knopf 1"/>
    <button id="btn12" label="Knopf 2"/>
    <button id="btn13" label="Knopf 3"/>
```

```
 . . .
</group>
```

Die zweite fasst jeweils zwei Steuerelemente in einem *box*-Element mit der Eigenschaft *boxStyle="horizontal"* zusammen:

```
<group id="grp2" label="box-Element, horizontal">
  <box id="box21" boxStyle="horizontal">
    <button id="btn21" label="Knopf 1"/>
    <button id="btn22" label="Knopf 2"/>
  </box>
  <box id="box22" boxStyle="horizontal">
    <button id="btn23" label="Knopf 3"/>
    <button id="btn24" label="Knopf 4"/>
  </box>
  <box id="box23" boxStyle="horizontal">
    <button id="btn25" label="Knopf 5"/>
    <button id="btn26" label="Knopf 6"/>
  </box>
</group>
```

In der dritten Gruppe schließlich verwendet das *box*-Element das Attribut *boxStyle="vertical"*:

```
<group id="grp3" label="box-Element, vertikal">
  <box id="box31" boxStyle="vertical">
    <button id="btn31" label="Knopf 1"/>
    <button id="btn32" label="Knopf 2"/>
  </box>
  <box id="box32" boxStyle="vertical">
    <button id="btn33" label="Knopf 3"/>
    <button id="btn34" label="Knopf 4"/>
  </box>
  <box id="box33" boxStyle="vertical">
    <button id="btn35" label="Knopf 5"/>
    <button id="btn36" label="Knopf 6"/>
  </box>
</group>
```

Wenn eine vertikal angeordnete Gruppe mehr als drei Elemente enthält, also mehr als eine Spalte maximal darstellen kann, gelangen die folgenden Elemente in eine neue Spalte.

Die folgende Abbildung verdeutlicht die Wirkung des *box*-Elements. Ohne dieses werden die Elemente von oben nach unten und erst dann von links nach rechts angeordnet.

Die horizontale *box*-Variante legt die zusammengefassten Elemente jeweils nebeneinander an, während das bei der vertikalen Variante untereinander geschieht.

Abbildung 4.2: Veranschaulichung der Anordnung durch das *box*-Element

Wenn Sie das Attribut *visible* auf den Wert *false* einstellen, blendet das Ribbon das *box*-Element und alle darin enthaltenen Elemente aus.

Details zum *box*-Element

Das *box*-Element kann die folgenden Elemente enthalten:

box, button, buttonGroup, checkBox, comboBox, control, dropDown, dynamicMenu, editBox, gallery , labelControl, menu, splitButton, toggleButton

Das *box*-Element hat die folgenden Attribute:

boxStyle, id, idQ, insertAfterMso, insertAfterQ, insertBeforeMso, insertBeforeQ, visible

Das *box*-Element besitzt nur ein einziges Callback-Attribut, mit dem Sie die Sichtbarkeit einstellen können:

Attribut	VBA-Syntax
getVisible	`Sub GetVisible(control As IRibbonControl, ByRef visible)`

Tabelle 4.1: Callback-Funktionen des *box*-Elements

4.1.2 *button*-Element

Das *button*-Element liefert die gemeine Schaltfläche des Ribbons. Es kann beim Anklicken eine Callback-Funktion aufrufen, die in der benötigten Sprache verfasst ist (VBA bei Ribbons in Office Open XML-Dokumenten oder Access-Datenbanken, Visual Basic 6 in VB6-COM-Add-Ins oder eine der .NET-Programmiersprachen in verwalteten Add-Ins – mehr zu diesen Optionen in den hinteren Kapiteln).

Das *button*-Element kann eine Beschriftung, ein Symbol oder beides enthalten und in zwei Größen angezeigt werden, wobei die größere nur in Verbindung mit einem Symbol sinnvoll ist. Benutzerdefinierte Symbole sollten eine Größe von 16 x 16 Pixel für normale und 32 x 32 Pixel für große *button*-Elemente und einen transparenten Hintergrund aufweisen, weshalb als Quelle in erster Linie *.png*-Dateien verwendet werden.

Benutzerdefinierte Schaltflächen werden häufig verwendet, um eigene VBA-Prozeduren aufzurufen. Die folgende XML-Definition erstellt im Start-Register an erster Stelle eine neue Gruppe mit einer einfachen Schaltfläche:

```
<customUI xmlns="http://schemas.microsoft.com/office/2006/01/customui">
  <ribbon startFromScratch="false">
    <tabs>
      <tab idMso="TabHome">
        <group id="grp01" label="Schaltflächen"
               insertBeforeMso="GroupClipboard">
          <button id="btn01" label="Schaltfläche mit Prozeduraufruf"
                  imageMso="CustomActionsMenu" onAction="Button_onAction"/>
        </group>
      </tab>
    </tabs>
  </ribbon>
</customUI>
```

Listing 4.1: Diese Ribbon-Definition erstellt eine Schaltfläche im Startregister (Beispieldatei *Schaltfläche (button).xlsm*)

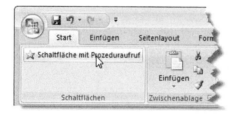

Abbildung 4.3: Das Startregister wird um eine neue Gruppe mit eigener Schaltfläche erweitert.

Ein Klick auf den Button ruft die im VBA-Projekt hinterlegte Prozedur *Button_OnAction* auf:

```
Public Sub Button_onAction(control As IRibbonControl)
    MsgBox control.ID & " hat mich aufgerufen."
End Sub
```

Größe von Schaltflächen

Die Größe bestimmter Schaltflächen legen Sie über das *size*-Attribut fest. Es stehen die Werte *normal* (Standard) und *large* zur Verfügung:

```
<group id="grp_02" label="Beispielgruppe für Schaltflächen-Größe">
    <button id="btn_01" label="Kleine Schaltfläche"
            size="normal" image="hand"/>
    <separator id="sep_01"/>
    <button id="btn_02" label="Große Schaltfläche" size="large"
            image="hand"/>
</group>
```

Das resultierende Ribbon sieht so aus:

Abbildung 4.4: Ribbon-Button in kleiner und großer Ausführung

Details zum *button*-Element

Attribute des *button*-Elements:

description, enabled, id, idMso, idQ, image, imageMso, insertAfterMso, insertAfterQ, insertBeforeMso, insertBeforeQ, keytip, label, screentip, showImage, showLabel, size, supertip, tag, visible

Das *button*-Element besitzt einige *Get*...-Elemente sowie das Ereignis-Callback *onAction*, das beim Mausklick auf ein *button*-Element ausgelöst wird. Ein Beispiel für *onAction* haben Sie weiter oben in diesem Kapitel bereits kennengelernt.

Attribut	VBA-Syntax
getImage	Sub GetImage(control As IRibbonControl, ByRef image)
getEnabled	Sub GetEnabled(control As IRibbonControl, ByRef enabled)
getVisible	Sub GetVisible(control As IRibbonControl, ByRef visible)
getLabel	Sub GetLabel(control As IRibbonControl, ByRef label)
getKeytip	Sub GetKeytip (control As IRibbonControl, ByRef label)
getScreentip	Sub GetScreentip(control As IRibbonControl, ByRef screentip)

Tabelle 4.2: Callback-Funktionen des *button*-Elements

Attribut	VBA-Syntax
getSupertip	Sub GetSupertip(control As IRibbonControl, ByRef screentip)
getDescription	Sub GetDescription(control As IRibbonControl, ByRef description)
getShowLabel	Sub GetShowLabel (control As IRibbonControl, ByRef showLabel)
getShowImage	Sub GetShowImage (control As IRibbonControl, ByRef showImage)
onAction	Sub OnAction(control As IRibbonControl) Im *command*-Element: Sub OnAction(control As IRibbonControl, byRef CancelDefault)
getSize	Sub GetSize(control As IRibbonControl, ByRef size)

Tabelle 4.2: Callback-Funktionen des *button*-Elements (Fortsetzung)

4.1.3 *buttonGroup*-Element

Das *buttonGroup*-Element fasst die enthaltenen Steuerelemente optisch zu einem einzigen Steuerelement zusammen, wobei ein Rahmen für den Zusammenhalt sorgt und Trennlinien kenntlich machen, dass die Gruppe dennoch verschiedene Elemente enthält:

Abbildung 4.5: Schaltflächen in *buttonGroup*-Elementen

Die zur Auswahl stehenden Steuerelemente in einer *buttonGroup* sind gegenüber einer *box* aufgrund deren Größe reduziert. Die Höhe einer *buttonGroup* ist auf eine Zeile beschränkt, sodass sich zwar *button*-Elemente einfügen lassen, diese können aber nicht über das *size*-Attribut auf *large* eingestellt werden. Auch das Einfügen integrierter Elemente ist innerhalb der erlaubten Steuerelementtypen auf die kleinen, einzeiligen Elemente beschränkt.

```
<group id="grp1" label="buttonGroup">
    <buttonGroup id="btngrp1">
        <button id="btn1" label="Knopf 1"/>
        <button id="btn2" label="Knopf 2"/>
        <button id="btn3" label="Knopf 3"/>
    </buttonGroup>
```

```
<buttonGroup id="id19070">
  <control idMso="AlignLeft"/>
  <control idMso="AlignCenter"/>
  <control idMso="AlignRight"/>
</buttonGroup>
</group>
```

Listing 4.2: Eigene und integrierte Steuerelemente in einer Schaltflächen-Gruppe

Details zum *buttonGroup*-Element

Das *buttonGroup*-Element kann die folgenden Elemente enthalten:

buttonGroup, control, dynamicMenu, gallery, menu, splitButton, toggleButton

Eigenschaften des *buttonGroup*-Elements:

id, idQ, insertAfterMso, insertAfterQ, insertBeforeMso, insertBeforeQ, visible

Das *buttonGroup*-Element besitzt nur ein einziges Callback-Attribut, mit dem Sie die Sichtbarkeit einstellen können:

Attribut	VBA-Syntax
getVisible	Sub GetVisible(control As IRibbonControl, ByRef visible)

Tabelle 4.3: Callback-Funktionen des *buttonGroup*-Elements

4.1.4 *checkBox*-Element

Kontrollkästchen verwendet man häufig zum Darstellen von Daten, die den Wert *Ja* oder *Nein* annehmen können (beziehungsweise *true* und *false, -1* und *0* und so weiter).

Sie bestehen aus einer Beschriftung und dem eigentlichen Kontrollkästchen. Das Kontrollkästchen stellt den Wert *true* beziehungsweise *-1* durch ein gesetztes Häkchen dar.

Neben den *Get...*-Attributen besitzt das *checkBox*-Steuerelement mit *onAction* ein Ereignis-Callback. Die Definition der entsprechenden VBA-Callback-Funktion unterscheidet sich von der des *button*-Elements: Sie liefert mit dem Parameter *pressed* nämlich noch einen Boolean-Wert mit, der angibt, ob das auslösende Kontrollkästchen markiert ist oder nicht.

onAction-Callback

Im folgenden Beispiel soll ein *checkBox*-Steuerelement beim Anklicken seinen Namen anzeigen und außerdem mitteilen, ob es gerade markiert ist oder nicht:

```
<customUI xmlns="http://schemas.microsoft.com/office/2006/01/customui">
    <ribbon>
        <tabs>
            <tab id="tab1" label="Beispiele Callbacks">
                <group id="grp1" label="Beispiele checkBox">
                    <checkBox id="chkBeispiel" label="Beispielcheckbox"
                            onAction="onActionCheckBox"/>
                </group>
            </tab>
        </tabs>
    </ribbon>
</customUI>
```

Der VBA-Teil der Callback-Funktion sieht so aus:

```
Sub OnActionCheckbox(control As IRibbonControl, checked As Boolean)
    MsgBox control.Id & " " & IIf(checked, "ist markiert.", _
        "ist nicht markiert.")
End Sub
```

Die folgende Abbildung zeigt, wie das *checkBox*-Steuerelement funktioniert:

Abbildung 4.6: Dieses *checkBox*-Steuerelement zeigt beim Anklicken ein Meldungsfenster mit dem aktuellen Zustand an.

Für einige Fälle reicht dies aus, aber nur für jene, bei denen das Kontrollkästchen zu Beginn nicht angehakt sein soll. Für alle anderen Fälle sollte man dies mit einem *pressed*-Attribut einstellen können, aber es gibt kein solches Attribut, sondern nur eines namens *getPressed*.

getPressed-Callback

Das *getPressed*-Attribut erlaubt das Einstellen des Zustands von *checkBox*-Steuerelementen. Um Ribbon-Elemente von außen beeinflussen zu können, müssen Sie, wie oben beschrieben, beim Laden einen Verweis auf das Ribbon anlegen. Dazu brauchen Sie diese Variable:

```
Dim objRibbon As IRibbonUI
```

Die Ribbon-Definition des obigen Beispiels erweitern Sie um die fett gedruckten Elemente der folgenden, gekürzten Version:

```
<customUI xmlns="http://schemas.microsoft.com/office/2006/01/customui"
          onLoad="OnLoadCheckBox">
    ...
    <checkBox id="chkBeispiel" label="Beispielcheckbox"
              onAction="onActionCheckBox"
              getPressed="GetPressedCheckBox"/>
    ...
</customUI>
```

Die *onLoad*-Routine füllt die Objektvariable *objRibbon*:

```
Sub OnLoadCheckBox(ribbon As IRibbonUI)
    Set objRibbon = ribbon
End Sub
```

Die *getChecked*-Callback-Funktionen sorgen dafür, dass das *checkBox*-Steuerelement jeweils mit dem Wert einer Variablen namens *bolCheckbox* gefüllt wird:

```
Sub GetPressedCheckBox(control As IRibbonControl, ByRef returnValue)
    returnValue = bolCheckbox
End Sub
```

Schließlich benötigen Sie die Definition der Variablen *bolCheckbox* und zwei VBA-Routinen, die den Zustand des Ribbons einstellen. Diese Routinen sehen so aus:

```
Dim bolCheckbox As Boolean

Public Sub CheckboxAktivieren()
    bolCheckbox = True
    objRibbon.InvalidateControl "chkBeispiel"
End Sub

Public Sub CheckboxDeaktivieren()
    bolCheckbox = False
    objRibbon.InvalidateControl "chkBeispiel"
End Sub
```

Sie können diese Routinen nun entweder über das Direktfenster aufrufen oder, wenn sich diese in einem Standardmodul befinden, einfach die Einfügemarke darauf platzieren und auf *F5* drücken. Der Zustand des Kontrollkästchens wird entsprechend dem Inhalt der Variablen *bolCheckBox* eingestellt.

Abhängige *checkBox*-Elemente

In einem etwas komplizierteren Beispiel sollen drei *checkBox*-Steuerelemente eine Optionsgruppe nachbilden. Deren Haupteigenschaft ist es, dass nur eines der enthaltenen Elemente markiert ist, also einen Haken anzeigt.

Die folgende Abbildung zeigt, wie das Ganze aussehen soll:

Abbildung 4.7: Eine Ribbon-Optionsgruppe im Eigenbau

Was die Bedienung angeht, gibt es eine ganz einfache Regel: Nur das Element, das der Benutzer zuletzt angeklickt hat, besitzt einen Haken.

In der Ribbon-Definition schlägt sich das so nieder:

```
<customUI xmlns="http://schemas.microsoft.com/office/2006/01/customui"
          onLoad="chkOnLoad">
   <ribbon>
     <tabs>
       <tab id="tab1" label="checkBox-Beispiele">
         <group id="grp1" label="Optionsgruppe">
           <box id="box1">
             <checkBox id="chk1" label="Checkbox 1" onAction="chkOnAction"
                       getPressed="chkGetPressed"/>
             <checkBox id="chk2" label="Checkbox 2" onAction="chkOnAction"
                       getPressed="chkGetPressed"/>
             <checkBox id="chk3" label="Checkbox 3" onAction="chkOnAction"
                       getPressed="chkGetPressed"/>
           </box>
         </group>
       </tab>
     </tabs>
   </ribbon>
</customUI>
```

Die *chkOnLoad*-Callback-Funktion füllt die folgenden Variablen:

```
Dim objRibbon As IRibbonUI
Dim strCheckBoxOption As String
```

Dabei erhält *objRibbon* den üblichen Verweis auf das aktuelle Ribbon und *strCheckBox-Option* den Wert *chk1* – warum, erfahren Sie gleich.

```
Sub chkOnLoad(ribbon As IRibbonUI)
    Set objRibbon = ribbon
    strCheckBoxOption = "chk1"
End Sub
```

Die *Get...*-Callback-Funktionen werden beim ersten Anzeigen des Ribbons automatisch aufgerufen. In diesem Fall gibt es nur eine davon:

```
Sub chkGetPressed(control As IRibbonControl, ByRef returnValue)
    returnValue = (control.ID = strCheckBoxOption)
End Sub
```

Diese Routine vergleicht den Namen des aufrufenden *checkBox*-Steuerelements mit dem Wert der Variablen *strCheckBoxOption*. Stimmen diese Werte überein, soll das aufrufende Element den Haken erhalten.

strCheckBoxOption enthält zu Beginn den Wert *chk1*, also nimmt die Bedingung beim ersten Aufruf von *chkGetPressed* für das erste Steuerelement den Wert *True* und bei den beiden anderen Steuerelementen den Wert *False* an, was zu obiger Abbildung führt.

Klickt der Benutzer nun auf eines der *checkBox*-Elemente, löst dies die folgende Routine aus:

```
Sub chkOnAction(control As IRibbonControl, pressed As Boolean)
    strCheckBoxOption = control.ID
    objRibbon.Invalidate
End Sub
```

Diese schreibt den Namen des angeklickten *checkBox*-Elements in *strCheckBoxOption* und aktualisiert mit der *Invalidate*-Methode alle Ribbon-Elemente.

control.ID liefert den Namen des aufrufenden Steuerelements, also beispielsweise *chk2*.

Beim anschließenden, durch die *Invalidate*-Methode ausgelösten erneuten Aufruf der *Get...*-Callback-Funktionen wird dementsprechend nur das zweite Kontrollkästchen angehakt.

Wenn die zugrunde liegende Anwendung den Wert der nachgebauten Optionsgruppe auslesen muss, kann sie dies nicht direkt erledigen, sondern muss auf den in der Variablen *strCheckBoxOption* gespeicherten Wert zugreifen.

Kein Geschwindigkeitswunder

Wenn Sie das Beispiel der abhängigen *checkBox*-Elemente testen, wird Ihnen auffallen, dass das Ribbon nicht gerade ein Bolide ist, was das Aktualisieren sichtbarer Elemente über die *Invalidate*-Methode angeht. Es war uns ohne Probleme möglich, alle drei Kontrollkästchen anzuhaken, ohne dass auch nur das erste geleert wurde.

Eine Lösung zur Verbesserung der Performance ist nicht in Sicht.

Detailinformationen zum *checkBox*-Element

Das *checkBox*-Element besitzt die folgenden Attribute:

description, enabled, id, idMso, idQ, image, imageMso, insertAfterMso, insertAfterQ, insertBeforeMso, insertBeforeQ, keytip, label, screentip, showImage, showLabel, supertip, tag, visible

Das *checkBox*-Element besitzt die folgenden Callback-Attribute:

Attribut	VBA-Syntax
getImage	Sub GetImage(control As IRibbonControl, ByRef image)
getEnabled	Sub GetEnabled(control As IRibbonControl, ByRef enabled)
getVisible	Sub GetVisible(control As IRibbonControl, ByRef visible)
getLabel	Sub GetLabel(control As IRibbonControl, ByRef label)
getKeytip	Sub GetKeytip (control As IRibbonControl, ByRef label)
getScreentip	Sub GetScreentip(control As IRibbonControl, ByRef screentip)
getSupertip	Sub GetSupertip(control As IRibbonControl, ByRef screentip)
getDescription	Sub GetDescription(control As IRibbonControl, ByRef description)
getShowLabel	Sub GetShowLabel (control As IRibbonControl, ByRef showLabel)
getShowImage	Sub GetShowImage (control As IRibbonControl, ByRef showImage)
onAction	Sub OnAction(control As IRibbonControl, pressed As Boolean)
getPressed	Sub GetPressed(control As IRibbonControl, ByRef returnValue)

Tabelle 4.4: Callback-Funktionen des *checkBox*-Elements

4.1.5 *comboBox*-Element

Es gibt in Ribbons zwei Typen von Kombinationsfeldern: *comboBox* und *dropDown*. Zunächst lernen Sie das *comboBox*-Element kennen. *comboBox*-Kombinationsfelder in Ribbons bieten wie ihre Formular-Pendants einen oder mehrere Werte zur Auswahl an. Das schreit natürlich nach dem dynamischen Füllen per VBA, zunächst aber soll ein einfaches Beispiel den grundlegenden Aufbau veranschaulichen.

comboBox-Element statisch füllen

Die folgende Ribbon-Definition zeigt, wie Sie ein *comboBox*-Element statisch mit drei Elementen füllen:

```
<comboBox id="cbo01" label="Kombinationsfeld:">
  <item id="i01" label="Eintrag 1"/>
  <item id="i02" label="Eintrag 2"/>
  <item id="i03" label="Eintrag 3"/>
</comboBox>
```

Der Aufbau ähnelt dem eines Kombinationsfeldes in HTML. Das *comboBox*-Element schließt die enthaltenen *item*-Elemente ein, die Informationen über die zur Auswahl stehenden Einträge enthalten. Das obige XML-Dokument führt zum Ribbon in der folgenden Abbildung:

Abbildung 4.8: Ein Kombinationsfeld mit drei statischen Einträgen

comboBox dynamisch füllen

Das *comboBox*-Element besitzt eine ganze Reihe Callback-Attribute, die für das Füllen des Steuerelements mit Einträgen zuständig sind und deren Eigenschaften festlegen.

Die einfachste Variante sieht in der Ribbon-Definition so aus:

```
<comboBox id="cboBeispiel"
          label="Beispielcombobox"
          getItemCount="GetItemCount"
          getItemLabel="GetItemLabel"
          getItemID="GetItemID"/>
```

Das Ribbon füllt das *comboBox*-Steuerelement erst, wenn der Benutzer es das erste Mal aufklappt. Dann werden die für die drei Callback-Attribute *getItemCount*, *getItemID* und *getItemLabel* angegebenen Prozeduren nacheinander aufgerufen, wobei *getItemCount* nur einmal und die übrigen Callback-Funktionen entsprechend der in *getItemCount* übergebenen Anzahl der anzuzeigenden Einträge ausgelöst werden.

Im folgenden Fall gibt *GetItemCount* den Wert 3 für die Anzahl der Einträge zurück. Die Routinen *GetItemID* und *GetItemLabel* lesen jeweils automatisch erstellte Werte ein.

```
Sub GetItemCount(control As IRibbonControl, ByRef count)
    count = 3
End Sub


Sub GetItemID(control As IRibbonControl, index As Integer, ByRef id)
    id = index
End Sub


Sub GetItemLabel(control As IRibbonControl, index As Integer, ByRef label)
    label = "Eintrag " & index + 1
End Sub
```

Im Ribbon sieht dies schließlich wie in dieser Abbildung aus:

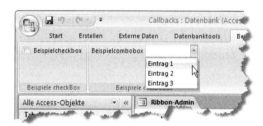

Abbildung 4.9: Ein per VBA-Callback gefülltes *comboBox*-Element

Normalerweise werden Sie *comboBox*-Elemente natürlich mit ganz anderen Daten füllen, die etwa aus einer Access-Tabelle, einer Excel-Tabelle oder auch aus einer Textdatei stammen.

In diesem Zusammenhang schlagen wir die folgende Strategie vor: Verwenden Sie die Callback-Funktion *GetItemCount*, um die einzulesenden Elemente in ein Array zu schreiben. Sie können dann in den Routinen *GetItemID* und *GetItemLabel* ganz einfach auf die Felder des gefüllten Arrays zugreifen, was aufgrund des verwendeten Indexes wesentlich einfacher ist, als wenn Sie in jeder Routine *GetItemID* und *GetItemLabel* sowie eventuell noch *GetItemImage*, *GetItemScreentip* oder *GetItemSupertip* separat auf ein Access-Recordset, eine Excel-Tabelle oder die Zeilen einer Textdatei zugreifen müssen.

Wenn ein *comboBox*-Element aus einer Access-Tabelle gefüllt werden soll, sieht das beispielsweise wie folgt aus:

```
Dim arrKontakte() As String

Sub getItemLabelAccess(control As IRibbonControl, index As Integer, _
        ByRef label)
    label = arrKontakte(1, index)
End Sub

Sub getItemIDAccess(control As IRibbonControl, index As Integer, ByRef id)
    id = arrKontakte(0, index)
End Sub

Sub getItemCountAccess(control As IRibbonControl, ByRef count)
    Dim db As DAO.Database
    Dim rst As DAO.Recordset
    Dim i As Integer
    Set db = CurrentDb
    Set rst = db.OpenRecordset("SELECT * FROM tblKontakte ORDER BY 7
                                   Nachname", dbOpenDynaset)
    Do While Not rst.EOF
        i = i + 1
        ReDim Preserve arrKontakte(1, i + 1)
        arrKontakte(0, i - 1) = rst!id
        arrKontakte(1, i - 1) = rst!Nachname & ", " & rst!Vorname
        rst.MoveNext
    Loop
    count = i
End Sub
```

Die Routine *getItemCountAccess* durchläuft alle in der Datensatzgruppe *rst* enthaltenen Kontaktdatensätze. Dabei erhöht sie die Zählervariable *i* jeweils um *1* und weist den Wert von *i* am Ende dem Parameter *count* zu, wodurch dieser die Anzahl der zu erwartenden Datensätze erhält.

Gleichzeitig speichert sie die ID eines jeden Datensatzes sowie einen aus dem Nachnamen, einem Komma und dem Vornamen zusammengesetzten String in einem zweidimensionalen Array.

Zum besseren Verständnis hier die drei Parameter der *getItemLabel*-Prozedur des *combo-Box*-Elements:

▷ *index*: laufende Nummer von *0* bis *n*, wird automatisch festgelegt

▷ *id*: benutzerdefinierte Zahl, hier die ID des jeweiligen Kontaktdatensatzes aus der Access-Tabelle

▷ *label*: anzuzeigender Text, hier nach dem Schema *<Nachname>, <Vorname>*

Immer aktualisieren

Normalerweise löst Access die Callback-Funktionen zum Füllen des *comboBox*-Steuerelements nur beim ersten Öffnen aus.

Werden Daten geändert, muss man das Steuerelement per *Invalidate-* oder *Invalidate-Control*-Methode in einen Zustand versetzen, in dem es beim nächsten Aufklappen neu eingelesen wird.

Das können Sie vereinfachen, indem Sie das Attribut *invalidateContentOnDrop* auf den Wert *true* setzen:

```
<comboBox id="cbo2" label="Kontakte" getItemCount="getItemCountAccess"
        getItemLabel="getItemLabelAccess" getItemID="getItemIDAccess"
        invalidateContentOnDrop="true" getText="getTextAccess"
        onChange="onChangeAccess"/>
```

Dieses Attribut gibt es übrigens auch für das später vorgestellte *dynamicMenu*-Steuerelement, für das *dropDown*-Steuerelement aber nicht.

Ausgewähltes Element auswerten

Wenn der Benutzer einen Eintrag eines *comboBox*-Elements auswählt, soll die Anwendung den gewählten Eintrag auswerten. Leider ist es nicht möglich, den Wert für den Index oder die ID des Eintrags zu ermitteln, sondern nur die Bezeichnung.

Das hierzu benötigte Callback-Attribut heißt *onChange*:

```
<comboBox id="cbo2" label="Kontakte" getItemCount="getItemCountAccess"
        getItemLabel="getItemLabelAccess" getItemID="getItemIDAccess"
        invalidateContentOnDrop="true" getText="getTextAccess"
        onChange="onChangeAccess"/>
```

Diese Callback-Funktion gibt den Text aus:

```
Sub onChangeAccess(control As IRibbonControl, text As String)
    MsgBox text
End Sub
```

Bilder im *comboBox*-Steuerelement

Im Gegensatz zu üblichen Kombinationsfeldern kann das *comboBox*-Element auch Bilder anzeigen.

Um einem Eintrag ein Bild zuzuweisen, verwenden Sie das Callback-Attribut *getItem-Image*.

```
<comboBox id="cbo3" label="comboBox mit Bildern"
          getItemCount="getItemCountBilder"
          getItemLabel="getItemLabelBilder"
          getItemImage="getItemImageBilder"
          getItemID="getItemIDBilder"/>
```

Die Routine für das Callback-Attribut *getItemImage* sieht etwa so aus (die übrigen Callbacks für dieses Steuerelement entsprechen denen aus dem ersten Beispiel für *combo-Box*-Elemente):

```
Sub getItemImageBilder(control As IRibbonControl, index As Integer, _
        ByRef image)
    Set image = LoadPicturePlus(CurrentProject.Path & "\image" _
        & format(index + 1, "00") & ".png")
End Sub
```

Die Bilddateien liegen im gleichen Verzeichnis wie die Datenbankdatei und heißen *image01.png*, *image02.png* und *image03.png*. Für das Einlesen sorgt die Routine *LoadPicturePlus*, die Sie im Modul *mdlOGL2007* finden, das in Kapitel 5, »Bilder im Ribbon«, vorgestellt wird und einige Vorteile gegenüber der eingebauten *LoadPicture*-Methode aufweist.

Abbildung 4.10: Beispiel für ein comboBox-Element mit Bildern

Attribute des *comboBox*-Elements

Das *comboBox*-Element besitzt die folgenden Attribute:

enabled, id, idMso, idQ, image, imageMso, insertAfterMso, insertAfterQ, insertBeforeMso, insertBeforeQ, invalidateContentOnDrop, keytip, label, maxLength, screentip, showImage, showItemImage, showLabel, sizeString, supertip, tag, visible

Das *comboBox*-Element besitzt die folgenden Callback-Parameter:

Attribut	VBA-Syntax
getImage	Sub GetImage(control As IRibbonControl, ByRef image)
getEnabled	Sub GetEnabled(control As IRibbonControl, ByRef enabled)
getVisible	Sub GetVisible(control As IRibbonControl, ByRef visible)
getLabel	Sub GetLabel(control As IRibbonControl, ByRef label)
getKeytip	Sub GetKeytip (control As IRibbonControl, ByRef label)
getScreentip	Sub GetScreentip(control As IRibbonControl, ByRef screentip)
getSupertip	Sub GetSupertip(control As IRibbonControl, ByRef screentip)
getShowLabel	Sub GetShowLabel (control As IRibbonControl, ByRef showLabel)
getShowImage	Sub GetShowImage (control As IRibbonControl, ByRef showImage)
getItemCount	Sub GetItemCount(control As IRibbonControl, ByRef count)
getItemLabel	Sub GetItemLabel(control As IRibbonControl, index As Integer, ByRef label)
getItemScreentip	Sub GetItemScreenTip(control As IRibbonControl, index As Integer, ByRef screentip)
getItemSupertip	Sub GetItemSuperTip (control As IRibbonControl, index As Integer, ByRef supertip)
getItemImage	Sub GetItemImage(control As IRibbonControl, index As Integer, ByRef image)
getItemID	Sub GetItemID(control As IRibbonControl, index As Integer, ByRef id)
getText	Sub GetText(control As IRibbonControl, ByRef text)
onChange	Sub OnChange(control As IRibbonControl, text As String)

Tabelle 4.5: Callback-Funktionen des *comboBox*-Elements

4.1.6 *control*-Element

Im Gegensatz zur kompletten Ribbon-Leiste oder zu einzelnen Bestandteilen wie *tabSet-*, *tab-* oder *group*-Elementen können Sie keine einzelnen Steuerelemente aus integrierten *group*-Elementen ein- oder ausblenden oder in sonstiger Weise optisch anpassen – dies gelingt nur mit benutzerdefinierten Steuerelementen.

Das soll aber nicht heißen, dass Sie mit den integrierten Steuerelementen gar nichts anfangen können. Sie können diese deaktivieren oder in benutzerdefinierte Gruppen einbauen. Die Steuerelemente bringen dabei neben dem Symbol auch die volle Funktionalität mit und Sie können diese auch noch nach Wunsch anpassen.

Attribute des *control*-Elements

Das *control*-Element besitzt die folgenden Attribute:

description, enabled, id, idMso, idQ, image, imageMso, insertAfterMso, insertAfterQ, insert-BeforeMso, insertBeforeQ, keytip, label, onAction, screentip, showImage, showLabel, size, supertip, tag, visible

Laut Schemadefinition (*customUI.xsd*) besitzt das generische *control*-Element auch Callback-Attribute. Diese scheinen aber nicht zu funktionieren, daher listen wir sie hier nicht auf.

4.1.7 *dialogBoxLauncher*-Element

Einige eingebaute Gruppen weisen in der rechten unteren Ecke des Beschriftungsfeldes einen kleinen Pfeil auf, der bei Klick darauf weitere Aktionen ausführt, wie zum Beispiel ein weiterführendes Dialogfenster zu öffnen. Auf der Registerkarte *Start* in der Gruppe *Zwischenablage* wird damit beispielsweise der Aufgabenbereich *Office-Zwischenablage* ein- oder ausgeblendet.

Abbildung 4.11: Ein eingebauter Gruppendialog

Ebenso können Sie hier durch Zuweisung einer Prozedur beliebigen Code ausführen lassen oder ein Formular anzeigen. Diese Funktion wird durch das *dialogBoxLauncher*-Element realisiert.

dialogBoxLauncher im Eigenbau

Das *dialogBoxLauncher*-Element darf in einer Gruppe nur einmal vorkommen und muss als Abschlusselement in einer Gruppe stehen. Die folgende XML-Definition zeigt, wie es funktioniert:

```
<customUI xmlns="http://schemas.microsoft.com/office/2006/01/customui">
  <ribbon>
```

```
  <tabs>
    <tab idMso="TabHome">
      <group id="grp01" label="DialogBoxLauncher">
        <button id="btn01" label="Schaltfläche 1"/>
        <dialogBoxLauncher>
          <button id="dbxDialogOeffnen" onAction="DialogOeffnen" />
        </dialogBoxLauncher>
      </group>
    </tab>
  </tabs>
</ribbon>
</customUI>
```

Listing 4.3: Hinzufügen eines Gruppendialogs zu einer eigenen Gruppe (*Gruppendialog (dialogBoxLauncher).xlsm*)

Heraus kommen eine Gruppe mit einer einfachen Schaltfläche sowie die kleine Schaltfläche unten rechts in der nächsten Abbildung:

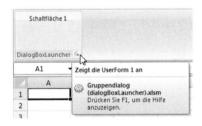

Abbildung 4.12: Eine Gruppe mit einem *dialogBoxLauncher*-Element

Den Code zum Aufrufen des entsprechenden Dialogs – etwa eines Formulars – bringen Sie in einer Routine namens *DialogOeffnen* unter, welche die gleiche Prozedurdeklaration wie die *OnAction*-Callback-Funktion von Schaltflächen hat:

```
Public Sub DialogOeffnen(control As IRibbonControl)
    'Formular anzeigen
End Sub
```

Statt der Zeile *Formular anzeigen* tragen Sie die Anweisung ein, die das gewünschte Formular öffnet.

Detailinformationen zum *dialogBoxLauncher*-Element

Das *dialogBoxLauncher*-Element besitzt keine Attribute.

4.1.8 *dropDown*-Element

Neben dem *comboBox*-Element gibt es in der Ribbon-Programmierung einen zweiten Kombinationsfeld-Typ, das *dropDown*-Element. Der größte Unterschied besteht darin, dass Sie in einem *dropDown*-Kombinationsfeld einen der vorhandenen Einträge vorauswählen können. Außerdem wird beim Aktualisieren nicht die *onChange-*, sondern die *onAction*-Callback-Funktion aufgerufen.

Dafür liefert das *dropDown*-Element die folgenden Attribute, mit denen Sie eines der angezeigten Elemente über die ID oder den Index auswählen können:

▶ *getSelectedItemID*

▶ *getSelectedItemIndex*

Sie können nur eines der beiden *getSelectedItem...*-Attribute für ein *dropDown*-Element angeben.

Das folgende Beispiel soll unter Excel alle Arbeitsblätter der aktuell geladenen Excel-Datei auflisten (siehe Beispieldatei *Kombinationsfeld (dropDown).xlsm*). Die Ribbon-Definition sieht so aus:

```
<customUI xmlns="http://schemas.microsoft.com/office/2006/01/customui"
         onLoad="r_onLoad">
  <ribbon>
    <tabs>
      <tab id="tab01" label="Meine Tab"
          insertBeforeMso="TabHome">
        <group id="grp01" label="Dynamisches DropDownfeld">
          <dropDown id="drpCombo" label="Gehe zu:"
                    screentip="Dynamisches DropDownfeld "
                    supertip="Das ausgewählte Tabellenblatt wird aktiviert"
                    sizeString="max. Textlänge Tabellenblätter"
                    onAction="drpCombo_onAction"
                    getItemCount="drpCombo_getItemCount"
                    getItemID="drpCombo_getItemID"
                    getItemLabel="drpCombo_getItemLabel"
                    getSelectedItemIndex="drpCombo_getSelectedItemIndex">
          </dropDown>
        </group>
      </tab>
    </tabs>
  </ribbon>
</customUI>
```

Das Beispiel soll wie in der folgenden Abbildung aussehen:

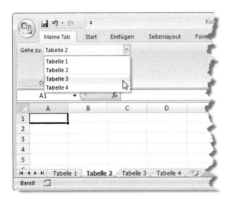

Abbildung 4.13: *dropDown*-Steuerelement mit Tabellenblättern der Arbeitsmappe

Schauen wir uns zunächst an, wie das *dropDown*-Steuerelement gefüllt wird. Beim Laden des Ribbons wird zunächst die *onLoad*-Callback-Funktion aufgerufen und ein Verweis auf das Ribbon in der Variablen *objRibbon* gespeichert.

```
Public objRibbon As IRibbonUI
Public Sub r_onLoad(ribbon As IRibbonUI)
    Set objRibbon = ribbon
End Sub
```

Im Gegensatz zum *comboBox*-Element wird das *dropDown*-Element nicht erst beim Aufklappen, sondern schon beim Anzeigen gefüllt. Der Grund ist klar: Immerhin liefert dieses mit den oben erwähnten *Get...*-Callbacks *getSelectedItemID* und *getSelectedItem-Index* die Möglichkeit, direkt beim Anzeigen des Steuerelements Werte per Code vorauszuwählen.

Die folgende Routine ermittelt zunächst die Anzahl der anzuzeigenden Einträge:

```
Public Sub drpCombo_getItemCount(control As IRibbonControl, _
        ByRef returnedVal)
    'Anzahl Tabellenblätter ermitteln
    returnedVal = ThisWorkbook.Sheets.Count
End Sub
```

Die beiden Routinen für die Callback-Attribute *getItemID* und *getItemLabel* werden anschließend entsprechend der mit *returnedVal* übergebenen Anzahl aufgerufen:

```
Public Sub drpCombo_getItemID(control As IRibbonControl, _
        index As Integer, ByRef id)
    'Index für jedes Element festlegen
```

```
      'Index ist Null basierend
      id = "Sheet" & index + 1
End Sub


Public Sub drpCombo_getItemLabel(control As IRibbonControl, _
        index As Integer, ByRef returnedVal)
      'Blattnamen in DropDown aufnehmen
      returnedVal = ThisWorkbook.Sheets(index + 1).Name
End Sub
```

Eintrag auswählen

Im Gegensatz zur *onChange*-Callback-Funktion des *comboBox*-Elements löst das *drop-Down*-Element beim Auswählen eines Eintrags das Callback-Attribut *onAction* aus. Der Unterschied zwischen den beiden Callback-Funktionen besteht in der Syntax der Aufrufzeilen mit ihren fest definierten Argumenten.

Das *onChange*-Ereignis des *comboBox*-Elements liefert lediglich den Text des ausgewählten Eintrags.

```
Sub cboCombo_onChange(control As IRibbonControl, text As String)
```

Dagegen liefert die *onAction*-Callback-Funktion des *dropDown*-Elements in ihren Parametern die ID und den Index des vom Benutzer ausgewählten Eintrags:

```
Sub drpCombo_onAction(control As IRibbonControl, id As String, _
    index As Integer)
```

Kombinationsfeldbreite

Die Breite des *dropDown*-Elements stellen Sie mit dem *sizeString*-Attribut ein. Dieses Attribut legt die Breite des *dropDown*-Elements anhand der übergebenen Zeichenkette fest. Dabei entspricht nicht etwa die Breite der Anzahl der enthaltenen Zeichen multipliziert mit einer konstanten Breite je Zeichen – dann hätte man auch gleich die Anzahl der Zeichen angeben können. Nein, diese Eigenschaft bemisst die Breite tatsächlich entsprechend dem übergebenen Text in der im Ribbon üblichen Schriftart *Calibri*.

Die folgenden beiden Wertzuweisungen sorgen also für völlig unterschiedliche Breiten – auch wenn diese in der nachfolgend verwendeten Schrift gleich breit erscheinen:

```
sizeString = "iiiiiiiiii"
sizeString = "MMMMMMMM"
```

In der Tat ist aber das *i* in der Proportionalschrift *Calibri* viel schlanker als das *M*, wie auch die folgende Abbildung zeigt:

Abbildung 4.14: Die Breite dieser *dropDown*-Elemente wurde über die Eigenschaft *sizeString* festgelegt.

Einträge manuell auswählen

Bei der Auswahl eines Eintrags des *dropDown*-Elements durch den Benutzer soll das Tabellenblatt mit dem ausgewählten Namen aktiviert werden. Dies erledigt die Callback-Funktion *drpCombo_onAction*:

```
Public Sub drpCombo_onAction(control As IRibbonControl, id As String, _
        index As Integer)
    'Ausgewähltes Tabellenblatt aktivieren
    ThisWorkbook.Sheets(index + 1).Activate
End Sub
```

Einen Eintrag per Code auswählen

Wie bereits erwähnt, können Sie im *dropDown*-Element auch einen Eintrag per Code auswählen. Dies erledigt eine der beiden *Get*...-Callback-Funktionen, die durch eines der Attribute *getSelectedItemID* oder *getSelectedItemIndex* ausgelöst werden. Diese werden einmal beim Anzeigen des Steuerelements ausgelöst und dann jedesmal, wenn per Code die *Invalidate*- oder die *InvalidateControl*-Methode aufgerufen wird.

Im Falle des Attributs *getSelectedItemIndex* gibt die Variable *returnedVal* den Index an, dessen Element im *dropDown*-Element angezeigt werden soll.

In der Beispieldatei wird der Index des aktiven Tabellenblatts zurückgegeben, damit dessen Name als Wert im Kombinationsfeld sichtbar ist. Da die Elemente im Kombinationsfeld nullbasierend sind, muss vom Tabellenindex der Wert *1* subtrahiert werden:

```
Public Sub drpCombo_getSelectedItemIndex(control As IRibbonControl, _
        ByRef returnedVal)
    'Festlegen eines Eintrags eines dropDown-Elements per Index-Wert
    'der Index ist in diesem Fall immer Null basierend
    'Index des aktiven Blattes übergeben
    returnedVal = ActiveSheet.index - 1
End Sub
```

Nun soll der Inhalt des *dropDown*-Elements sowohl beim Wechseln des Tabellenblatts an dieses angepasst werden und auch Änderungen an den Bezeichnungen der Tabellenblätter durch den Benutzer jeweils aktuell anzeigen.

Dazu nutzen Sie zwei Ereignisse:

Das erste ist das *Calculate*-Ereignis, das nur ausgelöst wird, wenn eines der Tabellenblätter eine Formel enthält. Daher fügen wir im ersten Tabellenblatt in der Zelle *A1* die flüchtige Tabellenfunktion =*HEUTE()* ein. Im Klassenmodul *DieseArbeitsmappe* legen Sie passend dazu das *Workbook_SheetCalculate*-Ereignis an, das bei jeder Neuberechnung der Arbeitsmappe ausgelöst wird. Im Prozedurverlauf wird das *dropDown*-Element *drpCombo* mit der *InvalidateControl*-Methode zurückgesetzt, was eine Neuinitialisierung des Ribbons zur Folge hat und das Kombinationsfeld mit den aktuellen Blattnamen füllt:

```
Private Sub Workbook_SheetCalculate(ByVal Sh As Object)
    'Prüfung, ob Objektvariable initialisiert ist
    If Not objRibbon Is Nothing Then
        objRibbon.InvalidateControl "drpCombo"
    End If
End Sub
```

Diese Ereignisprozedur wird leider auch direkt nach dem Öffnen des Dokuments ausgelöst – zu einem Zeitpunkt, an dem das *objRibbon* mit dem Verweis auf das Ribbon noch gar nicht gefüllt ist und der Aufruf einer seiner Methoden zu einem Fehler führen würde. Die obige Routine prüft daher zuvor, ob *objRibbon* noch den Wert *Nothing* besitzt, und aktualisiert es nur, wenn es bereits vorhanden ist.

Das zweite Ereignis soll dafür sorgen, dass das *dropDown*-Element beim Wechseln des Tabellenblatts jeweils den Namen des aktuellen Elements anzeigt. Hier bietet sich das *Workbook_SheetActivate*-Ereignis im Klassenmodul *DieseArbeitsmappe* an, welches sämtliche Arbeitsblätterwechsel der Datei überwacht. Im Prozedurverlauf wird das *dropDown*-Element mit der *InvalidateControl*-Methode zurückgesetzt.

```
Private Sub Workbook_SheetActivate(ByVal Sh As Object)
    objRibbon.InvalidateControl "drpCombo"
End Sub
```

Eigenschaften des *dropDown*-Elements

Das *dropDown*-Element besitzt folgende Attribute:

enabled, id, idMso, idQ, image, imageMso, insertAfterMso, insertAfterQ, insertBeforeMso, insertBeforeQ, keytip, label, screentip, showImage, showItemImage, showItemLabel, showLabel, sizeString, supertip, tag, visible

Das *dropDown*-Element besitzt folgende Callback-Attribute:

Attribut	VBA-Syntax
getImage	Sub GetImage(control As IRibbonControl, ByRef image)
getEnabled	Sub GetEnabled(control As IRibbonControl, ByRef enabled)
getVisible	Sub GetVisible(control As IRibbonControl, ByRef visible)
getLabel	Sub GetLabel(control As IRibbonControl, ByRef label)
getKeytip	Sub GetKeytip (control As IRibbonControl, ByRef label)
getScreentip	Sub GetScreentip(control As IRibbonControl, ByRef screentip)
getSupertip	Sub GetSupertip(control As IRibbonControl, ByRef screentip)
getShowLabel	Sub GetShowLabel (control As IRibbonControl, ByRef showLabel)
getShowImage	Sub GetShowImage (control As IRibbonControl, ByRef showImage)
onAction	Sub OnAction(control As IRibbonControl, selectedId As String, selectedIndex As Integer)
getItemCount	Sub GetItemCount(control As IRibbonControl, ByRef count)
getItemLabel	Sub GetItemLabel(control As IRibbonControl, index As Integer, ByRef label)
getItemScreentip	Sub GetItemScreenTip(control As IRibbonControl, index As Integer, ByRef screenTip)
getItemSupertip	Sub GetItemSuperTip (control As IRibbonControl, index As Integer, ByRef superTip)
getItemImage	Sub GetItemImage(control As IRibbonControl, index As Integer, ByRef image)
getItemID	Sub GetItemID(control As IRibbonControl, index As Integer, ByRef id)
getSelectedItemID	Sub GetSelectedItemID(control As IRibbonControl, ByRef index)
getSelectedItemIndex	Sub GetSelectedItemIndex(control As IRibbonControl, ByRef index)

Tabelle 4.6: Callback-Funktionen des *dropDown*-Elements

4.1.9 *dynamicMenu*-Element

Das *dynamicMenu*-Element ist prinzipiell mit dem *menu*-Element identisch; für die grundlegenden Eigenschaften lesen Sie daher den Abschnitt 4.1.14, »*menu*-Element«. Es gibt allerdings einen entscheidenden Unterschied, der sich im *Get...*-Attribut *getContent* manifestiert. Damit können Sie nämlich den Inhalt des *dynamicMenu*-Steuerelements zur Laufzeit im XML-Format zusammensetzen. Für das *getContent*-Attribut müssen Sie auf jeden Fall einen Wert angeben (also den Namen der Callback-Funktion), da das Anzeigen des Ribbons sonst einen Fehler auslöst.

Das folgende Beispiel eines *dynamicMenu*-Elements sieht sehr überschaubar aus:

```
<customUI xmlns="http://schemas.microsoft.com/office/2006/01/customui">
  <ribbon>
    <tabs>
      <tab id="tab1" label="Beispiel für ein dynamicMenu-Element">
        <group id="grp1" label="Beispielgruppe">
          <dynamicMenu id="dyn1" label="Dynamisches Menü"
                    getContent="getContent"/>
        </group>
      </tab>
    </tabs>
  </ribbon>
</customUI>
```

Die *getContent*-Callback-Funktion muss nun den XML-Code hinzufügen, der normalerweise innerhalb eines handelsüblichen *menu*-Elements steht – im einfachsten Fall also etwa so:

```
<button id="btn1" label="Button 1"/>
<button id="btn2" label="Button 2"/>
<button id="btn3" label="Button 3"/>
```

In diesem Fall enthalten die *button*-Elemente allerdings noch nicht einmal *onAction*-Callback-Attribute, was diese relativ nutzlos macht. Aus Gründen der Übersicht lassen wir diese aber auch in folgendem Quellcode weg:

```
Sub getContent(control As IRibbonControl, ByRef content)
    Dim strXML As String
    Dim i As Integer
    strXML = "<menu xmlns=""http://schemas.microsoft.com/office/2006/01/7
                                                   customui"">"
    For i = 1 To 3
        strXML = strXML & "<button id=""btn" & i & """ label=""Button " _
            & i & """/>"
    Next i
    strXML = strXML & "</menu>      "
    content = strXML
End Sub
```

Eigenschaften des *dynamicMenu*-Elements

Das *dynamicMenu*-Element besitzt folgende Eigenschaften:

*description, enabled, id, idMso, idQ, image, imageMso, insertAfterMso, insertAfterQ, insert-
BeforeMso, insertBeforeQ, invalidateContentOnDrop, keytip, label, screentip, showImage, show-
Label, size, supertip, tag, visible*

Das *dynamicMenu*-Objekt besitzt die folgenden Callback-Attribute:

Attribut	VBA-Syntax
getImage	`Sub GetImage(control As IRibbonControl, ByRef image)`
getEnabled	`Sub GetEnabled(control As IRibbonControl, ByRef enabled)`
getVisible	`Sub GetVisible(control As IRibbonControl, ByRef visible)`
getLabel	`Sub GetLabel(control As IRibbonControl, ByRef label)`
getKeytip	`Sub GetKeytip (control As IRibbonControl, ByRef label)`
getScreentip	`Sub GetScreentip(control As IRibbonControl,` `ByRef screentip)`
getSupertip	`Sub GetSupertip(control As IRibbonControl, ByRef screentip)`
getDescription	`Sub GetDescription(control As IRibbonControl,` `ByRef description)`
getShowLabel	`Sub GetShowLabel (control As IRibbonControl,` `ByRef showLabel)`
getShowImage	`Sub GetShowImage (control As IRibbonControl,` `ByRef showImage)`
getSize	`Sub GetSize(control As IRibbonControl, ByRef size)`
getContent	`Sub GetContent(control As IRibbonControl, ByRef content)`

Tabelle 4.7: Callback-Funktionen des *dynamicMenu*-Elements

4.1.10 *editBox*-Element

Das *editBox*-Element ist das Textfeld der Ribbon-Welt. Es ermöglicht die Eingabe von
Text und löst die Callback-Funktion *onChange* aus, wenn der Benutzer den Inhalt ändert
und diese Änderung durch Betätigen der Eingabetaste quittiert oder das Element den
Fokus verliert, etwa weil der Benutzer ein anderes Steuerelement anklickt. Mit dem
Get...-Callback-Attribut *getText* übergeben Sie den anzuzeigenden Text und mit den beiden Attributen *maxLength* und *sizeString* geben Sie an, wie lang der eingegebene Text
maximal sein darf und wie breit das Textfeld sein soll. Die Definition eines einfachen
editBox-Elements sieht so aus:

```
<editBox id="txt01" label="Beispieltextfeld" onChange=" txt01_onChange "/>
```

Die nach dem Ändern des Texts aufgerufene Callback-Funktion gibt den Inhalt in einem Meldungsfenster aus (siehe Dokument *Textfelder (editBox).docm*):

```
Public Sub txt01_onChange(control As IRibbonControl, text As String)
    MsgBox "Das Textfeld '" & control.Id & "' hat den Wert '" & text & "'"
End Sub
```

Abbildung 4.15: Ein Ribbon mit Textfeld und einer Meldung, die nach dem Aktualisieren des Textfelds angezeigt wird (siehe Dokument *Textfelder (editBox).pptm*)

Aussehen des Textfelds beeinflussen

Die Breite des Textfelds stellen Sie mit dem Attribut *sizeString* ein. Das Textfeld wird dabei genau so breit, dass die angegebene Zeichenkette dort exakt hineinpasst.

Mit dem Attribut *maxLength* legen Sie fest, wie viele Zeichen der Benutzer in das Textfeld eingeben darf. Die maximale Anzahl beträgt 1.024 Zeichen.

Versucht der Benutzer, mehr Zeichen als erlaubt einzugeben, erscheint die Meldung aus der folgenden Abbildung:

Abbildung 4.16: Das *editBox*-Element meldet das Überschreiten der zulässigen Zeichenanzahl.

Die passende Ribbon-Definition dazu sieht so aus:

```
<editBox id="txt01" label = "Geben Sie Text ein: " maxLength = "50"
        sizeString = "Melanie Breden und André Minhorst"
        onChange="txt01_onChange"/>
```

Attribute des *editBox*-Elements

Das *editBox*-Element besitzt die folgenden Attribute:

enabled, id, idMso, idQ, image, imageMso, insertAfterMso, insertAfterQ, insertBeforeMso, insertBeforeQ, keytip, label, maxLength, screentip, showImage, showLabel, sizeString, supertip, tag, visible

Das *editBox*-Element besitzt die folgenden Callback-Attribute:

Attribut	VBA-Syntax
getImage	Sub GetImage(control As IRibbonControl, ByRef image)
getEnabled	Sub GetEnabled(control As IRibbonControl, ByRef enabled)
getVisible	Sub GetVisible(control As IRibbonControl, ByRef visible)
getLabel	Sub GetLabel(control As IRibbonControl, ByRef label)
getKeytip	Sub GetKeytip (control As IRibbonControl, ByRef label)
getScreentip	Sub GetScreentip(control As IRibbonControl, ByRef screentip)
getSupertip	Sub GetSupertip(control As IRibbonControl, ByRef screentip)
getShowLabel	Sub GetShowLabel (control As IRibbonControl, ByRef showLabel)
getShowImage	Sub GetShowImage (control As IRibbonControl, ByRef showImage)
getText	Sub GetText(control As IRibbonControl, ByRef text)
onChange	Sub OnChange(control As IRibbonControl, text As String)

Tabelle 4.8: Callback-Funktionen des *editBox*-Elements

4.1.11 *gallery*-Element

Das *gallery*-Element kann Einträge mit Bildern anzeigen. Das ist noch nichts Besonderes, denn das können andere Ribbon-Elemente auch. Das Interessante am *gallery*-Element ist, dass dieses die Elemente zweidimensional anzeigen kann, also sie nicht nur auf mehrere Zeilen, sondern auch noch auf eine oder mehrere Spalten aufteilt.

Dabei ist die Anzahl der Elemente laut Schemadefinition (*customUI.xsd*) je Dimension auf 1.024 festgelegt, was für herkömmliche Zwecke reichen sollte; in der Praxis war bei einem Test mit 32 Spalten und 32 Zeilen bei 1.000 Elementen Schluss (auch wenn dies immer noch für die meisten Anwendungsfälle reichen sollte, ist die Performance bei dieser Konstellation nicht mehr benutzerfreundlich ...).

Eine einfache Beispieldefinition ohne Bilder sieht so aus:

```
<gallery id="gal1" label="Einfache Gallery">
  <item id="id11" label="Obere Zeile, linke Spalte"/>
  <item id="id12" label="Obere Zeile, rechte Spalte"/>
  <item id="id21" label="Untere Zeile, linke Spalte"/>
  <item id="id22" label="Untere Zeile, rechte Spalte"/>
</gallery>
```

Im Ribbon ergibt sich so folgendes Bild:

Abbildung 4.17: Beispiel einer einfachen Gallery

Das Beispiel offenbart folgende Erkenntnisse:

▷ Das *gallery*-Element verteilt die Elemente ohne weitere Angaben so auf, dass unge-fähr die gleiche Anzahl von Zeilen und Spalten benötigt wird.

▷ Die zwischen dem öffnenden und dem schließenden *gallery*-Element angelegten *item*-Elemente werden erst zeilenweise, dann spaltenweise eingefügt.

Zeilen und Spalten

Wenn Sie keine Werte für die Attribute *columns* und *rows* angeben, versucht das Ribbon, die Elemente gleichmäßig anzuordnen, zum Beispiel so:

▷ Ein Element: eine Zeile, eine Spalte

▷ Zwei Elemente: eine Zeile, zwei Spalten

▷ Drei und vier Elemente: zwei Zeilen, zwei Spalten

▷ Fünf und sechs Elemente: drei Zeilen, zwei Spalten

▷ Sieben, acht und neun Elemente: drei Zeilen, drei Spalten

Wenn Sie mehrere *item*-Elemente anlegen, aber dem *gallery*-Element beispielsweise nur eine Spalte gönnen, zeigt dieses je nach Anzahl nicht alle Elemente gleichzeitig an, son-dern positioniert am rechten Rand ein Steuerelement, mit dem Sie zu den nicht sichtba-ren Elementen gelangen:

Abbildung 4.18: Eine Zeile zeigt nur eine begrenzte Anzahl *item*-Elemente an.

button-Elemente in Galerien

Im *gallery*-Element kann man noch einen weiteren Steuerelementtyp unterbringen, nämlich das *button*-Element. Dies gelingt allerdings nur hinter den enthaltenen *item*-Elementen:

Abbildung 4.19: Kombinierte Galerie mit *item*- und *button*-Elementen

Der notwendige XML-Code sieht beispielsweise so aus:

```
<gallery id="gal1" label="&lt;gallery&gt;">
  <item id="itm1" label="&lt;item&gt;"/>
  <item id="itm2" label="&lt;item&gt;"/>
  <item id="itm3" label="&lt;item&gt;"/>
  <item id="itm4" label="&lt;item&gt;"/>
  <button id="btn1" label="&lt;button&gt;"/>
</gallery>
```

Bilder im *gallery*-Element

Natürlich hat das *gallery*-Element noch einiges mehr zu bieten – etwa das Einfügen von Bilddateien wie in der folgenden Abbildung. Die dafür benötigte Ribbon-Definition sieht so aus:

```
<gallery id="gal4" label="Was gehört hier nicht dazu?">
  <item id="itm1" image="apple.png" label="Kirsche"/>
  <item id="itm2" image="watermelon.png" label="Melone"/>
```

```
    <item id="itm3" image="banana.png" label="Banane"/>
    <item id="itm4" image="icecream.png" label="Eis"/>
    <item id="itm5" image="pineapple.png" label="Ananas"/>
    <item id="itm6" image="lemon.png" label="Zitrone"/>
</gallery>
```

Abbildung 4.20: *gallery*-Element mit Bildern

Bildbreite- und -höhe

Mit den beiden Eigenschaften *itemHeight* und *itemWidth* stellen Sie die Breite beziehungsweise Höhe der angezeigten Bilder ein. Diese kann vom Format der Ursprungsbilder abweichen, wodurch diese gegebenenfalls skaliert werden.

Detailinformationen zum *gallery*-Element

Das *gallery*-Element besitzt die folgenden Attribute:

columns, description, enabled, id, idMso, idQ, image, imageMso, insertAfterMso, insertAfterQ, insertBeforeMso, insertBeforeQ, invalidateContentOnDrop, itemHeight, itemWidth, keytip, label, rows, screentip, showImage, showItemImage, showItemLabel, showLabel, size, sizeString, supertip, tag, visible

Das *gallery*-Element besitzt die folgenden Callback-Attribute:

Attribut	VBA-Syntax
getImage	Sub GetImage(control As IRibbonControl, ByRef image)
getEnabled	Sub GetEnabled(control As IRibbonControl, ByRef enabled)
getVisible	Sub GetVisible(control As IRibbonControl, ByRef visible)
getLabel	Sub GetLabel(control As IRibbonControl, ByRef label)
getKeytip	Sub GetKeytip (control As IRibbonControl, ByRef label)

Tabelle 4.9: Callback-Funktionen des *gallery*-Elements

Attribut	VBA-Syntax
getScreentip	`Sub GetScreentip(control As IRibbonControl, ByRef screentip)`
getSupertip	`Sub GetSupertip(control As IRibbonControl, ByRef screentip)`
getDescription	`Sub GetDescription(control As IRibbonControl, ByRef description)`
getShowLabel	`Sub GetShowLabel (control As IRibbonControl, ByRef showLabel)`
getShowImage	`Sub GetShowImage (control As IRibbonControl, ByRef showImage)`
onAction	`Sub OnAction(control As IRibbonControl, selectedId As String, selectedIndex As Integer)`
getSize	`Sub GetSize(control As IRibbonControl, ByRef size)`
getItemCount	`Sub GetItemCount(control As IRibbonControl, ByRef count)`
getItemLabel	`Sub GetItemLabel(control As IRibbonControl, index As Integer, ByRef label)`
getItemScreentip	`Sub GetItemScreenTip(control As IRibbonControl, index as Integer, ByRef screen)`
getItemSupertip	`Sub GetItemSuperTip (control As IRibbonControl, index as Integer, ByRef screen)`
getItemImage	`Sub GetItemImage(control As IRibbonControl, index As Integer, ByRef image)`
getItemID	`Sub GetItemID(control As IRibbonControl, index As Integer, ByRef id)`
getSelectedItemID	`Sub GetSelectedItemID(control As IRibbonControl, ByRef index)`
getSelectedItemIndex	`Sub GetSelectedItemIndex(control As IRibbonControl, ByRef index)`
getItemWidth	`Sub getItemWidth(control As IRibbonControl, ByRef width)`
getItemHeight	`Sub getItemHeight(control As IRibbonControl, ByRef height)`

Tabelle 4.9: Callback-Funktionen des *gallery*-Elements (Fortsetzung)

4.1.12 *item*-Element

Das *item*-Element kommt in *dropDown-, comboBox-* oder *gallery*-Elementen als Eintrag zum Einsatz, ist also kein eigenständiges Steuerelement. Es kann ein Bild, eine Beschriftung sowie einen Hilfetext anzeigen. Ein *comboBox*-Beispiel sieht so aus:

```
<comboBox id="cbo01" label="Kombinationsfeld:">
  <item id="i01" label="Eintrag 1"/>
```

```
    <item id="i02" label="Eintrag 2"/>
    <item id="i03" label="Eintrag 3"/>
 </comboBox>
```

Sobald eines der übergeordneten Steuerelemente eines *item*-Elements seine Elemente über *Get*...-Attribute bezieht, werden die *item*-Elemente nicht mehr angezeigt – auch wenn die *getItemCount*-Callback-Funktion den Wert *0* zurückliefert.

Detailinformationen zum *item*-Element

Das *item*-Element besitzt die folgenden Attribute:

id, image, imageMso, label, screentip, supertip

4.1.13 *labelControl*-Element

Mit dem *labelControl*-Element fügen Sie dem Ribbon ein einfaches Bezeichnungsfeld ohne weitere Funktionen zu. Dieses kann wie andere Steuerelemente ein Symbol anzeigen, ein Tastenkürzel besitzen oder auch Hilfetexte einblenden.

Detailinformationen zum *labelControl*-Element

Das *labelControl*-Element besitzt die folgenden Attribute:

enabled, id, idMso, idQ, image, imageMso, insertAfterMso, insertAfterQ, insertBeforeMso, insertBeforeQ, keytip, label, screentip, showImage, showLabel, supertip, tag, visible

Das *labelControl*-Element besitzt die folgenden Callback-Attribute:

Attribut	VBA-Syntax
getImage	Sub GetImage(control As IRibbonControl, ByRef image)
getEnabled	Sub GetEnabled(control As IRibbonControl, ByRef enabled)
getVisible	Sub GetVisible(control As IRibbonControl, ByRef visible)
getLabel	Sub GetLabel(control As IRibbonControl, ByRef label)
getKeytip	Sub GetKeytip (control As IRibbonControl, ByRef label)
getScreentip	Sub GetScreentip(control As IRibbonControl, ByRef screentip)
getSupertip	Sub GetSupertip(control As IRibbonControl, ByRef screentip)
getShowLabel	Sub GetShowLabel(control As IRibbonControl, ByRef showLabel)
getShowImage	Sub GetShowImage(control As IRibbonControl, ByRef showImage)

Tabelle 4.10: Callback-Funktionen des *labelControl*-Elements

4.1.14 *menu*-Element

Das *menu*-Element ähnelt den von älteren Office-Versionen bekannten Untermenüs der Menüleiste. Darin können Sie unterschiedliche Steuerelemente anlegen, angezeigt werden allerdings stets nur normale Menüeinträge. Diese Ribbon-Definition erzeugt beispielsweise das Menü aus der folgenden Abbildung:

```
<customUI xmlns="http://schemas.microsoft.com/office/2006/01/customui"
        loadImage="LoadImage" onLoad="OnLoad">
  <ribbon startFromScratch="true">
    <tabs>
      <tab idMso="TabCreate" visible="false" />
      <tab id="tabRibbonMitEinerSchaltflaeche"
          label="RibbonMitEinerSchaltflaeche" visible="true">
        <group id="grpBeispielgruppe" label="Beispielgruppe">
          <menu id="mnuBeispielmenue" label="Beispielmenü">
            <button id="btnButton" label="Schaltfläche" image=""/>
            <checkBox id="chkCheckbox" label="Kontrollkästchen"/>
            <toggleButton id="tglToggleButton" label="Umschaltfläche"/>
          </menu>
        </group>
      </tab>
    </tabs>
  </ribbon>
</customUI>
```

Listing 4.4: Beispiel für ein Menü, dessen verschiedenartige Steuerelemente jedoch alle in einem Standardmenüeintrag enden

Abbildung 4.21: Das *menu*-Steuerelement mit einigen Untersteuerelementen

Funktionen beschreiben mit dem *description*-Attribut

Das *menu*-Element ist eines der wenigen, in denen sich das *description*-Attribut für Steuerelemente bemerkbar macht. In üblichen *button*-Elementen zeigt Access diese einfach nicht an – in *button*- und weiteren Elementen innerhalb eines *menu*-Elements hingegen schon. Wie das aussehen kann, zeigt die nächste Abbildung. Der entsprechende XML-Code sieht wie folgt aus:

```xml
<customUI xmlns="http://schemas.microsoft.com/office/2006/01/customui"
          loadImage="mnuSportartAuswaehlen_LoadImage" onLoad="OnLoad">
  <ribbon startFromScratch="true">
    <tabs>
      <tab id="tabSport" label="Sport" visible="true">
        <group id="grpSportarten" label="Sportarten">
          <menu id="mnuSportartAuswaehlen" label="Sportart auswählen"
            itemSize="large">
            <button id="btnTennis" label="Tennis-Abteilung"
              description="Tennis ist eine schöne Sportart."
              image="tennis_ball.png"/>
            <button id="btnBaseball" label="Baseball-Abteilung"
              description="Baseball auch." image="baseball.png"/>
            <button id="btnBasketball" label="Basketball-Abteilung"
              description="Und Basketball ist erstmal toll!"
              image="basketball.png"/>
            ...
          </menu>
        </group>
      </tab>
    </tabs>
  </ribbon>
</customUI>
```

Abbildung 4.22: Im *menu*-Steuerelement lassen sich neben Symbolen auch Beschreibungstexte zu einem Steuerelement anzeigen.

Wichtig ist hier, dass Sie das Attribut *itemSize* des *menu*-Elements auf *large* einstellen.

Wenn Sie eine optische Trennung zwischen zwei Einträgen vornehmen möchten, setzen Sie das *menuSeparator*-Element ein.

Sie können es mit oder ohne Text verwenden, wobei Sie einen Text für das Attribut *title* eintragen.

Folgender Codeschnipsel verursacht beispielsweise die beiden Trenner aus der folgenden Abbildung:

```
<menu id="mnu" label="Menü">
    <menuSeparator id="mns" title="Ich bin ein menuSeparator"/>
    <button id="btn2" label="Button 2"/>
    <button id="btn3" label="Button 3"/>
    <menuSeparator id="mns1" title="Ich auch."/>
    <button id="btn4" label="Button 4"/>
    <button id="btn5" label="Button 5"/>
</menu>
```

Abbildung 4.23: Ein Menü mit zwei textbehafteten Trennlinien

menu-Element dynamisch füllen

Das *menu*-Element können Sie nicht zur Laufzeit füllen oder seinen Inhalt verändern. Allerdings gibt es noch das *dynamicMenu*-Element, mit dem dies möglich ist – wenn auch ganz anders als zum Beispiel beim Füllen des *comboBox*- oder des *dropDown*-Elements.

Detailinformationen zum *menu*-Element

Das *menu*-Element besitzt die folgenden Attribute:

description, enabled, getTitle, id, idMso, idQ, image, imageMso, insertAfterMso, insertAfterQ, insertBeforeMso, insertBeforeQ, itemSize, keytip, label, screentip, showImage, showLabel, size, supertip, tag, title, visible

Das *menu*-Element besitzt die folgenden Callback-Attribute:

Attribut	VBA-Syntax
getImage	`Sub GetImage(control As IRibbonControl, ByRef image)`
getEnabled	`Sub GetEnabled(control As IRibbonControl, ByRef enabled)`
getVisible	`Sub GetVisible(control As IRibbonControl, ByRef visible)`
getLabel	`Sub GetLabel(control As IRibbonControl, ByRef label)`
getKeytip	`Sub GetKeytip (control As IRibbonControl, ByRef label)`
getScreentip	`Sub GetScreentip(control As IRibbonControl, ByRef screentip)`
getSupertip	`Sub GetSupertip(control As IRibbonControl, ByRef screentip)`
getDescription	`Sub GetDescription(control As IRibbonControl,` `ByRef description)`
getShowLabel	`Sub GetShowLabel (control As IRibbonControl,` `ByRef showLabel)`
getShowImage	`Sub GetShowImage (control As IRibbonControl,` `ByRef showImage)`
getSize	`Sub GetSize(control As IRibbonControl, ByRef size)`

Tabelle 4.11: Callback-Funktionen des *menu*-Elements

4.1.15 *menuSeparator*-Element

Das *menuSeparator*-Element kommt nur im *menu*-Element vor und erzeugt eine optische Trennung zwischen den Einträgen. Mit dem *title*-Attribut können Sie diesem Trenner auch einen Text als eine Art Überschrift der folgenden Menü-Einträge hinzufügen.

Detailinformationen zum menuSeparator-Element

Das *menuSeparator*-Element besitzt die folgenden Attribute:

id, idQ, insertAfterMso, insertAfterQ, insertBeforeMso, insertBeforeQ, title

Attribut	VBA-Syntax
getTitle	`Sub GetTitle (control As IRibbonControl, ByRef title)`

Tabelle 4.12: Callback-Funktionen des *menuSeparator*-Elements

4.1.16 *separator*-Element

Das *separator*-Element zwischen zwei weiteren Elementen sorgt für die Anzeige eines Trennstriches. Der folgende Codeschnipsel fügt dem Ribbon zwei Beschriftungen und einen Trennstrich hinzu:

```
<group id="grp_01" label="Beispielgruppe">
    <labelControl id="Beschriftung1" label="Beschriftung1"/>
    <separator id="Separator"/>
    <labelControl id="Beschriftung2" label="Beschriftung2"/>
</group>
```

Im Ribbon sieht dies wie folgt aus:

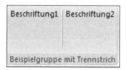

Abbildung 4.24: Beispiel für einen Trennstrich (*separator*)

Attribute des *separator*-Elements

Das *separator*-Element besitzt die folgenden Attribute:

id, idQ, insertAfterMso, insertAfterQ, insertBeforeMso, insertBeforeQ, visible

Das *separator*-Element besitzt nur ein Callback-Attribut, und zwar zum Einstellen der Sichtbarkeit. Dieses funktioniert jedoch genau wie das *visible*-Attribut nicht:

Attribut	VBA-Syntax
getVisible	Sub GetVisible(control As IRibbonControl, ByRef visible)

Tabelle 4.13: Callback-Funktionen des *separator*-Elements

4.1.17 *splitButton*-Element

Ein *splitButton*-Element ist ein kombiniertes Schaltflächen-/Menü-Steuerelement, wie es auch etwa im *Start*-Ribbon für die Auswahl der Ansicht verwendet wird.

Dabei kann man auf das Steuerelement selbst oder auf einen der Menüeinträge klicken, um eine bestimmte Aktion auszuführen.

Dementsprechend sieht das XML-Konstrukt für die Realisierung eines solchen Elements aus: Es besteht aus einem *splitButton*-Element, das ein *button*- oder *toggleButton*-Element und ein *menu*-Element umschließt. Der XML-Code aus dem folgenden Listing veranschaulicht die für das *splitButton*-Element notwendigen Elemente:

```
<customUI xmlns="http://schemas.microsoft.com/office/2006/01/customui">
    <ribbon>
        <tabs>
```

```
<tab id="tab01" label="Meine Tab" insertBeforeMso="TabHome">
  <group id="grp01" label="SplitButton">
    <!--SplitButton einfügen-->
    <splitButton id="spb01" size="large">
      <!--oberste Schaltfläche des SplitButton-->
      <button id="btnSplit"
              image="flag_germany"/>
      <!--Menü mit Schaltflächen des SplitButton-->
      <menu id="mnu01">
        <button id="btn01" label="Deutschland" image="flag_germany"/>
        <button id="btn02" label="Österreich" image="flag_austria"/>
        <button id="btn03" label="Schweiz" image="flag_switzerland"/>
      </menu>
    </splitButton>
  </group>
</tab>
</tabs>
</ribbon>
</customUI>
```

Listing 4.5: Dieses XML-Dokument erzeugt das *splitButton*-Element aus der folgenden Abbildung (*Splitbuttons (splitButton).pptx*).

Abbildung 4.25: Das *splitButton*-Steuerelement zeigt ständig eine Schaltfläche und bietet andere zur Auswahl an.

Attribute des *splitButton*-Elements

Das *splitButton*-Element besitzt die folgenden Attribute:

enabled, id, idMso, idQ, image, imageMso, insertAfterMso, insertAfterQ, insertBeforeMso, insertBeforeQ, keytip, label, screentip, showImage, showLabel, size, supertip, tag, visible

Das *splitButton*-Element besitzt die folgenden Callback-Attribute:

Attribut	VBA-Syntax
getImage	`Sub GetImage(control As IRibbonControl, ByRef image)`
getEnabled	`Sub GetEnabled(control As IRibbonControl, ByRef enabled)`
getVisible	`Sub GetVisible(control As IRibbonControl, ByRef visible)`
getLabel	`Sub GetLabel(control As IRibbonControl, ByRef label)`
getKeytip	`Sub GetKeytip (control As IRibbonControl, ByRef label)`
getScreentip	`Sub GetScreentip(control As IRibbonControl, ByRef screentip)`
getSupertip	`Sub GetSupertip(control As IRibbonControl, ByRef screentip)`
getShowLabel	`Sub GetShowLabel(control As IRibbonControl, ByRef showLabel)`
getShowImage	`Sub GetShowImage(control As IRibbonControl, ByRef showImage)`
getSize	`Sub GetSize(control As IRibbonControl, ByRef size)`

Tabelle 4.14: Callback-Funktionen des *splitButton*-Elements

4.1.18 *toggleButton*-Element

Das *toggleButton*-Element entspricht einer Umschaltfläche und bildet, wenn man ein Beispiel aus dem richtigen Leben sucht, etwa einen Lichtschalter ab, der die zwei Zustände *Gedrückt* und *Nicht gedrückt* zur Wahl stellt. Das Ribbon stellt das *toggleButton*-Element im nicht gedrückten Zustand wie eine normale Schaltfläche und im gedrückten Zustand in oranger Farbe dar. Damit es die Farbe wechselt, brauchen Sie überhaupt nichts zu tun – außer das Steuerelement anzuklicken (das macht Spaß – probieren Sie es einmal aus!). Wenn Sie das *toggleButton*-Element ernsthaft einsetzen möchten, können Sie eine ganze Menge mehr damit anstellen, müssen aber auch einen nicht unwesentlichen Aufwand betreiben.

Ein Beispiel: Der Klick auf das *toggleButton*-Element soll nicht nur den eingebauten Effekt liefern, sondern auch noch die Beschriftung des Steuerelements ändern. Um dies zu erreichen, brauchen Sie Folgendes:

▹ Ein *onLoad*-Callback-Attribut samt entsprechender Callback-Funktion, das einen Verweis auf das Ribbon in einer Objektvariablen speichert und es damit für die *Invalidate-* beziehungsweise *InvalidateControl*-Methoden zugänglich macht.

▹ Eine *onAction*-Callback-Funktion für das *toggleButton*-Steuerelement, die den Status des Steuerelements in einer Variablen speichert und dieses per *InvalidateControl* aktualisiert.

▹ Zwei Variablen, die den Verweis auf das Ribbon sowie den Zustand des *toggleButtons* speichern.

▶ Eine *Get...*-Callback-Funktion für das *toggleButton*-Steuerelement, das durch die Methode *InvalidateControl* ausgelöst wird und Eigenschaften des Steuerelements wie etwa die Bezeichnung abhängig vom Zustand anpasst.

Sie sehen: Die Handhabung von *toggleButton*-Elementen ist schon dann kompliziert, wenn man einfach nur seine Optik in Abhängigkeit vom Zustand anpassen möchte. Schauen wir uns doch an, wie das genau geht.

Zunächst die Ribbon-Definition:

```
<customUI xmlns="http://schemas.microsoft.com/office/2006/01/customui"
         onLoad="onLoad">
  <ribbon>
    <tabs>
      <tab id="tab1" label="toggleButton-Beispiele">
        <group id="grp1" label="Label beim Klicken anpassen">
          <toggleButton id="tgl1" getLabel="getLabelTgl"
                        onAction="onActionTgl"/>
        </group>
      </tab>
    </tabs>
  </ribbon>
</customUI>
```

Hier wird direkt beim Einlesen die Callback-Funktion *onLoad* aufgerufen, die den Verweis auf das Ribbon speichern soll. Die notwendige Variable sowie die Callback-Funktion sehen so aus:

```
Dim objRibbon As IRibbonUI
Sub onLoad(ribbon As IRibbonUI)
    Set objRibbon = ribbon
End Sub
```

Das Anlegen des Ribbons löst auch gleich die *getLabel*-Callback-Funktion aus, die so aussieht:

```
Sub getLabelTgl(control As IRibbonControl, ByRef label)
    If bolToggleButton = True Then
        label = "Gedrückt"
    Else
        label = "Nicht gedrückt"
    End If
End Sub
```

Da die wie folgt deklarierte *Boolean*-Variable noch nicht eingestellt wurde und standardmäßig den Wert *False* enthält, bekommt die *toggleButton*-Schaltfläche zunächst die Beschriftung *Nicht gedrückt*:

```
Dim bolToggleButton As Boolean
```

Das ändert sich erst, wenn der Benutzer erstmalig auf die Schaltfläche klickt.

Dies löst dann zuerst die *onAction*-Callback-Funktion aus:

```
Sub onActionTgl(control As IRibbonControl, pressed As Boolean)
    bolToggleButton = pressed
    objRibbon.InvalidateControl "tgl1"
End Sub
```

Deren *pressed*-Parameter liefert den Wert *True*, wenn die Umschaltfläche aktuell gedrückt ist, sonst den Wert *False*.

Die Callback-Funktion speichert diesen Wert in *bolToggleButton* und löst dann über die *InvalidateControl*-Methode die *getLabel*-Callback-Funktion der Umschaltfläche erneut aus, woraufhin diese die Beschriftung auf *Gedrückt* ändert.

Damit wissen Sie prinzipiell alles, was Sie über das *toggleButton*-Element wissen müssen.

Davon ableiten können Sie nun:

▷ Das Einstellen weiterer Eigenschaften in Abhängigkeit vom *Gedrückt*-Zustand des *toggleButton*-Elements: Dazu brauchen Sie nur die gewünschten *Get...*-Callback-Funktionen samt Attribut anzulegen.

▷ Das Ausführen von Funktionen in Abhängigkeit vom *Gedrückt*-Zustand des *toggleButton*-Elements: Das ist ebenfalls kein Problem. Fragen Sie einfach innerhalb der Zielfunktion den Wert der *Boolean*-Variablen ab, die den Zustand speichert, und rufen Sie diese in der *onAction*-Callback-Funktion der Umschaltfläche auf.

Ein Beispiel für den Einsatz einer Umschaltfläche liefert Kapitel 9, »Custom Task Panes«. Dort ist das *toggleButton*-Element essenziell: Es blendet nämlich die benutzerdefinierten Aufgabenbereiche ein und aus.

Attribute des *toggleButton*-Elements

Das *toggleButton*-Element besitzt die folgenden Attribute:

description, enabled, id, idMso, idQ, image, imageMso, insertAfterMso, insertAfterQ, insertBeforeMso, insertBeforeQ, keytip, label, screentip, showImage, showLabel, size, supertip, tag, visible

Das *toggleButton*-Element besitzt die folgenden Callback-Attribute:

Attribut	VBA-Syntax
getImage	`Sub GetImage(control As IRibbonControl, ByRef image)`
getEnabled	`Sub GetEnabled(control As IRibbonControl, ByRef enabled)`
getVisible	`Sub GetVisible(control As IRibbonControl, ByRef visible)`
getLabel	`Sub GetLabel(control As IRibbonControl, ByRef label)`
getKeytip	`Sub GetKeytip (control As IRibbonControl, ByRef label)`
getScreentip	`Sub GetScreentip(control As IRibbonControl,` `ByRef screentip)`
getSupertip	`Sub GetSupertip(control As IRibbonControl, ByRef screentip)`
getDescription	`Sub GetDescription(control As IRibbonControl,` `ByRef description)`
getShowLabel	`Sub GetShowLabel (control As IRibbonControl, ByRef showLabel)`
getShowImage	`Sub GetShowImage (control As IRibbonControl, ByRef showImage)`
onAction	`Sub OnAction(control As IRibbonControl, pressed As Boolean)`

	Im *command*-Element:
	`Sub OnAction(control As IRibbonControl, pressed As Boolean,`
	`byRef cancelDefault)`

getSize	`Sub GetSize(control As IRibbonControl, ByRef size)`
getPressed	`Sub GetPressed(control As IRibbonControl, ByRef returnValue)`

Tabelle 4.15: Callback-Funktionen des *toggleButton*-Elements

4.2 Attribute

Das eine oder andere Attribut haben wir in den folgenden Abschnitten, die ausschließlich die Steuerelemente vorstellen und ihre Funktion beschreiben, nicht im Detail erläutert. Das liegt daran, dass diese Attribute wegen ihrer Wichtigkeit an einer zentralen Stelle untergebracht werden – nämlich in den folgenden Abschnitten.

4.2.1 *boxStyle*-Attribut

Das *boxStyle*-Attribut kann die Werte *horizontal* und *vertical* annehmen und legt die Anordnung der Steuerelemente in einem *box*-Element fest.

4.2.2 *columns*-Attribut

Das *columns*-Attribut legt die Anzahl der Spalten in einem *gallery*-Element fest. Für Informationen zu den Beschränkungen siehe Abschnitt 4.1.11, »*gallery*-Element«.

4.2.3 *description*-Attribut

Das *description*-Attribut betrifft alle Objekte, die man unterhalb eines *menu*-Elements anlegen kann, und legt den neben dem *label* zusätzlich erscheinenden Beschreibungstext fest. Siehe auch Abschnitt 4.2.34, »Informationen zu Text-Attributen«.

Betrifft folgende Elemente: *button, checkBox, control, dynamicMenu, gallery, menu, toggleButton*

4.2.4 *enabled*-Attribut

Mit dem *enabled*-Attribut legen Sie fest, ob der Benutzer ein Element betätigen kann oder nicht.

Betrifft folgende Elemente: *button, checkBox, comboBox, command, control, dropDown, dynamicMenu, editBox, gallery, labelControl, menu, splitButton, toggleButton*

4.2.5 *id*-Attribut

Das *id*-Attribut ist eine von drei eindeutigen Kennzeichnungsmöglichkeiten für Ribbon-Elemente. Es muss mit einem Buchstaben oder einem Unterstrich (_) beginnen und darf nicht gleichzeitig mit dem *idQ*- oder dem *idMso*-Attribut verwendet werden.

Der Wert des Attributs *id* kann bis zu 1.024 Zeichen lang sein.

Betrifft folgende Elemente: *box, button, buttonGroup, checkBox, comboBox, control, dropDown, dynamicMenu, editBox, gallery, group, item, labelControl, menu, menuSeparator, separator, splitButton, tab, toggleButton*

4.2.6 *idMso*-Attribut

Das *idMso*-Attribut ist eines von drei eindeutigen Kennzeichnungsmöglichkeiten für Ribbon-Elemente. *idMso* entspricht der Bezeichnung eines der eingebauten Elemente. Wie Sie die *idMso* der vorhandenen Elemente ermitteln, erfahren Sie zu Beginn von Kapitel 2, »Ribbons anpassen«. Das Attribut darf nicht zusammen mit *id* und *idQ* verwendet werden.

Betrifft folgende Elemente: *button, checkBox, comboBox, command, control, dropDown, dynamicMenu, editBox, gallery, group, labelControl, menu, splitButton, tab, tabSet, toggleButton*

4.2.7 *idQ*-Attribut

Das *idQ*-Attribut ist eines von drei eindeutigen Kennzeichnungsmöglichkeiten für Ribbon-Elemente. *idQ* enthält zusätzlich zum Elementnamen noch die Angabe eines

Namespace. Weitere Informationen hierzu finden Sie in Abschnitt 7.8, »Verwendung mehrerer Ribbon-Erweiterungen«.

Das Attribut darf nicht zusammen mit *id* und *idMso* verwendet werden. Der Wert des *idQ*-Attributs kann bis zu 1.024 Zeichen lang sein.

Betrifft folgende Elemente: *box, button, buttonGroup, checkBox, comboBox, control, dropDown, dynamicMenu, editBox, gallery, group, labelControl, menu, menuSeparator, separator, splitButton, tab, toggleButton*

4.2.8 *image*-Attribut

Das *image*-Attribut enthält eine Zeichenkette, die dem jeweiligen Steuerelement innerhalb von *Office Open Document*-Dateien eine in dieser Datei gespeicherte Bilddatei gleichen Namens als Symbol zuweist.

Der Wert des *image*-Attributs kann auch durch *getImage*- oder die *loadImage*-Callback-Funktionen ausgewertet werden, um ein Bildobjekt etwa aus dem Dateisystem, aus einer Tabelle (Access) oder aus sonstigen Quellen zu beziehen und dem betroffenen Ribbon-Element zuzuweisen. Das Attribut darf nicht zusammen mit dem *imageMso*-Attribut verwendet werden.

Betrifft folgende Elemente: *button, comboBox, control, dropDown, dynamicMenu, editBox, gallery, group* (dort ohne Funktion), *item, labelControl, menu, splitButton, toggleButton*

4.2.9 *imageMso*-Attribut

Das *imageMso*-Attribut muss einen der *idMso* eines eingebauten Steuerelements entsprechenden Wert aufweisen, damit das Ribbon dem betroffenen Steuerelement das entsprechende Symbol zuweisen kann.

Das Attribut kann nicht zusammen mit dem *image*-Attribut verwendet werden.

Betrifft folgende Elemente: *button, comboBox, control, dropDown, dynamicMenu, editBox, gallery, group* (dort ohne Funktion), *item, labelControl, menu, splitButton, toggleButton*

4.2.10 *insertAfterMso*-Attribut

Das *insertAfterMso* erwartet die *idMso* eines eingebauten Elements und positioniert das Element, dem das Attribut zugeordnet ist, hinter dem Element mit der angegebenen *idMso*.

Betrifft folgende Elemente: *box, button, buttonGroup, checkBox, comboBox, control, dropDown, dynamicMenu, editBox, gallery, group, labelControl, menu, menuSeparator, separator, splitButton, tab, toggleButton*

4.2.11 *insertAfterQ*-Attribut

Wirkt wie *insertAfterMso*, bezieht sich allerdings auf Elemente, die mit einer *idQ* eindeutig gekennzeichnet wurden.

Betrifft folgende Elemente: siehe *insertAfterMso*

4.2.12 *insertBeforeMso*-Attribut

Wirkt wie *insertAfterMso*, nur dass das mit diesem Attribut ausgezeichnete Element vor dem angegebenen Element einsortiert wird.

Betrifft folgende Elemente: siehe *insertAfterMso*

4.2.13 *insertBeforeQ*-Attribut

Wirkt wie *insertAfterQ*, nur dass das mit diesem Attribut ausgezeichnete Element vor dem angegebenen Element einsortiert wird.

Betrifft folgende Elemente: siehe *insertAfterMso*

4.2.14 *invalidateContentOnDrop*-Attribut

Das Attribut *invalidateContentOnDrop* kann die Werte *true* und *false* sowie *1* und *0* annehmen.

Es sorgt dafür, dass die Elemente *comboBox*, *dynamicMenu* und *gallery* vor dem Aufklappen aktualisiert werden.

4.2.15 *itemHeight*-Attribut

Das Attribut *itemHeight* legt die Höhe von Bildern der Einträge von *gallery*-Elementen fest. Wertebereich: 1 bis 4.096.

4.2.16 *itemSize*-Attribut

Das *itemSize*-Attribut legt die Größe von Einträgen des *menu*-Elements fest. Mögliche Werte: *true, false, 1* und *0*.

4.2.17 *itemWidth*-Attribut

Das Attribut *itemWidth* legt die Breite von Bildern der Einträge von *gallery*-Elementen fest.

Der Wertebereich des Attributs liegt zwischen 1 und 4.096.

4.2.18 *keytip*-Attribut

Das Attribut *keytip* legt die Tastenkombination eines Ribbon-Elements fest. Es besteht aus einer Kombination von bis zu drei Buchstaben oder Zahlen. Wenn Sie keinen Wert für das Attribut *keytip* angeben, verwendet Office vorgegebene Werte wie *Y* für ein benutzerdefiniertes Ribbon und *Y1*, *Y2* ... für die darin enthaltenen Steuerelemente.

Siehe auch Abschnitt 4.2.34, »Informationen zu Text-Attributen«.

Betrifft folgende Elemente: *button, checkBox, comboBox, control, dropDown, dynamicMenu, editBox, gallery, group, labelControl, menu, splitButton, tab, toggleButton*

4.2.19 *label*-Attribut

Das *label*-Attribut legt die Beschriftung von Ribbon-Elementen fest.

Siehe auch Abschnitt 4.2.34, »Informationen zu Text-Attributen«.

Betrifft folgende Elemente: *button, checkBox, comboBox, control, dropDown, dynamicMenu, editBox, gallery, group, item, labelControl, menu, splitButton, tab, toggleButton*

4.2.20 *maxLength*-Attribut

Das Attribut *maxLength* legt fest, wie viele Zeichen ein *comboBox*- oder *editBox*-Element maximal enthalten darf. Der Wertebereich liegt zwischen 1 und 1.024.

4.2.21 *rows*-Attribut

Das *rows*-Attribut legt die Anzahl der Zeilen in einem *gallery*-Element fest. Für Informationen zu den Beschränkungen siehe Abschnitt 4.1.11, »*gallery*-Element«.

4.2.22 *screentip*-Attribut

Das *screentip*-Attribut legt die Überschrift des Hilfetextes fest, der beim Überfahren eines Ribbon-Elements mit der Maus angezeigt wird. Siehe auch Abschnitt 4.2.34, »Informationen zu Text-Attributen«.

Betrifft folgende Elemente: *button, checkBox, comboBox, control, dropDown, dynamicMenu, editBox, gallery, group, item, labelControl, menu, splitButton, toggleButton*

4.2.23 *showImage*-Attribut

Das *showImage*-Attribut legt fest, ob ein Symbol mit dem angegebenen Element angezeigt werden soll, und kann die Werte *true, false, 0* und *1* annehmen.

Betrifft folgende Elemente: *button, comboBox, control, dropDown, dynamicMenu, editBox, gallery, labelControl, menu, splitButton, toggleButton*

4.2.24 *showItemImage*-Attribut

Das *showItemImage*-Attribut legt fest, ob für die Einträge eines *comboBox-, dropDown-* oder *gallery*-Elements Symbole angezeigt werden sollen.

Das Attribut kann die Werte *true, false, 0* oder *1* annehmen.

4.2.25 *showItemLabel*-Attribut

Das *showItemLabel*-Attribut legt fest, ob für die Einträge eines *dropDown-* oder *gallery*-Elements Beschriftungen angezeigt werden sollen.

Das Attribut kann die Werte *true, false, 0* oder *1* annehmen.

4.2.26 *showLabel*-Attribut

Das *showLabel*-Attribut legt fest, ob für ein Steuerelement eine Bezeichnung angezeigt werden soll.

Das Attribut kann die Werte *true, false, 0* oder *1* annehmen.

Betrifft folgende Elemente: *button, comboBox, control, dropDown, dynamicMenu, editBox, gallery, labelControl, menu, splitButton, toggleButton*

4.2.27 *size*-Attribut

Das *size*-Attribut legt die Größe für die Anzeige von Ribbon-Elementen fest und kann die Werte *normal* (Standard) oder *large* annehmen.

Betrifft folgende Elemente: *button, control, dynamicMenu, gallery, menu, splitButton, toggleButton*

4.2.28 *sizeString*-Attribut

Das *sizeString*-Attribut legt die Breite der Elemente eines *comboBox-, dropDown-* oder *editBox*-Elements fest.

Dies geschieht jedoch auf ungewöhnliche Weise: Sie geben dort keinen numerischen Wert an, sondern eine konkrete Zeichenfolge, mit deren Hilfe auf Basis der im Ribbon verwendeten Schriftart die nötige Breite ermittelt wird.

Siehe auch Abschnitt 4.2.34, »Informationen zu Text-Attributen«.

4.2.29 *startFromScratch*-Attribut

Das *startFromScratch*-Attribut legt für das *ribbon*-Element fest, ob die eingebauten Elemente der Ribbon-Leiste ausgeblendet sowie einige weitere Änderungen vorgenommen werden sollen, und kann die Werte *true, false, 0* oder *1* annehmen.

4.2.30 *supertip*-Attribut

Das *supertip*-Attribut legt den Text unterhalb der Überschrift des Hilfetextes fest, der beim Überfahren eines Ribbon-Elements mit der Maus angezeigt wird. Siehe auch Abschnitt 4.2.34, »Informationen zu Text-Attributen«.

Betrifft folgende Elemente: *button, checkBox, comboBox, control, dropDown, dynamicMenu, editBox, gallery, group, item, labelControl, menu, splitButton, toggleButton*

4.2.31 *tag*-Attribut

Das *tag*-Attribut kann einen bis zu 1.024 Zeichen langen Ausdruck enthalten, der beim Ausführen von Callback-Funktionen mit der Eigenschaft *tag* des *control*-Parameters übergeben wird. Sie können hier nach Wunsch spezielle Informationen festlegen. Siehe auch Abschnitt 4.2.34, »Informationen zu Text-Attributen«.

Betrifft folgende Elemente: *button, checkBox, comboBox, control, dropDown, dynamicMenu, editBox, gallery, group, labelControl, menu, splitButton, tab, toggleButton*

4.2.32 *title*-Attribut

Das *title*-Attribut legt die Beschriftung von Trennstrichen zwischen den Einträgen eines *menuSeparator*-Elements fest. Siehe auch Abschnitt 4.2.34, »Informationen zu Text-Attributen«.

4.2.33 *visible*-Attribut

Das *visible*-Attribut legt fest, ob ein Ribbon-Element sichtbar ist, und kann die Werte *true, false, 0* und *1* annehmen.

Betrifft folgende Elemente: *box, button, buttonGroup, checkBox, comboBox, control, dropDown, dynamicMenu, editBox, gallery, group, labelControl, menu, separator, splitButton, tab, tabSet, toggleButton*

4.2.34 Informationen zu Text-Attributen

Wenn Sie Attributen wie *label, description, screenTip* oder *superTip* Werte mit Sonderzeichen hinzufügen möchten, müssen Sie die in XML-Dokumenten übliche Schreibweise verwenden. Dazu suchen Sie den ASCII-Wert des Sonderzeichens heraus und verpacken diesen – etwa für einen Zeilenumbruch (ASCII-Wert 13) – wie folgt (das Sonderzeichen ist fett hervorgehoben):

```
supertip="Das ist ein&#13;Text mit einem Zeilenumbruch"
```

Falls Sie einmal einen Teil des auszugebenden Textes in Anführungszeichen setzen möchten, verwenden Sie keine doppelten Anführungszeichen wie in VBA-Zeichenketten, sondern die Zeichenfolge ". Das kaufmännische Und-Zeichen (&) stellen Sie mit der Zeichenfolge & dar.

Im Direktfenster der Office-Anwendungen können Sie die *Asc*-Funktion verwenden, um den ASCII-Code für weitere Zeichen zu ermitteln. Dafür setzen Sie dort eine Anweisung wie die folgende ab:

```
Debug.Print Asc("ä")
```

Wenn Sie einem Attribut einen Wert über ein *Get*...-Attribut zuweisen möchten, brauchen Sie sich um die Sonderzeichen nicht zu kümmern: Geben Sie den Text in der Zuweisung des Rückgabeparameters der Callback-Funktion einfach so ein, wie Sie ihn brauchen.

Elemente und Attribute

Eine Übersicht der Kombinationen aus Elementen und Attributen finden Sie in der Datei *Control-Properties.xlsx* im Verzeichnis *Kap_Elements* des Downloads zu diesem Buch sowie im Anhang.

5 Bilder im Ribbon

Nach dem Motto »Ein Bild sagt mehr als tausend Worte« erfahren Sie in diesem Kapitel, wie Sie Steuerelemente im Ribbon mithilfe von Bildern individuell gestalten können. Die Befehle und Funktionen sind durch eine visuelle Zuordnung für den Benutzer einfacher zu finden und erleichtern somit die tägliche Arbeit mit den Office-Programmen. In der Ribbon-Programmierung gibt es mehrere Methoden, um eigene, im XML-Code definierte Steuerelemente mit Symbolen auszustatten. Sie können sich entweder bei den in Office integrierten Symbolen bedienen oder eigene Bilder in Ihren Steuerelementen anzeigen. Benutzerdefinierte Bilddateien lassen sich wahlweise mit der Datei speichern oder können zur Laufzeit aus einem Ordner der Festplatte in das Ribbon geladen werden.

In den folgenden Abschnitten erfahren Sie, wie Sie Bilder mit dem *Custom UI Editor* in *Open Office XML*-Dateien speichern und verwenden, wie Sie mit einer alternativen Speichermethode Bilder zur Laufzeit austauschen und welche Möglichkeiten Access in diesem Zusammenhang bietet.

5.1 Bilder in *Office Open XML*-Dateien

In *Open Office XML*-Dateien können Sie auf Bilder zugreifen, die direkt im Dokument, oder auf solche, die im Dateisystem gespeichert sind. Die folgenden Abschnitte zeigen bekannte, aber auch neue Techniken.

5.1.1 Verwendung integrierter Symbole

Integrierte Steuerelemente können einerseits als vollständige Befehle einschließlich ihrer Funktionalitäten und der zugewiesenen Symbole eingefügt werden. Die Symbole selbst stehen aber auch für benutzerdefinierte Steuerelemente zur Verfügung.

Integrierte Symbole definieren Sie im jeweiligen Element-Tag mit dem Attribut *image-Mso*. Zusätzlich können Sie über das *size*-Attribut die anzuzeigende Größe angeben. Hier stehen die Werte *normal* (Standard) oder *large* zur Verfügung:

```
<button id="myButton" label="My save" imageMso="FileSave" size="large"/>
```

Abbildung 5.1: Ein integriertes Symbol auf einer eigenen Schaltfläche einfügen

Die größte Hürde beim Hinzufügen eines bereits in einem der Ribbon-Steuerelemente vorhandenen Bildes ist, den Namen der jeweiligen *imageMso* herauszufinden. Aber keine Sorge, Microsoft hat eigens dafür eine Excel-Arbeitsmappe mit allen zur Verfügung stehenden eingebauten Symbolen bereitgestellt.

Die Datei *Office2007IconsGallery.xlsm* können Sie als ausführbare *.exe*-Datei unter *http://www.microsoft.com/downloads/details.aspx?familyid=12b99325-93e8-4ed4-8385-74d0f 7661318* herunterladen.

Die *Office2007IconsGallery.xlsm* führt im Register *Entwicklertools* eine Gruppe mit sieben Galerien auf, die alle eingebauten Office-Symbole beinhalten.

Die *imageMso* eines Symbols wird in einem Hilfetext angezeigt, wenn Sie den Mauszeiger auf ein Symbol halten.

Nach einem Klick auf ein Symbol erscheint dieses Symbol noch einmal mit seiner *image-Mso* in einem Meldungsfenster.

Entwicklertools in Word, Excel und PowerPoint

Die oben erwähnte Registerkarte *Entwicklertools* blenden Sie in den Optionen von Word, Excel und PowerPoint über die Eigenschaft *Entwicklerregisterkarte in der Multifunktionsleiste anzeigen* ein. Diese Option befindet sich im Bereich *Häufig verwendet*.

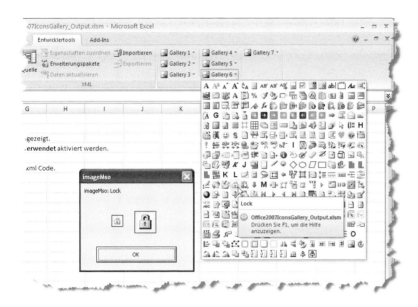

Abbildung 5.2: Die eindeutigen Bezeichnungen aller eingebauten Symbole liefert die *Office-2007IconsGallery.*

Da die *imageMsos* teilweise sehr lange Bezeichnungen haben, ist es eher mühselig, diese von Hand abzuschreiben. Den von Microsoft entwickelten VBA-Code haben wir deshalb etwas erweitert. Bei Bedarf wird die XML-Syntax etwa für einen *button* mitsamt der *imageMso* des ausgewählten Symbols in eine Zelle im Tabellenblatt geschrieben und kann von dort kopiert und in das XML-Dokument eingefügt werden.

Beispieldateien

Die Beispieldateien zu diesem Kapitel erhalten Sie im Download im Verzeichnis *Kap_Images*. Dort finden Sie auch die erweiterte Fassung der *imageMso*-Sammlung, und zwar unter dem Dateinamen *Kap_Images\Office2007IconsGallery_Output.xlsm.*

Dynamisches Hinzufügen von integrierten Symbolen per *getImage*

Bei Verwendung des *imageMso*-Attributs in der XML-Definition wird einmalig beim Öffnen der Datei das angegebene integrierte Office-Symbol fest einem Steuerelement zugeordnet.

Um das Symbol eines Controls jedoch zur Laufzeit zu wechseln oder, anders ausgedrückt, »dynamisch« zu gestalten, verwenden Sie das *getImage*-Attribut. Im ersten Moment werden Sie sich vermutlich über die Attributbezeichnung wundern, weil hier die *Mso*-Bezeichnung fehlt, die eigentlich ein Indiz für integrierte Controls und ihre Eigenschaften ist. Das *getImage*-Attribut kann Steuerelementen jedoch sowohl integrierte Office-Icons also auch benutzerdefinierte Bilddateien zuweisen.

Hinweis

Mit der Funktion *GetImageMso* des *Commandbars*-Objektmodells können Sie Objekte des Typs *IPictureDisp* (Bibliothek *OLE Automation*) mit integrierten Symbolen füllen und diese weiterverwenden. Weitere Informationen hierzu finden Sie in 4.8.2, »Ribbon-Bilder einlesen«.

Im folgenden Beispiel wird auf einer benutzerdefinierten Gruppe eines neuen Tabs eine Umschaltfläche (*toggleButton*) erstellt. Bei jedem Klick auf die Umschaltfläche wechselt das Symbol zwischen einem Frage- und Ausrufezeichen, beide Icons sind Bestandteil der Office-Gallery. Gleichzeitig sorgt das *getLabel*-Attribut dafür, dass die Beschriftung des *toggleButtons* je nach Aktivierungsstatus entsprechend angepasst wird.

Abbildung 5.3: Deaktivierte und aktivierte Umschaltflächen mit wechselndem Icon und Beschriftungstext

Um die XML-Definition dynamisch zu gestalten, muss im *customUI*-Element das *onLoad*-Attribut mit einer Callback-Funktion angegeben werden. Die den *getImage*- und *getLabel*-Attributen zugewiesenen Callback-Funktionen liefern bei jedem Neuaufruf der XML-Definition das entsprechende Bild und den Beschriftungstext.

```
<customUI xmlns="http://schemas.microsoft.com/office/2006/01/customui"
          onLoad="r_onLoad">
  <ribbon startFromScratch="false">
    <tabs>
      <tab id="tab01" label="Mein Tab" insertBeforeMso="TabHome">
        <group id="grp01" label="Gruppe mit Umschaltfläche">
          <toggleButton id="tgl01" size="large"
                        getImage="tgl01_getImage"
                        getLabel="tgl01_getLabel"
                        onAction="tgl01_onAction" />
        </group>
```

```
        </tab>
      </tabs>
    </ribbon>
  </customUI>
```

Listing 5.6: XML-Definition zur dynamischen Anzeige von Icons und Beschriftungstexten (*get-Image_OfficeGallery.xlsm*)

Diese XML-Definition können Sie in Word-, Excel- oder PowerPoint-Dateien verwenden. Um die Funktionalität zu gewährleisten, fügen Sie dem VBA-Projekt der Office-Datei folgende Deklarationen und Callback-Funktionen hinzu (siehe Beispieldatei *get-Image_OfficeGallery.xlsm*):

```
Dim objRibbon As IRibbonUI
Dim blnPressed As Boolean

'Callback for customUI.onLoad
Public Sub r_onLoad(ribbon As IRibbonUI)
    Set objRibbon = ribbon
End Sub

'Callback for tgl01 getImage
Public Sub tgl01_getImage(control As IRibbonControl, ByRef returnedVal)
    returnedVal = IIf(blnPressed = True, "HighImportance", _
        "TentativeAcceptInvitation")
End Sub

'Callback for tgl01 getLabel
Public Sub tgl01_getLabel(control As IRibbonControl, ByRef returnedVal)
    returnedVal = IIf(blnPressed = True, "Achtung", "Frage")
End Sub

'Callback for tgl01 onAction
Public Sub tgl01_onAction(control As IRibbonControl, pressed As Boolean)
    blnPressed = pressed
    objRibbon.InvalidateControl "tgl01"
End Sub
```

5.1.2 Hinzufügen benutzerdefinierter Symbole

Benutzerdefinierte Symbole können Sie in Form von Bilddateien in folgendem Format einfügen:

- PNG (*.png*)

- BMP (*.bmp*)

- TIF (*.tif*)

- GIF (*.gif*)

- JPG (*.jpg*)

- ICO (*.ico*)

Bei Verwendung von benutzerdefinierten Bilddateien dürfen die Dateinamen keine Umlaute (*ä, ü, ö*) oder Leerzeichen enthalten. Beim Öffnen einer Datei mit einem regelwidrigen Dateinamen in Word, Excel oder PowerPoint erscheint sofort eine Fehlermeldung und die geänderte Ribbon-Benutzeroberfläche wird gar nicht oder fehlerhaft angezeigt.

Hinzufügen benutzerdefinierter Bilddateien per *loadImage*

Zum Einfügen benutzerdefinierter Bilddateien aus dem Dateisystem sind zwei Anpassungen am XML-Dokument und zusätzlicher VBA-Code notwendig. Fügen Sie zunächst den Steuerelementen, die mit einem Symbol ausgestattet werden sollen, das Attribut *image* hinzu und versehen Sie diese mit dem Namen der zu verwendenden Bilddateien (Sie könnten auch den Pfad angeben; dies erledigt jedoch besser die Callback-Funktion – warum, lesen Sie weiter unten). Für eine Schaltfläche lautet die entsprechende Syntax beispielsweise:

```
<button id="btn" label="Beispielschaltfläche"
        image="MeinBild.png" />
```

Die zweite Anpassung betrifft das *customUI*-Element. Dieses verfügt über das *loadImage*-Attribut, das es ermöglicht, Bilder aus dem Dateisystem als Images in Steuerelemente einzufügen.

Weisen Sie dem *loadImage*-Attribut eine Callback-Funktion zu, die automatisch nach dem Öffnen der Office-Datei aufgerufen wird.

```
<customUI xmlns="http://schemas.microsoft.com/office/2006/01/customui"
        loadImage="LoadImage">
```

Die Callback-Funktion *LoadImage* wird beim Initialisieren des Ribbons für jedes Steuerelement, das ein *image*-Attribut aufweist, separat aufgerufen. Der Parameter *imageID* übergibt dabei den Namen der angeforderten Bilddatei an die Funktion. In diesem Beispiel werden lediglich die Bildnamen im XML-Dokument angegeben. Da die Bilder im gleichen Ordner wie die Excel-Arbeitsmappe gespeichert sind, wird der genaue Speicherpfad mit Angabe der Bildatei in VBA zusammengesetzt:

```
Public Sub LoadImage(imageID As String, ByRef image)
    Set image = LoadPicturePlus(ThisWorkbook.Path & _
        Application.PathSeparator & imageID)
End Sub
```

Listing 5.7: Die Callback-Funktion liefert für jedes angegebene *image*-Attribut einen Bildverweis.

API-Funktionen aus der OGL-Bibliothek für *Office Open XML*-Dokumente

Die in der Funktion *LoadPicturePlus* verwendeten API-Funktionen findet man in verschiedenen DLLs, zum Beispiel in *GDIPlus.dll* oder *ogl.dll*. Wir verwenden für die Funktionen aus dem Modul *mdlOGL2007* die in der DLL *ogl.dll* vorhandenen API-Funktionen. Die *ogl.dll* wird mit Office 2007 ins System gebracht und ist funktionsidentisch mit der *gdiplus.dll* von Vista.

Im Funktionsverlauf lädt eine API-Funktion die angeforderte Bilddatei in den Speicher. Der entstandene Bildverweis (*StdPicture*-Objekt) wird an den *image*-Parameter übergeben, der dafür zuständig ist, einen Rückgabewert an das XML-Dokument zu liefern.

Nachfolgend finden Sie die vollständige XML-Definition der Beispieldatei, die auf einer eigenen Registerkarte ein *dropDown*-Steuerelement mit verschiedenen benutzerdefinierten Bilddateien einfügt:

```
<customUI xmlns="http://schemas.microsoft.com/office/2006/01/customui"
        loadImage="r_loadImage">
  <ribbon>
    <tabs>
      <tab id="tab01" label="Meine Tab" insertBeforeMso="TabHome">
        <group id="grp01"
          label="Gruppe mit Bilder von Festplatte">
          <!--DropDown einfügen-->
          <dropDown id="drp01" label="Obstsorten"
                  onAction="drp01_onAction"
                  screentip="Fügt das Bild des ausgewählten Eintrages in
                        das Tabellenblatt ein">
              <!-- Einträge im DropDown mit Bildern von Festplatte -->
              <item id="i1" label="Apfel" image="apple.png" />
              <item id="i2" label="Banane" image="banana.png" />
              <item id="i3" label="Weintraube" image="grape.png" />
              <item id="i4" label="Orange" image="orange.png" />
              <item id="i5" label="Papaya" image="papaya.png" />
              <item id="i6" label="Ananas" image="pineapple.png" />
```

```
                    <item id="i7" label="Erdbeere" image="strawberry.png" />
                    <item id="i8" label="Wassermelone" image="watermelon.png" />
                </dropDown>
            </group>
        </tab>
    </tabs>
  </ribbon>
</customUI>
```

Listing 5.8: Diese XML-Definition erstellt ein *dropDown*-Element mit benutzerdefinierten Bilddateien (*LoadImage.xlsm*).

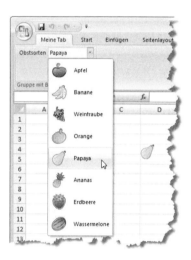

Abbildung 5.4: Benutzerdefiniertes *dropDown*-Element mit Icons von der Festplatte

Ein Klick auf einen Eintrag im *dropDown*-Steuerelement ruft die im XML-Dokument definierte Callback-Funktion *drp01_onAction* auf. Der *index*-Parameter liefert beim Aufruf die Position des angeklickten Eintrags. Weil der *index*-Parameter, ebenso wie das im VBA-Code angegebene Array mit den Bildnamen *0*-basierend ist, fällt es nicht schwer, mit der *Insert*-Methode des *Pictures*-Objektes das Bild des ausgewählten Eintrags aus dem Dateisystem in das Tabellenblatt einzufügen.

```
Public Sub drp01_onAction(control As IRibbonControl, id As String, _
        index As Integer)
    Dim varFruits As Variant
    'Namen der Bilddateien, die im DropDownfeld angezeigt werden
    varFruits = Array("apple", "banana", "grape", "orange", _
        "papaya", "pineapple", "strawberry", "watermelon")
    With ActiveSheet
```

```
'Bild von der Festplatte in das aktive Tabellenblatt einfügen
.Pictures.Insert (ThisWorkbook.Path & "\" & varFruits(index) _
    & ".png")
'Neues Bild an aktive Zelle positionieren
With .Pictures(.Pictures.Count)
    .Top = ActiveCell.Top
    .Left = ActiveCell.Left
End With
End With
End Sub
```

Listing 5.9: Diese Prozedur fügt das Bild eines ausgewählten dropdown-Elements in das Tabellenblatt ein (*LoadImage.xlsm*).

Eigene Symbole mit der Datei speichern

In Abschnitt 1.5, » Einführendes Beispiel für eine Änderung des Excel-Ribbons«, haben Sie am Beispiel des Mehrwertsteuer-Rechners erfahren, wie sich mithilfe des *Custom UI Editors* eigene Symbole von Ihrer Festplatte in einer Datei speichern lassen.

Diese vereinfachte Methode erlaubt es allerdings nur, »einmalig« beim Öffnen der Datei, die angegebenen Bilder in Steuerelementen des Ribbons anzuzeigen.

Die Bilder, die in *Office Open XML*-Dateien integriert sind, befinden sich in einem speziellen Ordner des zip-komprimierten Dateiformats. Sie können die Ordnerstruktur sowie ihre Inhalte sichtbar machen, indem Sie den Dateinamen um die Endung *.zip* erweitern.

Folgende Abbildung zeigt den *images*-Ordner der Beispieldatei mit zwei benutzerdefinierten Bilddateien:

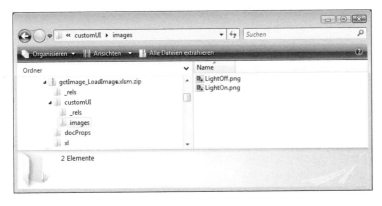

Abbildung 5.5: Ordnerstruktur mit benutzerdefinierten Bildern einer Excel-Arbeitsmappe

Über das komprimierte *Office Open XML*-Dateiformat ist es zur Laufzeit der Datei standardmäßig leider nicht möglich, auf die benutzerdefinierten Bilder zuzugreifen, um sie etwa flexibel in Steuerelementen im Ribbon anzuzeigen.

Eine einfache Lösung, dennoch Zugriff auf die Bilder in der Datei zu erhalten, besteht darin, die Datei mit VBA zu kopieren und sie anschließend in einen temporären Ordner zu entpacken. Der Zugriff auf die Bilder in der Datei erfolgt dann nicht direkt auf die eigene geöffnete Datei, sondern auf die temporär extrahierte Datei.

Zusammengefasst sind beim Datei-Öffnen folgende Schritte erforderlich, um die Datei zu kopieren und zu extrahieren. Das Prinzip ist für die drei Office-Programme Word, Excel und PowerPoint identisch:

▶ Eine Kopie der Datei im *Temp*-Ordner speichern,

▶ die kopierte Datei mit der Endung *.zip* versehen,

▶ einen Ordner im *Temp*-Pfad erstellen,

▶ die kopierte Datei im neuen Ordner extrahieren und

▶ die kopierte Datei im *Temp*-Ordner löschen.

Bedingt durch die verschiedenen Objektbibliotheken der Programme unterscheiden sich lediglich einzelne Objekte in der VBA-Programmierung. Für dieses Beispiel wurde aber ein Programmcode entwickelt, den Sie ohne Änderungen in Word, Excel oder PowerPoint verwenden können.

```
Public gvarTempFolder As Variant
Dim objFile As Object

Public Sub CopyFile()
    Dim varZipFile As Variant
    Dim strTempPath As String
    Dim strTempFile As String
    Dim strFileExt As String
    Dim strDate As String
    Dim objApp As Object

    'Je nach Office-Anwendung wird entsprechende Prozedur zur
    'Initialisierung der Objektvariablen aufgerufen
    Application.Run "Set" & Replace(Application.Name, "Microsoft ", "")

    'Pfad des temporären Ordners
    strTempPath = Environ$("temp") & "\"
    'Zeitstempel definieren
```

```
        strDate = Format(Now, "ddmmyyhmmss")
        'Neuer Dateiname mit Zeitstempel
        strTempFile = objFile.Name & " " & strDate
        'Dateiendung ermitteln
        strFileExt = "." & LCase(Right(objFile.Name, Len(objFile.Name) - _
            InStrRev(objFile.Name, ".", , 1)))
        'Speichert eine Kopie der Datei im temporären Ordner
        CreateObject ("Scripting.FileSystemObject").CopyFile _
            objFile.FullName, strTempPath & strTempFile & strFileExt
        'Dateiname mit .zip-Endung versehen
        varZipFile = strTempPath & strTempFile & ".zip"
        'Umbenennen der Datei in zip-Version
        Name strTempPath & strTempFile & strFileExt As varZipFile
        'Ordner-Namen zusammensetzen
        gvarTempFolder = strTempPath & "MyUnzipFolder" & strDate & "\"
        'Den neuen Ordner erstellen
        MkDir gvarTempFolder
        'Extrahiert die Datei im neu erstellten Ordner
        Set objApp = CreateObject("Shell.Application")
        objApp.Namespace(gvarTempFolder).CopyHere _
            objApp.Namespace(varZipFile).items
        'Die zip-Datei wieder löschen
        Kill varZipFile
End Sub


Public Sub SetWord()
    Set objFile = ActiveDocument
End Sub


Public Sub SetExcel()
    Set objFile = ActiveWorkbook
End Sub


Public Sub SetPowerpoint()
    Set objFile = ActivePresentation
End Sub
```

Listing 5.10: Prozedur zum Entpacken einer Dateikopie, um die Bilder des *customUI\images*-Ordners in der *getImage*-Callback-Funktion zu benutzen. Für den Einsatz in den verschiedenen Office-Anwendungen kommentieren Sie die zwei nicht benutzten der letzten drei hier abgebildeten Sub-Prozeduren aus.

Um das universale Beispiel zu komplettieren, verwenden Sie eine XML-Definition, die ebenfalls auf anwendungsspezifische Controls verzichtet. Folgende XML-Definition fügt auf einem neuen Tab eine Gruppe mit einer Umschaltfläche ein. Über den *Custom UI Editor* werden außerdem zwei benutzerdefinierte Bilddateien eingefügt, die je nach aktivierter oder deaktivierter Umschaltfläche als Icon auf der Umschaltfläche angezeigt werden.

```xml
<customUI xmlns="http://schemas.microsoft.com/office/2006/01/customui"
          onLoad="r_onLoad">
   <ribbon startFromScratch="false">
     <tabs>
       <tab id="tab01"
            label="Mein Tab"
            insertBeforeMso="TabHome">
         <group id="grp01"
                label="Umschaltfläche mit eigenen Icons">
           <toggleButton id="tgl01" size="large"
                         getImage="tgl01_getImage"
                         getLabel="tgl01_getLabel"
                         onAction="tgl01_onAction" />
         </group>
       </tab>
     </tabs>
   </ribbon>
</customUI>
```

Listing 5.11: Diese XML-Definition fügt in Word, Excel oder PowerPoint eine Umschaltfläche ein (siehe *getImage_LoadImage.xlsm*, **.docm*, **.pptm*).

Beim Öffnen der Office-Datei wird zunächst die *onLoad*-Callback-Funktion aufgerufen. Darin wird ein Objektverweis auf das *IRibbonUI*–Objekt gesetzt, die Datei über die *Copy-File*-Routine entpackt sowie der Aktivierungsstatus der Umschaltfläche festgelegt:

```vba
Dim objRibbon As IRibbonUI
Dim blnPressed As Boolean
Public Sub r_onLoad(ribbon As IRibbonUI)
    'Verweis auf Ribbon-Objekt setzen
    Set objRibbon = ribbon
    'Datei kopieren und entpacken
    Call CopyFile
    'Aktivierungsstatus der Umschaltfläche bei Dateiöffnung
    blnPressed = False
End Sub
```

Die *onLoad*-Prozedur setzt beim Öffnen des Dokuments die nötigen Verweise und führt vorbereitende Aktionen zur weiteren Dateiverwendung aus.

Bei jedem Klick auf den *toggleButton* wird die zugewiesene *onAction*-Prozedur aufgerufen und übergibt mit dem *pressed*-Argument den Aktivierungsstatus an eine globale boolsche Variable, die im weiteren Codeverlauf von anderen Prozeduren ausgewertet wird.

Anschließend wird die Umschaltfläche zurückgesetzt, wodurch ein erneuter Aufruf aller verwendeten *get...*-Attribute dieses Steuerelements angestoßen wird:

```
Public Sub tgl01_onAction(control As IRibbonControl, pressed As Boolean)

    'Aktivierungsstatus an Variable übertragen
    blnPressed = pressed

    'toggleButton zurücksetzen
    objRibbon.InvalidateControl ("tgl01")

End Sub
```

Beim Aufruf der *getImage*-Prozedur lädt die *LoadPicturePlus*-Funktion, die im vorherigen Abschnitt beschrieben wurde, je nach Wert des Aktivierungsstatus der Umschaltfläche die angegebene Bilddatei aus der temporär extrahierten Datei.

Der Beschriftungstext der Umschaltfläche wird anschließend in der *getLabel*-Prozedur nach dem gleichen Prinzip festgelegt.

```
Public Sub tgl01_getImage(control As IRibbonControl, ByRef image)
    Select Case control.ID
        Case "tgl01"
            Set image = LoadPicturePlus(gvarTempFolder _
                & "customUI\images\" _
                & IIf(blnPressed, "LightOn.png", "LightOff.png"))
    End Select
End Sub


Public Sub tgl01_getLabel(ByVal control As IRibbonControl, ByRef label)
    Select Case control.ID
        Case "tgl01"
            label = IIf(blnPressed, "An", "Aus")
    End Select
End Sub
```

Listing 5.12: Diese Callback-Funktionen weisen dem Ribbon-Steuerelement je nach Status der Umschaltfläche entsprechende Bilder und Bezeichnungen zu.

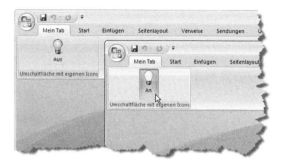

Abbildung 5.6: Umschaltflächen mit benutzerdefinierten Icons, die in der Datei gespeichert sind

Bevor die Datei wieder beendet wird, sollte der neu erstellte Ordner mit der extrahierten Dateistruktur wieder von Ihrer Festplatte gelöscht werden. Hierfür eignen sich Auto-Ereignisprozeduren, die in einem Standardmodul des VBA-Projekts gespeichert werden.

Die Prozedurnamen sind zwingend vom jeweiligen Office-Programm vorgegeben und unterscheiden sich bei Word und Excel nur durch einen Unterstrich im Prozedurnamen:

```
'Ereignisprozedur für Excel
Public Sub Auto_Close()
    If Right(gvarTempFolder, 1) = "\" Then
        gvarTempFolder = Left(gvarTempFolder, Len(gvarTempFolder) - 1)
    End If
    On Error Resume Next
    'Temporären Ordner mit entpackter Datei löschen
    CreateObject("scripting.filesystemobject").deletefolder gvarTempFolder
End Sub


'Ereignisprozedur für Word
Public Sub AutoClose()
    If Right(gvarTempFolder, 1) = "\" Then
        gvarTempFolder = Left(gvarTempFolder, Len(gvarTempFolder) - 1)
    End If
    On Error Resume Next
    'Temporären Ordner mit entpackter Datei löschen
    CreateObject("scripting.filesystemobject").deletefolder gvarTempFolder
End Sub
```

Listing 5.13: Diese Ereignisprozeduren werden beim Beenden der Datei aufgerufen und löschen den temporären Ordner.

In PowerPoint steht zwar ebenfalls die *Auto_Close()*-Prozedur zur Verfügung, jedoch wird sie nur bei Verwendung in PowerPoint-AddIns ausgelöst.

5.2 Bilder direkt aus *Office Open XML*-Dokumenten anzeigen

Die obige Methode zum dynamischen Verwenden benutzerdefinierter Bilder hat den Nachteil, dass beim Öffnen des Dokuments eine Verzögerung eintritt und dass man sich nach dem Schließen des Dokuments um das Aufräumen der temporären Dateien kümmern muss – ganz davon abgesehen, dass die temporären Dateien versehentlich gelöscht werden könnten. Es gibt noch eine Variante, die wir exklusiv in diesem Buch vorstellen. Dabei nutzen wir die XML-Struktur von *Office Open XML*-Dokumenten, die auch über das Objektmodell von Excel, Word und PowerPoint erweiterbar ist und natürlich auch das Speichern benutzerdefinierter Daten wie etwa von Bilddateien erlaubt.

Im Folgenden werden wir also einige Bilddateien mit einer geeigneten VBA-Routine zum Dokument hinzufügen und diese anschließend im Ribbon anzeigen, ohne dass diese zwischendurch im Dateisystem abgelegt werden müssen.

Ausgangspunkt für die Beschreibung der Vorgehensweise ist ein leeres Word-Dokument, dem Sie zunächst mit dem *Custom UI Editor* die folgende XML-Definition hinzufügen:

```
<customUI xmlns="http://schemas.microsoft.com/office/2006/01/customui"
          onLoad="onLoad" loadImage="loadImage">
  <ribbon startFromScratch="false">
    <tabs>
      <tab id="tab01" label="Test-Tab" insertBeforeMso="TabHome">
        <group id="grp01" label="Gruppe mit Schaltflächen">
          <button id="btn1" size="large" image="banana.png"/>
          <button id="btn2" size="large" image="pineapple.png"/>
          <button id="btn3" size="large" image="apple.png"/>
        </group>
        <group id="grp02" label="Gruppe mit ToggleButton">
          <toggleButton id="tgl1" getImage="tgl_getImage"
                        label="Bilder dynamisch wechseln"
                        onAction="tgl_onAction" size="large"/>
        </group>
      </tab>
    </tabs>
  </ribbon>
</customUI>
```

Dann öffnen Sie das Dokument in Word (hier gibt es zunächst eine Fehlermeldung, weil die in der Ribbon-Definition angegebenen Callback-Funktionen noch nicht vorhanden sind) und fügen die folgenden Callback-Funktionen inklusive Deklaration zweier Variablen hinzu.

Die Variablen dienen zum Speichern des *IRibbonUI*-Objekts sowie des Zustands des *toggleButton*-Objekts:

```
Private objRibbon As IRibbonUI
Private bolPressed As Boolean
```

Die Callback-Funktion *OnLoad* speichert das *IRibbonUI*-Objekt:

```
Public Sub OnLoad(ribbon As IRibbonUI)
    Set objRibbon = ribbon
End Sub
```

Die Funktion *LoadImage* wird beim Laden der Ribbon-Definition ausgeführt, und zwar für jedes Steuerelement, dessen *image*-Attribut einen Wert liefert. Die Methode *GetPicture* liefert das benötigte *IPictureDisp*-Element – wie und woher, erfahren Sie weiter unten.

```
Public Sub LoadImage(imageID As String, ByRef image)
    Set image = GetPicture(ThisDocument, imageID)
End Sub
```

tgl_onAction wird beim Klick auf die Umschaltfläche *tgl1* ausgelöst und speichert den aktuellen Zustand aus dem Parameter *pressed* in der Boolean-Variablen *bolPressed*. Außerdem ruft sie die *InvalidateControl*-Methode für dieses Steuerelement auf, damit die *Get...*-Callback-Funktionen erneut ausgelöst werden:

```
Public Sub tgl_onAction(control As IRibbonControl, pressed As Boolean)
    bolPressed = pressed
    objRibbon.InvalidateControl "tgl1"
End Sub
```

Die besagte *Get...*-Callback-Funktion sieht schließlich wie folgt aus. Sie ruft die Funktion *GetPicture* auf und übergibt ihr je nach Zustand der Umschaltfläche den Bildnamen *banana.png* oder *apple.png*.

```
Public Sub tgl_getImage(control As IRibbonControl, ByRef image)
    On Error GoTo Fehler
    If bolPressed Then
        Set image = GetPicture(ThisDocument, "banana.png")
    Else
        Set image = GetPicture(ThisDocument, "apple.png")
    End If
```

```
    Exit Sub

  Fehler:
    Debug.Print Err.Description
  End Sub
```

Nun wird es spannend: Wo im Word-Dokument werden denn nun die Bilder gespeichert und wie kommt die Funktion *GetPicture* an sie heran, ohne dass sie wie in obigem Beispiel zunächst entpackt und im Dateisystem gespeichert werden müssen?

Bilddateien im Dokument speichern

Das *Office Open XML*-Format liefert einige Möglichkeiten, die frühere Dokumentformate nicht boten. Das in diesem Fall interessante Element ist die sogenannte *CustomXML-Parts*-Auflistung. Sie enthält *CustomXMLPart*-Elemente, denen Sie benutzerdefinierte XML-Dokumente hinzufügen können. Wie aber soll dort eine Bilddatei hineingelangen? Nun, letztlich ist jedes Bild ja auch eine Folge von Daten, die man nicht nur als Bild, sondern auch im binären Format darstellen kann. Und da man mit dem *CData*-Block von XML auch größere Datenmengen in XML-Dokumenten aufnehmen kann, gibt es zumindest schon einmal eine Möglichkeit, Bilddateien innerhalb des Zieldokuments zu speichern.

Diese Aufgabe übernimmt die Routine *AddPicture*. Sie erwartet drei Parameter:

▷ *obj*: einen Verweis auf das Zieldokument (zum Beispiel *ThisAddIn* für das aufrufende Word-Dokument, *ThisWorkbook* für die aufrufende Excel-Arbeitsmappe oder ein Verweis wie *ActiveDocument* für das aktuelle Word-Dokument)

▷ *strPicture*: Pfad und Dateiname des zu speichernden Bildes

▷ *strName*: Name, der in der *image*-Eigenschaft und in den Callback-Funktionen verwendet werden soll

Ein Beispielaufruf für Word sähe etwa so aus:

```
  AddPicture ThisDocument, "c:\banana.png", "banana.png"
```

Die Routine prüft zunächst, ob die Datei vorhanden ist, und bricht gegebenenfalls direkt ab. Existiert die Datei, durchläuft die Routine alle *CustomXMLPart*-Elemente der *CustomXMLParts*-Auflistung und prüft, ob deren Root-Element das *image*-Element ist, also ob das *CustomXMLPart* die Form *<image>...</image>* besitzt.

Dies ist bei den ersten Dreien auf keinen Fall so, denn dies sind eingebaute *CustomXML-Part*-Elemente. Handelt es sich um ein *CustomXMLPart* mit *image*-Element, prüft die Routine, ob es eines mit dem Attribut *imageID* mit dem Wert des übergebenen Namens (also *banana.png*) ist. Falls ja, ist wohl schon ein solches Bild im Dokument gespeichert und die Routine fragt den Benutzer, ob dieser das Element durch die angegebene Datei ersetzen möchte.

Wenn ja, wird das aktuelle Element gelöscht und ein neues *CustomXMLPart*-Element mit dem Root-Element *image* angelegt. Diesem weist die Routine dann das Attribut *imageID* mit dem Wert *banana.png* zu und einen *CData*-Block mit der durch die Funktion *LoadPicFileXMLData* erzeugten Hexadezimalversion der Bilddatei.

```
Public Sub AddPicture(objDocument As Document, strPicture As String, _
        strName As String)
    Dim objPart As CustomXMLPart
    Dim objPartImages As CustomXMLPart
    Dim strXML As String
    Dim objNodeImage As CustomXMLNode

    If Dir(strPicture) = "" Then
        Exit Sub
    End If

    For Each objPart In objDocument.CustomXMLParts
        If objPart.DocumentElement.BaseName = "image" Then
            If Not objPart.SelectSingleNode("//image[@imageID='" _
                    & strName & "']") Is Nothing Then
                If MsgBox("Es ist bereits ein Bild namens '" _
                        & strName & "' vorhanden. Überschreiben?", _
                        vbYesNo + vbExclamation, _
                        "Datei vorhanden") = vbYes Then
                    objPart.Delete
                    Set objPart = Nothing
                End If
            End If
        End If
    Next objPart

    If objPartImages Is Nothing Then
        Set objPartImages = objDocument.CustomXMLParts.Add("<image/>")
        strXML = LoadPicFileXMLData(strPicture)
        objPartImages.AddNode objPartImages.DocumentElement, , , , _
            msoCustomXMLNodeCData, strXML
        objPartImages.AddNode objPartImages.DocumentElement, _
            "imageID", , , msoCustomXMLNodeAttribute, strName
    End If
End Sub
```

Der Inhalt des *CustomXMLPart*-Elements sieht nun so aus, wobei die drei Pünktchen für eine ganze Reihe weiterer Hexadezimalwerte stehen:

```
<image imageID="banana.png"><![CDATA[89504E470D0A1A0A0...]]></image>
```

Die Erläuterung des Umwandelns der Bilddatei in einen hexadezimalen Ausdruck würde hier den Rahmen sprengen, daher empfehlen wir einen Blick in das Modul *mdlImages* der Beispieldatei *IntegrierteDynamischeBilder.docm*.

Bilder einlesen per VBA

Für den *Custom UI Editor*-verwöhnten Benutzer ist es ungewohnt, Bilddateien per VBA in ein Word-Dokument zu integrieren. Wer aber ohnehin mit *onAction-*, *onLoad-* und den verschieden *Get...*-Routinen hantiert, um dem Ribbon seines Word-, Excel- oder PowerPoint-Dokuments Leben einzuhauchen, sollte hier nicht zurückschrecken - die Bilder müssen ja nur einmal ins das Dokument importiert werden und wenn Sie die Routinen aus dem Modul *mdlImages* aus dem Beispieldokument einmal eingebaut haben, ist das Schlimmste schon überstanden. Daneben brauchen Sie dann nur noch das Modul *mdlOGL2007*, dessen Funktionen an verschiedenen Stellen in diesem Buch benötigt werden.

Einlesen der Bilder aus dem Dokument ins Ribbon

Liegen die Bilder einmal im XML-Format als *CustomXMLPart*-Elemente vor, können Sie diese ganz einfach im Ribbon verwenden. Und hier kommt die schon oben erwähnte *GetPicture*-Methode ins Spiel: Diese erwartet zwei Parameter, nämlich das oben bereits vorgestellte *obj*, das mit einem Verweis auf ein *Office Open XML*-Dokument gefüllt werden muss, sowie die Bildbezeichnung, im obigen Beispiel *banana.png*.

Beispielaufrufe finden Sie oben in den Callback-Funktionen des Word-Dokuments. Die Routine durchläuft alle *CustomXMLPart*-Elemente und prüft mit einem XPath-Ausdruck, ob dieses Element das oben erstellte *image*-Element mit dem Attribut *imageID* und der angegebenen Bildbezeichnung enthält. Wenn es dies gefunden hat, liest es den *CDATA*-Teil aus dem XML-Ausdruck aus, erzeugt daraus zunächst ein Array und konvertiert dieses dann in ein *StdPicture*-Element. Dieses liefert es als Funktionsparameter von *GetPicture* an die aufrufende Instanz zurück.

```
Public Function GetPicture(objDocument As Document, _
        imageID As String) As StdPicture
    Dim objPart As CustomXMLPart
    Dim objPicture As StdPicture
    Dim strXML As String
    For Each objPart In objDocument.CustomXMLParts
        If objPart.DocumentElement.BaseName = "image" Then
```

```
      If Not objPart.SelectSingleNode("//image[@imageID='" _
            & imageID & "']") Is Nothing Then
          strXML = objPart.SelectSingleNode("//image[@imageID='" _
              & imageID & "']").Text
          Set objPicture = ArrayToPicture(ArrayFromXML(strXML))
          If Not objPicture Is Nothing Then
              Set GetPicture = objPicture
          End If
      End If
    End If
  Next objPart
  ShutDownGDIP
End Function
```

Zusammenfassung der Vorgehensweise

Wenn Sie benutzerdefinierte Bilder im Ribbon von *Office Open XML*-Dokumenten, also Dokumenten unter Word, Excel und PowerPoint, verwenden und sie dynamisch laden, können Sie diese innerhalb des Dokuments speichern und über ein paar Hilfsfunktionen direkt darauf zugreifen.

Sie brauchen dazu Folgendes im VBA-Projekt des Zieldokuments (egal, ob einfaches Dokument oder Vorlage):

▸ Modul *mdlOGL2007* mit Grafik-Funktionen zum Umwandeln des Bildes

▸ Modul *mdlImages* mit den beiden Funktionen *AddPicture* und *GetPicture* zum Hinzufügen und Auslesen von Bildern aus dem Dokument

▸ Callback-Funktionen, welche die *GetPicture*-Funktion nutzen, um dynamisch Bilder zum Ribbon hinzuzufügen

▸ eine XML-Ribbon-Definition, welche diese Callback-Funktionen über die Attribute *loadImage* oder *getImage* aufruft

In den Beispieldokumenten *Kap_Images\IntegrierteDynamischeBilder.docm, Kap_Images\IntegrierteDynamischeBilder.pptm* und *Kap_Images\IntegrierteDynamischeBilder.xlsm* können Sie sich einen Überblick über den kompletten Code verschaffen.

Für Excel und PowerPoint können Sie das oben genannte Beispiel übrigens fast eins zu eins übernehmen.

Es gibt nur einen Unterschied, der allerdings unter PowerPoint unerwartete Probleme bereitet: Der Code zum Schreiben und Lesen von Bildern aus der XML-Struktur des jeweiligen Office Open XML-Dokuments benötigt nämlich einen Verweis auf das jeweils aktuelle Dokument. Diesen liefern Word und Excel frei Haus, nämlich unter den Objektnamen *ThisDocument* (Word) und *ThisWorkbook* (Excel).

PowerPoint kennt kein solches Objekt und es bringt auch kein eingebautes Klassenobjekt wie Word und Excel mit. Wenn man den Code aus dem obigen Beispiel ohne größere Änderungen unter PowerPoint wiederverwenden möchte, braucht man allerdings das PowerPoint-Pendant zu *ThisDocument* und *ThisWorkbook*.

Also bauen wir uns selbst eine Funktion, die das gewünschte Objekt liefert, und die sieht so aus:

```
Public Function ThisPresentation() As Presentation
    Dim strFile As String
    Dim varSplit As Variant
    ' Dateiname in der dieser Code läuft
    strFile = Application.VBE.ActiveVBProject.FileName
    varSplit = Split(strFile, "\")
    Set ThisPresentation = _
        Application.Presentations(varSplit(UBound(varSplit)))
End Function
```

In den betroffenen Funktionen des obigen Codes brauchen Sie nun nur noch *This-Document* gegen einen Aufruf der Funktion *ThisPresentation* auszutauschen und erhalten einen Verweis auf das benötigte Projekt. In der Routine *tbl_getImage* sähe das etwa wie folgt aus:

```
Public Sub tgl_getImage(control As IRibbonControl, ByRef image)
    On Error GoTo Fehler
    If bolPressed Then
        Set image = GetPicture(ThisPresentation, "banana.png")
    Else
        Set image = GetPicture(ThisPresentation, "apple.png")
    End If
    Exit Sub
Fehler:
    Debug.Print Err.Description
End Sub
```

5.3 Bilder im Ribbon unter Access

Unter Access gibt es keine eingebaute Möglichkeit, Bilddateien für das Ribbon zu speichern und diese einfach durch Zuweisen des Bildnamens an das *image*-Attribut des jeweiligen Elements anzuzeigen. Das muss jedoch kein Nachteil sein: Während die Bilddateien in Word, Excel und PowerPoint in das *Office Open XML*-Dokument eingebettet werden und, solange man diese nicht dynamisch zur Laufzeit austauschen möchte, kein Einsatz von VBA-Code nötig ist, gewöhnt man sich unter Access sofort mit dem Anzeigen des ersten Bildes an den Umgang mit den dafür nötigen VBA-Funktionen.

Bildquellen

Grundsätzlich gibt es mindestens zwei Quellen für Bilder im Access-Ribbon:

- Bilddateien aus dem Dateisystem und

- in einer Tabelle gespeicherte Bilder.

Für das Speichern in Tabellen bietet Access wiederum zwei Varianten:

- in Feldern des Datentyps *OLE-Feld* und

- in Feldern des neuen Datentyps *Anlage*.

API-Funktionen aus der OGL-Bibliothek und mehr für Access

Durch die Möglichkeit, Bilddateien für Ribbons unter Access wahlweise aus Access-Tabellen zu beziehen oder aus dem Dateisystem zu laden, benötigt man hier einige Funktionen mehr als beim Umgang mit Bilddateien in *Office Open XML*-Dokumenten. Diese befinden sich in der Beispieldatenbank zu diesem Kapitel (*Images.accdb*). Wenn Sie die Funktionen in eigenen Datenbankanwendungen einsetzen möchten, fügen Sie dort einfach das Modul *mdlOGL2007* aus der Beispieldatenbank ein. Für den hier beschriebenen Zugriff auf die in Tabellen gespeicherten Bilder brauchen Sie zusätzlich die Module *mdlOLE* (OLE-Felder) und *mdlBLOBs2007* (Anlage-Felder).

5.4 Office-Verweis und Debugging

Im Gegensatz zu Word, Excel und PowerPoint müssen Sie unter Access noch einen Verweis auf die Bibliothek *Microsoft Office 12.0 Object Library* hinzufügen. Dies erledigen Sie im VBA-Editor, indem Sie den Menübefehl *Extras|Verweise* auswählen und im Dialog aus Abbildung 5.7 den entsprechenden Eintrag markieren.

Sie sollten außerdem vor dem Programmieren von Ribbon-Erweiterungen sicherstellen, dass in den Access-Optionen die Option *Fehler in Benutzeroberflächen in Add-Ins anzeigen* aktiviert ist. Anderenfalls ignoriert Access Fehler in der Ribbon-Definition einfach und verweigert ihre Anzeige. Abbildung 5.8 zeigt den Dialog mit der entsprechenden Einstellung.

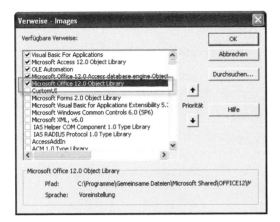

Abbildung 5.7: Hinzufügen eines Verweises auf die Office-Bibliothek

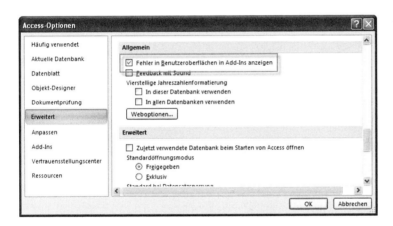

Abbildung 5.8: Ist diese Option aktiviert, zeigt Access Fehler in der Ribbon-Definition an.

5.5 Bilder nur per Callback verfügbar

Es gibt unter Access keine Möglichkeit, Bilder irgendwo zu speichern und einfach nur den Bildnamen in der *image*-Eigenschaft eines Steuerelements zu hinterlegen. Sie benötigten immer eine der beiden folgenden Callback-Attribute, damit Bilder in Ribbon-Steuerelementen angezeigt werden:

▷ *loadImage*: Wird ausschließlich beim Laden des Ribbons aufgerufen.

▷ *getImage*: Wird beim Laden des Ribbons aufgerufen und beim Aufruf der *Invalidate*-Methode oder der *InvalidateControl*-Methode unter Angabe des betroffenen Steuerelements.

5.6 *loadImage* oder *getImage*?

Wenn Sie keine Steuerelemente haben, deren Bild zur Laufzeit geändert werden soll, verwenden Sie ausschließlich *loadImage*, falls doch, verwenden Sie *getImage* für die Bilder, die geändert werden sollen, und *loadImage* für alle anderen.

Der Vorteil von *loadImage* ist, dass Sie je Steuerelement eine eigene Eigenschaft verwenden können, um festzulegen, welches Bild angezeigt werden soll. Wenn Sie *getImage* verwenden, um die Callback-Funktion zum Laden des Images festzulegen, müssen Sie auf ein nicht für diesen Zweck ausgelegtes Attribut zugreifen, um einen Hinweis auf den Namen des Images zu geben – etwa *id* oder *tag*.

5.6.1 *loadImage*

Die für das Ereignis-Attribut *loadImage* angegebene Callback-Funktion wird einmal für jedes Steuerelement, das einen Wert für das Attribut *image* enthält, ausgelöst, und zwar beim Laden des Ribbons. *Invalidate* und *InvalidateControl* bewirken kein erneutes Auslösen dieses Ereignisses. Die Funktion erhält mit dem Parameter *imageID* einen String mit dem Wert des *image*-Attributs.

Dessen Inhalt will daher sorgfältig gewählt sein. Es gibt drei Möglichkeiten:

▷ Sie geben wie bei den in *Office Open XML*-Dokumenten unter Word, Excel und PowerPoint enthaltenen Bildern üblich nur eine Bezeichnung wie beispielsweise *Banana* an. Die Callback-Routine, die Sie für das Attribut *loadImage* hinterlegt haben, muss dann vorne den Pfad und hinten die Dateiendung hinzufügen.

▷ Sie geben den Dateinamen mit Endung an, also beispielsweise *Banana.png*. Die *loadImage*-Routine fügt dann noch den Pfad hinzu.

▷ Sie geben den Dateinamen inklusive Pfad an. *loadImage* braucht dann nur noch ein *IPictureDisp*-Objekt auf Basis der Dateiangabe zu laden.

Die Wahl der besten dieser drei Varianten fällt recht leicht: Es ist die mittlere. Die erste Version hat den Nachteil, dass man die Dateiendung nicht erfährt. Sie funktioniert nur, wenn alle unter *image* angegebenen Bilder die gleiche Dateiendung wie etwa *.png* aufweisen.

Die dritte Variante ist mit ihrer statischen Angabe des Pfades zu unflexibel. Wenn man die Bilddateien einmal woanders speichern oder mit der Anwendung weitergeben möchte, muss man den Pfad in allen Eigenschaften ändern.

Die zweite Lösung liefert die Endung gleich mit und erlaubt gleichzeitig die dynamische Vergabe des Pfades. Am besten liegen die Bilddateien im gleichen Verzeichnis wie die Datenbank oder in einem darunter liegenden Verzeichnis. Dann kann man den Pfad mit einer Funktion wie *CurrentProject.Path* (liefert das Verzeichnis der Datenbankdatei) ermitteln und braucht nur noch einen Backslash (\) und den aus dem *image*-Attribut gewonnenen Dateinamen anzuhängen.

Der XML-Code sieht in diesem Fall beispielsweise wie folgt aus, wobei die entscheidenden Elemente fett gedruckt sind:

```xml
<customUI xmlns="http://schemas.microsoft.com/office/2006/01/customui"
          loadImage="LoadImageDatei">
    <ribbon>
      <tabs>
        <tab id="tab1" label="Image-Beispiele">
          <group id="grp3" label="Images aus Anlage-Feld">
            <button id="btn5" image="pineapple.png"
                    label="Kleines Icon" size="normal"/>
            <button id="btn6" image="pineapple.png"
                    label="Großes Icon" size="large"/>
          </group>
        </tab>
      </tabs>
    </ribbon>
</customUI>
```

Die für *loadImage* hinterlegte Callback-Funktion sieht so aus:

```vba
Sub LoadImageDatei(imageId As String, ByRef image)
    Set image = LoadPicturePlus(CurrentProject.Path & "\images\" & imageId)
End Sub
```

Die einzige Anweisung der Routine verwendet die *LoadPicturePlus*-Methode, um ein *IPictureDisp*-Objekt auf Basis der angegebenen Datei zu erzeugen. Dieses gibt die Routine mit dem Parameter *image* zurück.

LoadPicturePlus? Warum verwendet man nicht die in Access oder *stdole* eingebaute Methode *LoadPicture* für diese Aufgabe? Weil diese erstens nur eine sehr beschränkte Anzahl Dateiformate und zweitens keine Transparenz unterstützt. Die *LoadPicturePlus*-Methode basiert auf der mit Office 2007 kommenden *OGL.DLL*, einer speziellen und erweiterten Version (1.1) der Bibliothek *GDIPlus.dll*.

Sascha Trowitzsch hat ein VBA-Modul geschrieben, das viele GDIPlus-Funktionen ganz einfach zugänglich macht. Sie finden dieses Modul in der Beispieldatenbank und auch in den übrigen Beispieldokumenten im *Office Open XML*-Format. Wenn Sie die Methode *LoadPicturePlus* in eigenen Datenbanken oder Office-Dateien verwenden möchten, müssen Sie einfach das Modul *mdlOGL2007* in die entsprechende Datei importieren.

5.6.2 *getImage*

Das *Get...*-Attribut *getImage* hat eine etwas andere Aufgabe als *loadImage*. Sein Einsatz erfordert etwas mehr Aufwand, weil man es für jedes Steuerelement anlegen muss, dem man damit ein Bild zuweisen möchte. Dafür wird es aber nicht nur beim Laden der Ribbon-Definition, sondern auch durch den Aufruf der beiden *IRibbonUI*-Methoden *Invalidate* und *InvalidateControl* ausgelöst.

Der Nachteil ist, dass *getImage* nicht parallel mit dem *image*-Attribut verwendet werden darf. Das bedeutet, dass es zumindest kein spezielles Attribut gibt, um den Namen der mit der unter *getImage* angegebenen Callback-Funktion zu ladenden Bilddatei zu speichern. Sie können sich entweder damit behelfen, den Namen aus der *id* des Steuerelements zu rekrutieren oder aber das *tag*-Attribut einsetzen, das normalerweise keine andere Verwendung findet.

Am besten wäre es aber, wenn Sie *getImage* wirklich nur dort einsetzen, wo es notwendig ist (und das dürften nicht allzu viele Gelegenheiten sein), und pro Steuerelement eine eigene Callback-Funktion dafür festlegen, die genau die passende Bilddatei lädt. Dies sieht dann etwa so aus:

```
<button id="btn2" getImage="GetImageDatei"
        label="Großes Icon" size="large"/>
```

Die Callback-Funktion besteht nur aus einer Zeile:

```
Sub GetImageDatei(control As IRibbonControl, ByRef image)
    Set image = LoadPicturePlus(CurrentProject.Path & "\images\banana.png")
End Sub
```

Diese Routine liefert natürlich keinen sichtbaren Vorteil gegenüber *loadImage*. Dieser tritt erst zutage, wenn Sie in der Callback-Funktion eine Logik vorsehen, die abhängig von bestimmten Kriterien verschiedene Bilder lädt.

5.7 Bilder in Tabellen der Datenbank speichern

Das Speichern von Bildern in Dateien ist, ehrlich gesagt, relativ unzuverlässig. Bei der Variante oben mit dem relativen Pfad zum Verzeichnis der Datenbankdatei brauchen Sie nur einmal die Datenbank ohne Bilddateien zu verschieben oder umgekehrt und schon kracht es beim Versuch, diese im Ribbon unterzubringen.

Der Speicherplatz der für das Ribbon benötigten Images dürfte gegenüber dem maximal verfügbaren Speicherplatz von zwei Gigabyte je *.accdb*-Datei vernachlässigbar sein, sodass Sie die benötigten Bilddateien guten Gewissens in den Tabellen der Datenbank speichern können.

Dabei gibt es seit Access 2007 zwei Varianten, die oben bereits kurz erwähnt wurden: nämlich in OLE-Feldern oder in den neuen Anlage-Feldern. Werfen wir zunächst einen Blick auf die altbewährten OLE-Felder.

5.7.1 OLE-Felder als Bildquelle

In diesen kann man ohne Code-Einsatz komplette Dateien speichern, also auch Bilddateien. Diese werden dabei allerdings in ein proprietäres OLE-Format umgewandelt, das im Vergleich zu komprimierten Dateitypen wesentlich mehr Platz benötigt und zum früher oft beklagten Aufblähen der Datenbank führt.

Also speichern Sie die Bilddateien im Binärformat im OLE-Feld, was bedeutet, dass die Dateien im gleichen Format wie ihr Pendant auf der Festplatte gespeichert werden.

Von der Datei ins OLE-Feld

Diese Aufgabe übernimmt die Routine *SaveFileAsOLEField* aus dem Modul *mdlOLE*, das Sie ebenfalls in der Beispieldatenbank finden. Diese Routine kennt zwei Modi:

▷ Einfügen einer Datei in einen bestehenden Datensatz. Dieser Aufruf speichert die Datei *apple.png* aus dem Verzeichnis *c:\images* im Feld *Bild* der Tabelle *tblOLE*, und zwar im Datensatz mit dem Wert 2 im Primärschlüsselfeld *ID*.

```
SaveFileToOLEField "c:\images\apple.png", "tblOLE", "Bild", _
    True, "ID", 2
```

▷ Einfügen einer Datei in einen neuen Datensatz. Der folgende Aufruf speichert die Datei *banana.png* aus dem Verzeichnis *c:\images* in einen neuen Datensatz der Tabelle *tblOLE*, wobei das OLE-Feld den Namen *Bild* trägt.

```
SaveFileToOLEField "c:\images\banana.png", "tblOLE", "Bild", False
```

Das Ergebnis sieht wie in folgender Abbildung aus:

Abbildung 5.9: Die Tabelle mit den im OLE-Feld gespeicherten Bildern

Vom OLE-Feld ins Ribbon

Wer aus einer in einem OLE-Feld gespeicherten Bilddatei ein *IPictureDisp*-Objekt erzeugen möchte, braucht ebenfalls nur eine der in der Beispieldatenbank befindlicnen
Prozeduren. Zunächst aber die Definition des Beispielribbons:

```
<customUI ... loadImage="LoadImageOLE">

   ...

  <button id="btn3" image="watermelon.png" label="Kleines Icon"
          size="normal"/>
  <button id="btn4" image="watermelon.png" label="Großes Icon"
          size="large"/>

   ...
</customUI>
```

Die Callback-Funktion *LoadImageOLE* sieht so aus und ruft lediglich die Routine
PicFromField auf:

```
Sub LoadImageOLE(imageId As String, ByRef image)
    Set image = PicFromField(CurrentDb.OpenRecordset("SELECT Bild ⁊
                FROM tblOLE WHERE Bildname = '" & imageId & "'").Fields(0))
End Sub
```

Dies mag dem einen oder anderen etwas zu viel für eine Zeile sein, daher hier noch die
etwas übersichtlichere Fassung:

```
Sub LoadImageOLE(imageId As String, ByRef image)
    Dim db As DAO.Database
    Dim rst As DAO.Recordset
    Dim fld As DAO.Field
    Set db = CurrentDb
    Set rst = db.OpenRecordset("SELECT Bild FROM tblOLE ⁊
                                    WHERE Bildname = '" & imageId & "'")
    Set fld = rst.Fields(0)
    Set image = PicFromField(fld)
    Set fld = Nothing
    rst.Close
    Set rst = Nothing
    Set db = Nothing
End Sub
```

Die Routine deklariert zunächst die benötigten Objekte. Dann speichert sie einen Verweis
auf die aktuelle Datenbank in der Variablen *db*. Diese dient als Ausgangspunkt für das
Öffnen eines Recordsets auf Basis der Tabelle *tblOLE*, wobei das Recordset nur das Feld

OLE, also das mit der Bilddatei, des Datensatzes mit dem Wert des Parameters *imageID* für das Feld *Bildname* enthalten soll. Dieses eine Feld erhalten Sie über die Feldliste, also *Fields*, mit dem Index *0*.

Die Funktion *PicFromField* erwartet ein *Field*-Objekt als Eingangsparameter, also liefert die Routine diesen. Den Rückgabewert der Funktion weist die Routine dem Parameter *image* zu – fertig ist das Bild im Steuerelement!

5.7.2 Anlage-Felder als Bildquelle

Mit dem Anlage-Feld liefert Access 2007 einen neuen Datentyp, mit dem Sie Dateien ganz einfach in Tabellen speichern können – inklusive einfacher Steuerung durch den Benutzer.

Eine solche Tabelle sieht im Entwurf wie in der folgenden Abbildung aus. Um die funktionale Zuordnung zu den Ribbon-Definitionen zu verdeutlichen, haben wir diese Tabelle *USysImages* genannt. Sie taucht wegen der Anfangsbuchstaben *USys...* nicht im Navigationsbereich von Access auf, wenn die Anzeige von Systemobjekten deaktiviert ist (siehe 6.1, »Ribbon-Definitionen verwalten«).

Abbildung 5.10: Tabelle mit Anlage-Feld als Quelle für Ribbon-Bilder

Ribbon-Bilder können Sie leicht über die Benutzeroberfläche hinzufügen, indem Sie doppelt auf das Symbol im Anlage-Feld klicken. Access öffnet dann den Dialog aus der folgenden Abbildung, der das Verwalten der enthaltenen Dateien, in diesem Fall Bilddateien, erleichtert.

Beachten Sie, dass die folgenden Routinen zum automatischen Ein- und Auslesen von Bilddateien aus Anlage-Feldern nur ein Bild je Datensatz und Feld berücksichtigen – es ist nämlich auch möglich, mehrere Dateien in einem einzigen Anlage-Feld zu speichern.

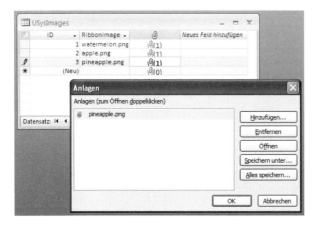

Abbildung 5.11: Hinzufügen eines Bildes über die Benutzeroberfläche

Bildformate beim Speichern in der Datenbank

Für das Speichern von Bildern in Anlage-Feldern ist es wichtig, dass Sie die Option aus der folgenden Abbildung auf *Quellbildformat beibehalten* einstellen.

Ansonsten wird erstens die Dateigröße merklich wachsen und zweitens zeigt das Ribbon dann unter Umständen keine transparenten Bereiche in den Bildern an.

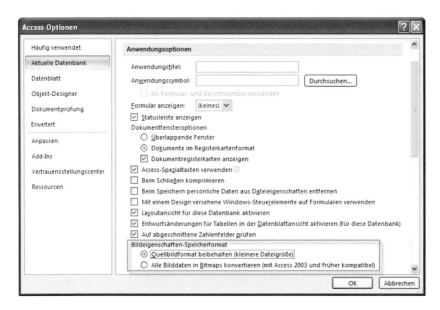

Abbildung 5.12: Diese Einstellung stellt sicher, dass Bilder im Originalformat in der Datenbank gespeichert werden.

Von der Datei ins Anlage-Feld

Alternativ zur manuellen Vorgehensweise können Sie Dateien auch per VBA-Routine zum Anlage-Feld hinzufügen. Dazu verwenden Sie die Routine *StoreBLOB2007*, die Sie zum Beispiel folgendermaßen aufrufen:

```
StoreBLOB2007 "c:\images\grape.png", "USysImages", "RibbonImage", False
```

Die Parameter stimmen mit der oben vorgestellten Funktion *SaveFileToOLEField* überein. Die Funktion erwartet die Angabe des Quelldateinamens, der Zieltabelle, des Zielfeldes sowie einen boolschen Wert, der angibt, ob die Datei in einem neuen oder in einem bestehenden Datensatz angelegt werden soll. Bei der obigen Anweisung müssen Sie noch den Dateinamen für das Feld *RibbonImageName* nachreichen. Wenn Sie beides gleichzeitig anlegen möchten, verwenden Sie die folgende Wrapper-Funktion:

```
Public Sub SaveFileInUSysImages(strPath As String, strFilename As String)
    Dim db As DAO.Database
    Dim lngID As Long
    Set db = CurrentDb
    db.Execute "INSERT INTO USysImages(RibbonImageName) VALUES('" _
        & strFilename & "')", dbFailOnError
    lngID = db.OpenRecordset("SELECT @@IDENTITY").Fields(0)
    StoreBLOB2007 strPath & "\" & strFilename, "USysImages", _
        "RibbonImage", True, "ID", lngID
End Sub
```

Die Routine erwartet lediglich die Angabe von Pfad und Dateiname, der Rest ist auf die Verwendung mit der Tabelle *USysImages* zugeschnitten. Die Routine fügt zunächst einen neuen Datensatz zur Tabelle *USysImages* hinzu, der lediglich das Feld *RibbonImageName* füllt. Die nächste Anweisung ermittelt den Primärschlüsselwert des neu hinzugefügten Datensatzes. Damit füttern Sie in der letzten Anweisung die Funktion *StoreBLOB2007*, die diesmal keinen neuen Datensatz anlegt, sondern das Anlage-Feld des soeben angelegten Datensatzes füllt.

Vom Anlage-Feld ins Ribbon

Es fehlt noch der Weg des Bildes vom Anlage-Feld in das Ribbon-Steuerelement. Die Ribbon-Definition sorgt nun für den Aufruf einer Callback-Funktion namens *LoadImage-Attachment*:

```
<customUI ... loadImage="LoadImageAttachment">
    ...
    <button id="btn3" image="watermelon.png" label="Kleines Icon"
            size="normal"/>
```

```
<button id="btn4" image="watermelon.png" label="Großes Icon"
        size="large"/>
...
</customUI>
```

Diese Funktion erhält über den Parameter *imageID* zunächst den Dateinamen des anzuzeigenden Bildes. Die zum Umwandeln der im Anlage-Feld der Tabelle gespeicherten Bilddatei verwendeten Routinen benötigen aber den Wert des Primärschlüsselfelds der Tabelle. Also ermittelt die Funktion zunächst per *DLookup* die ID des Datensatzes der Tabelle *USysImages*, der im Feld *RibbonImageName* den Inhalt des Parameters *imageID* enthält, also beispielsweise *pineapple.png*. Mit diesem Wert arbeiten nun zwei ineinander verschachtelte Funktionen, um die Bilddatei in ein Objekt des Typs *IPictureDisp* umzuwandeln. *BLOB2Binary* erwartet als Parameter den Tabellennamen, den Namen des Anlage-Felds, den Namen des Primärschlüsselfelds, den Wert des Primärschlüssels für den betroffenen Datensatz sowie einen boolschen Wert, der angibt, dass die enthaltene Datei ohne Header eingelesen werden soll. *BLOB2Binary* liefert ein Byte-Array zurück, das von der Funktion *ArrayToPicture* in ein *IPictureDisp*-Objekt umgewandelt wird – und dieses zeigt das Ribbon dann im entsprechenden Steuerelement an.

```
Sub LoadImageAttachment(imageId As String, ByRef image)
    Dim lngID As Long
    Dim objImage As IPictureDisp
    lngID = DLookup("ID", "USysImages", _
        "RibbonImageName='" & imageId & "'")
    Set objImage = ArrayToPicture(BLOB2Binary2007("USysImages", _
        "RibbonImage", "ID", lngID, True))
    Set image = objImage
End Sub
```

6 Ribbons in Access 2007

Die Handhabung des Ribbons in Access unterscheidet sich grundlegend von der Vorgehensweise unter Word, Excel und PowerPoint. Unter Outlook funktioniert vieles noch ganz anders, dazu jedoch später mehr.

Der erste Grund für die großen Unterschiede liegt in der Art der Dateien, die Access im Gegensatz zu Word, Excel und PowerPoint bearbeitet: Dabei handelt es sich um Datenbankdateien, die nicht im *Office Open XML*-Format vorliegen, ja deren Wesen noch nicht einmal dem üblicher Office-Dateien entspricht.

Access-Dateien können die Definition von Tabellen, Abfragen, Formularen und Berichten, die in den Tabellen enthaltenen Daten und VBA-Module beinhalten.

Diese Elemente sind zwar prinzipiell auch in einer Art Container-Struktur wie die Bestandteile in *Office Open XML*-Dokumenten untergebracht, diese ist jedoch ganz anders aufgebaut und liegt außerdem in einem binären Format vor, das man nicht so einfach durch Anfügen der Dateiendung *.zip* und Öffnen mit Winzip einsehen kann.

Diese Hintergründe spielen aber auch gar keine so große Rolle wie bei Word, Excel und PowerPoint, denn Access braucht beispielsweise keine separaten Dateien, in denen es Ribbon-Definitionen oder die im Ribbon angezeigten Bilddateien speichert. Dafür liefert es mit den Tabellen schon ein ausgezeichnetes Bordmittel für die Unterbringung dieser Informationen: Dort finden nicht nur Ribbon-Definitionen, sondern bei Bedarf auch noch die Bilddateien für Schaltflächen und Co. Platz.

Vom XML-Dokument in die Benutzeroberfläche

Die für die Anpassung des Ribbons in Access verwendeten XML-Dokumente sind genau so aufgebaut wie die für die oben genannten Office-Anwendungen. Es gibt kleinere
Unterschiede wie die fehlende Möglichkeit, einfach den Namen eines Bilds in das *image*-
Attribut zu schreiben und dieses dann beispielsweise auf einer Schaltfläche anzuzeigen –
hierzu sind einige wenige weitere Schritte nötig. Wesentlicher sind da die Unterschiede, wie
das XML-Dokument letztlich zur Anwendung gelangt, wobei es mehrere Varianten gibt:

▸ Sie speichern die Ribbon-Definitionen in einer speziellen Tabelle mit der Bezeichnung
USysRibbons.

▸ Sie laden die Ribbon-Definition aus einer Text-Datei.

▸ Sie weisen die Ribbon-Definition einfach als Zeichenkette zu.

Wie die folgenden Ausführungen zeigen werden, sind die beiden letzten Varianten unter Access quasi bedeutungslos.

Makros und VBA-Prozeduren

Während Makro unter Excel, Word und PowerPoint die gängige Bezeichnung für ein Stück VBA-Code
ist, sieht das unter Access völlig anders aus. Hier gibt es nämlich einen eigenen Objekttyp namens
Makro, der zwar ebenfalls der Automatisierung von Vorgängen dient, jedoch eine gänzlich andere
Notation und vor allem wesentliche Einschränkungen gegenüber VBA aufweist. Die mit VBA program-
mierten Code-Elemente nennt man unter Access meist Prozedur oder Funktion (je nachdem, ob es
sich um eine Sub oder eine Function handelt). Der Begriff Routine trifft immer den Punkt.

6.1 Ribbon-Definitionen verwalten

Als Datenbank-Software ist Access natürlich prädestiniert, auch die Daten in Tabellen
zu speichern, mit denen Sie das Ribbon anpassen möchten.

Im einfachsten Fall legen Sie zunächst eine Tabelle mit einem Entwurf wie in der folgenden Abbildung an. Die drei Felder der Tabelle haben die folgende Funktion:

▸ *ID*: Primärschlüssel der Tabelle und eindeutiger Index

▸ *Ribbonname*: Name der Ribbon-Definition, der später unter anderem in den Access-
Optionen und in den Eigenschaften von Formularen und Berichten auftauchen
wird

▸ *RibbonXML*: Die eigentliche Ribbon-Definition. Das Feld ist als Memofeld ausgelegt,
was bedeutet, dass Sie über die Benutzeroberfläche eine bis zu 65.536 Zeichen lange

Ribbon-Definition eintragen können. Wie Sie diese Beschränkung aufheben, zeigen wir später.

Abbildung 6.1: Die Tabelle *USysRibbons* zum Speichern von Ribbon-Definitionen in der Entwurfsansicht

---

Beispieldatenbank

Sie finden alle Beispiele zu diesem Kapitel in der Datenbankdatei *Ribbons.accdb* im Verzeichnis *Kap_ Access* des Downloads zu diesem Buch (*www.access-entwicklerbuch.de/ribbon*). Alle hier vorgestellten und funktionstüchtigen Ribbon-Definitionen finden Sie in der Tabelle *USysRibbons* dieser Datenbank. Am besten zeigen Sie diese mit dem Formular *frmRibbons* an, indem Sie das gewünschte Ribbon aus dem dortigen Kombinationsfeld auswählen. Die Namen der Ribbons finden Sie in Zusammenhang mit den jeweiligen Quellcodes.

Nun hat Access die Eigenschaft, bestimmte Tabellen nicht standardmäßig im Navigationsbereich anzuzeigen. Dazu gehören die Systemtabellen, die mit *MSys...* beginnen, und einige weitere Spezialtabellen wie die zum Speichern der Ribbon-Definitionen (*USys...*).

Dementsprechend müssen Sie sich nicht wundern, wenn Sie die Tabelle *USysRibbons* anlegen und diese sich nach dem Schließen erst einmal aus dem Blickfeld stiehlt.

Wenn Sie diese Tabelle wieder sichtbar machen wollen, klicken Sie mit der rechten Maustaste auf die Kopfleiste des Navigationsbereichs und wählen den Eintrag *Navigationsoptionen...* aus dem Kontextmenü aus.

Im nun erscheinenden Dialog *Navigationsoptionen* aktivieren Sie die Option *Systemobjekte anzeigen*, schließen den Dialog wieder und voilà! – die verloren geglaubte Tabelle kehrt zurück.

Abbildung 6.2: Spezielle Tabellen wie *USysRibbons* blenden Sie mit dieser Option im Navigationsbereich von Access ein.

Zugriff auf unsichtbare Tabellen

Wenn man die Tabelle *USysRibbons* einblendet, erscheinen die Systemtabellen wie *MSysObjects* et cetera gleich mit. Das macht sich im ohnehin unübersichtlichen Navigationsbereich nicht unbedingt gut, daher blenden wir die Systemobjekte am besten gleich wieder aus. Später erfahren Sie, wie Sie über ein Formular dennoch auf die Einträge der Tabelle *USysRibbons* zugreifen können.

6.1.1 Ein Ribbon anlegen

Bevor Access eine Ribbon-Anpassung anzeigt, brauchen Sie zunächst ein entsprechendes XML-Dokument. Für die ersten Schritte verwenden wir die folgende einfache Variante, die lediglich alle vorhandenen Elemente ausblendet und eine Schaltfläche anzeigt:

```
<?xml version="1.0" encoding="iso-8859-1"?>
<customUI xmlns="http://schemas.microsoft.com/office/2006/01/customui">
    <ribbon startFromScratch="true">
        <tabs>
            <tab id="tab" label="Beispieltab">
                <group id="grp" label="Beispielgruppe">
                    <button id="cmdBeispiel" imageMso="AccessFormDatasheet"
                            label="Beispielschaltfläche"
                            onAction="OnAction" size="large"/>
```

```
            </group>
          </tab>
        </tabs>
      </ribbon>
    </customUI>
```

Listing 6.1: Beispiel für ein Ribbon mit einer einfachen Schaltfläche (siehe Beispieldatenbank, Formular *frmRibbons*, Eintrag *Ribbon mit einer Schaltfläche*)

Damit die enthaltene Schaltfläche nicht allzu karg daherkommt, geben wir noch ein Bild hinzu, und zwar ein eingebautes: Das Tabellensymbol mit der *imageMso Access-FormDatasheet* scheint hier passend zu sein. Damit Access das entsprechende Ribbon anzeigt, fügen Sie der Tabelle *USysRibbons* einen neuen Datensatz hinzu, der so aussieht:

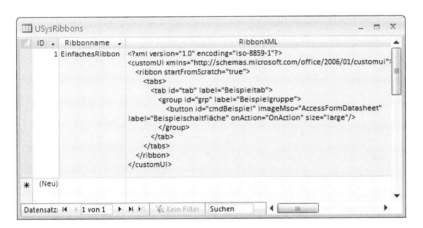

Abbildung 6.3: Eine Ribbon-Definition in der Tabelle *USysRibbons*

Nun soll Access das Ribbon anzeigen. Dazu sind folgende Schritte nötig:

- Schließen Sie die aktuelle Anwendung (damit ist die *.accdb*-Datei gemeint; Access selbst brauchen Sie nicht zu schließen).

- Öffnen Sie die Anwendung erneut.

- Zeigen Sie die Access-Optionen (Office-Menü, Schaltfläche *Access-Optionen*) an und wechseln Sie dort in den Bereich *Aktuelle Datenbank*.

- Wählen Sie für die Eigenschaft *Name der Multifunktionsleiste* den Namen des soeben angelegten Ribbons aus.

- Schließen Sie den Optionen-Dialog.

- Schließen Sie die Anwendung und öffnen Sie diese erneut.

Access zeigt nun (schon) das gewünschte Ribbon an. Sie haben Recht: Es sind schon einige Schritte bis zur Anzeige nötig. Das liegt daran, dass Access jeweils beim Öffnen der Anwendung eventuell neu hinzugefügte Einträge aus der Tabelle *USysRibbons* ausliest.

Ebenfalls einmal neu öffnen müssen Sie die Anwendung, damit diese einen neu ausgewählten Eintrag für die Eigenschaft *Name der Multifunktionsleiste* auch anwendet.

Abbildung 6.4: Auswählen des Anwendungsribbons im Optionen-Dialog von Access

Abbildung 6.5: Ein Beispielribbon unter Access

Access-Anwendungen schnell schließen und öffnen

Wer gerade ein Ribbon zusammenbastelt, den wird das ständige Öffnen und Schließen der Datenbankanwendung schnell nerven. Einfacher geht dies über den Office-Menü-Eintrag *Verwalten|Datenbank komprimieren und reparieren*, zumindest bei Anwendungen, die nicht so groß sind, dass das Komprimieren allzu viel Zeit in Anspruch nimmt. Wer diese Variante zum Schließen und Öffnen einer Datenbank mag, kann sich den Befehl in die Schnellzugriffsleiste holen (siehe Kapitel 2, »Ribbons anpassen«).

Ribbon-Anzeige umgehen

Auch wenn ein benutzerdefiniertes Ribbon noch so gelungen ist: Manchmal will man es einfach nicht sehen. Zum Beispiel dann, wenn das Ribbon mit *startFromScratch="true"* alle anderen Elemente der Benutzeroberfläche ausblendet, man aber damit arbeiten möchte.

Dummerweise erscheint ein einmal als Multifunktionsleiste einer Anwendung eingetragenes Ribbon bei jedem Start erneut – außer, man leert die entsprechende Eigenschaft in den Access-Optionen. Das geht aber auch noch einfacher: Halten Sie beim Öffnen der Datenbank-Anwendung einfach die Umschalttaste gedrückt. Dies unterbindet unter anderem die Änderung der Bedienoberfläche durch benutzerdefinierte Anpassungen.

6.1.2 Ribbon aus Textdatei laden

Eine Möglichkeit zum externen Speichern von Ribbon-XML-Dokumenten sind Textdateien. Die schnellste Möglichkeit, eine Ribbon-Definition in einer Datei zu speichern, geschieht mithilfe der *MSXML*-Bibliothek. Damit realisieren Sie mit wenigen Zeilen den Import einer XML-Textdatei in eine Stringvariable.

Die Funktion *LoadRibbonXML* erwartet lediglich den Dateinamen als Parameter und liefert eine Zeichenkette mit dem Inhalt der Datei zurück. Dazu verwendet sie ein Objekt des Typs *DomDocument* aus der Bibliothek *Microsoft XML, vx.0*, das in diesem Fall ohne Verweis auf die Bibliothek, dafür aber per Late Binding erzeugt wird.

Das Objekt *objXML* besitzt eine Methode namens *Load*, die den Inhalt eines XML-Dokuments aus einer Textdatei einliest. Diesen gibt das Objekt über die Eigenschaft *XML* so preis, dass man ihn direkt in einer *String*-Variablen speichern und weiterverarbeiten kann:

```
Public Function LoadRibbonXML(strFilename As String) As String
    Dim objXML As Object
    Dim strXML As String
    Set objXML = CreateObject("MSXML2.DomDocument")
```

```
    objXML.Load "c:\Ribbon.xml"
    strXML = objXML.XML
    LoadRibbonXML = strXML
End Function
```

Listing 6.2: Ribbon-XML-Definition aus einer Textdatei laden

Die Weiterverarbeitung würde in diesem Fall über die speziell dafür vorgesehene Methode *LoadCustomUI* des *Application*-Objekts erfolgen:

```
Application.LoadCustomUI "Ribbonname", strRibbonXML
```

In diesem Beispiel müsste man *strRibbonXML* zuvor mit dem Inhalt des XML-Dokuments füllen. Kombiniert mit der obigen Routine könnte man mit der folgenden Prozedur eine Ribbon-Definition aus einer Textdatei in die Datenbank einlesen:

```
Public Sub ApplicateRibbonXML(strXMLName As String, strFilename As String)
    Dim strXML As String
    strXML = LoadRibbonXML(strFilename)
    Application.LoadCustomUI strXMLName, strXML
End Sub
```

Was bringt *Application.LoadCustomUI* nun? Es liest die XML-Definition ein und speichert diese genau wie diejenigen, die es beim Start der Anwendung in der Tabelle *USysRibbons* vorfindet, in einer internen Liste, die beispielsweise in den Access-Optionen oder über die Eigenschaft *Name der Multifunktionsleiste* von Formularen und Berichten ausgewählt werden kann. Das hilft zumindest im Falle des anwendungsweiten Ribbons, das man im Optionen-Dialog festlegt, nur bedingt weiter: Access zeigt das Ribbon nämlich nach dem Auswählen und Neustarten der Anwendung (wie von Access ironischerweise gefordert) nicht an. Und wenn Sie ein auf diese Weise temporär hinzugefügtes Ribbon als Anwendungsribbon abwählen, erscheint es nach dem nächsten Neustart gar nicht mehr in der Liste. Anders sieht das in Formularen und Berichten aus: Wenn Sie die Ribbon-Definition mit *ApplicateRibbonXML* geladen haben, steht diese als Wert der Eigenschaft *Name der Multifunktionsleiste* von Formularen und Berichten zur Verfügung – und dann können Sie diese auch auswählen und beim nächsten Anzeigen des Objekts in der Formular- beziehungsweise Berichtsansicht bewundern.

Das war übrigens nur ein kleiner Vorgriff auf den Einsatz von Ribbons zusammen mit Formularen und Berichten – mehr dazu weiter unten.

6.1.3 Ribbon aus Zeichenkette einlesen

Mit der *LoadCustomUI*-Methode können Sie natürlich auch Ribbons einlesen, die Sie zuvor manuell zu einer Zeichenkette zusammengefügt haben. Dazu fassen Sie die Ribbon-

Definition einfach in einer String-Variablen zusammen und weisen diese der Methode *LoadCustomUI* als Parameter zu:

```
Public Sub LoadCustomUISample()
    Dim strRibbonXML As String
    strRibbonXML = "<?xml version=""1.0""?>" _
        & "<customUI xmlns=""...""">" _
        & "    <ribbon startFromScratch=""true"">" _
        & "        <tabs>" _
        & "            <tab id=""tab"" label=""Beispieltab"">" _
        & "                <group id=""grp"" label=""Beispielgruppe"">" _
        & "                    <button id=""cmdBeispiel"" .../>" _
        & "                </group>" _
        & "            </tab>" _
        & "        </tabs>" _
        & "    </ribbon>" _
        & "</customUI>"
    Application.LoadCustomUI "RibbonXML", strRibbonXML
End Sub
```

In der Praxis ist dies allerdings nur erforderlich, wenn Sie das Ribbon zur Laufzeit dynamisch zusammensetzen möchten und die Möglichkeiten der Callback-Funktionen dazu nicht ausreichen. Außerdem ist der Anwendungsbereich solch zusammengestellter Ribbon-Definitionen wie oben beschrieben auf Formulare und Berichte beschränkt.

6.2 Ribbons mit Access entwickeln

Unter Word, Excel und PowerPoint steht dem Entwickler mit dem *Custom UI Editor* ein hilfreiches Tool bei der Erstellung von Ribbon-Definitionen zur Seite. Dem Access-Entwickler hilft dies, abgesehen davon, dass es XML-Code schön farbig darstellt, kaum weiter:

Man muss dort den XML-Code eintippen, diesen in die Tabelle *USysRibbons* der Zielanwendung kopieren, die Anwendung wiederholt öffnen und schließen und kann erst dann begutachten, was man da zusammengebaut hat – wenn das XML-Dokument denn überhaupt fehlerfrei ist.

Das kommt dem gewohnten Ablauf des Access-Entwicklers beim Codeschreiben natürlich gar nicht entgegen: Der ist es gewohnt, Routinen einzutippen und diese direkt zu testen. Wie aber soll man dieses flüssige Arbeiten auf Ribbons umsetzen, wenn man die Anwendung, die ein solches anzeigen soll, nach dem Schreiben des XML-Codes erst noch mindestens einmal schließen und wieder öffnen muss?

Ganz einfach: Man baut sich einfach einen kleinen XML-Editor für den Eigengebrauch. Super Idee, sagen Sie? Und wie soll ich meine Ribbon-Entwürfe damit schneller in Access anzeigen?

Nun, die bisherigen Ausführungen dieses Kapitels liefern eigentlich alle notwendigen Techniken mit. Der XML-Editor besteht natürlich aus einem Formular mit einem großen Textfeld, in das Sie den XML-Code eintippen können.

Im Entwurf sieht das Formular wie in der folgenden Abbildung aus. Um das Formular zu erstellen, benötigen Sie nur wenige Schritte:

▷ Erstellen Sie mit dem Ribboneintrag *Erstellen|Formulare|Formularentwurf* ein neues Formular.

▷ Weisen Sie der Eigenschaft *Datenherkunft* des Formulars die Tabelle *USysRibbons* zu. Wenn die Anzeige von Systemtabellen deaktiviert ist, tragen Sie einfach diesen Tabellennamen für die Eigenschaft ein.

▷ Aktivieren Sie über *Entwurf|Tools|Vorhandene Felder hinzufügen* die Feldliste.

▷ Ziehen Sie die drei Felder *ID*, *Ribbonname* und *RibbonXML* in den Detailbereich des Formulars und ordnen Sie diese wie in der folgenden Abbildung an.

▷ Fügen Sie außerdem noch eine Schaltfläche namens *cmdShow* mit der Beschriftung *Anzeigen* hinzu. Zur besseren Lesbarkeit sollten Sie außerdem für das Feld *RibbonXML* eine nicht-proportionale Schriftart wie etwa *Courier New* einstellen.

▷ Damit die Felder sich der Größe des Formulars anpassen, stellen Sie die Eigenschaften *Horizontaler Anker* und *Vertikaler Anker* entsprechend ein (siehe auch Beispieldatenbank).

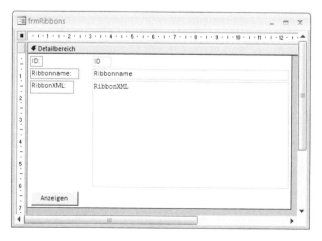

Abbildung 6.6: Der Access-interne Ribbon-Editor in der Entwurfsansicht

Wenn Sie nun in die Formularansicht wechseln, können Sie immerhin schon einmal auf die in der Tabelle *USysRibbons* gespeicherten Ribbon-Definitionen zugreifen, obwohl diese Tabelle gar nicht im Navigationsbereich auftaucht.

Den Ribbon-Code können Sie im Textfeld praktisch genau so bearbeiten wie im *Custom UI Editor* – mit dem Unterschied, dass die Elemente hier nicht farbig dargestellt werden.

Der Clou des Formulars steckt in der Schaltfläche *Anzeigen*: Diese sorgt nämlich dafür, dass Access die Ribbon-Definition aus dem aktuellen Datensatz auch im aktuellen Access-Fenster anzeigt.

Dazu fügen Sie folgendermaßen eine kleine Ereignisprozedur zum Klassenmodul des Formulars hinzu:

▷ Wechseln Sie zur Entwurfsansicht des Formulars.

▷ Klicken Sie mit der rechten Maustaste auf die Schaltfläche *cmdShow* und wählen Sie den Eintrag *Ereignis...* aus dem Kontextmenü aus.

▷ Der VBA-Editor erscheint und zeigt eine leere Prozedur an. Diese füllen Sie wie folgt:

```
Private Sub cmdShow_Click()
    Dim strGUID As String
    strGUID = CreateGUID
    Application.LoadCustomUI strGUID, Me!RibbonXML
    Me.Ribbonname = strGUID
End Sub
```

Die hier verwendete Funktion *CreateGUID* finden Sie im Modul *mdlTools* der Beispieldatenbank *Ribbons.accdb*. Sie liefert eine GUID (eindeutige Zeichenfolge, Beispiel: *{1F2517BF-1566-4779-9858-5F939B6715E0}*) als temporären Ribbon-Namen (okay, man hätte auch einfach einen Timestamp nehmen können, aber wenn schon, denn schon ...).

Unter diesem Namen liest die Routine mit der *LoadCustomUI*-Methode die aktuell im Feld *RibbonXML* angezeigte Ribbon-Definition in die aktuelle Liste der in der Anwendung zur Verfügung stehenden Ribbons ein.

Wie aber zeigt man das Ribbon nun an, wenn das anwendungsweit festgelegte Ribbon nur mit den in der Tabelle *USysRibbons* gespeicherten Elementen funktioniert und dafür jeweils ein Neustart der Anwendung nötig ist? Sie legen das frisch erzeugte Ribbon einfach als Ribbon des aktuellen Formulars fest:

```
Me.Ribbonname = strGUID
```

Dies sieht dann beispielsweise wie in der folgenden Abbildung aus.

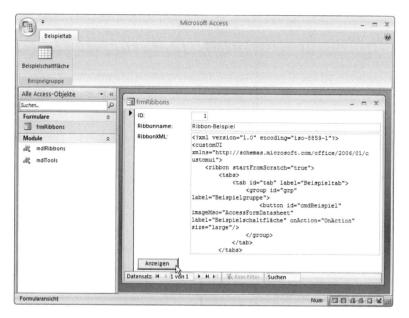

Abbildung 6.7: Der selbst gebaute Ribbon-Editor für Access im Einsatz

Den Komfort haben wir übrigens noch ein wenig verbessert: Normalerweise können Sie in einem Textfeld beispielsweise keine Abstände mit der Tabulator-Taste einfügen – diese sorgt höchstens für einen Sprung zum nächsten Steuerelement. Eine Ereignisprozedur, die beim Herunterdrücken der Tabulator-Taste ausgelöst wird, sorgt dafür, dass an der Stelle der Einfügemarke so viele Leerzeichen hinzugefügt werden, wie es der Eingabe eines Tabstops entspricht – probieren Sie es einfach aus.

Und da XML-Text oft auch in einer Zeile kommt, gibt es auch noch eine kleine Hilfe, um diesen einfach zu umbrechen: Mit der Tastenkombination *Alt + Cursor Rechts* springt die Einfügemarke zum nächsten Kleiner-Zeichen, mit *Alt + Cursor Links* zum vorherigen Kleiner-Zeichen.

6.3 Benutzerdefinierte Ribbons in Access-Anwendungen

Wer eine professionelle Access-Anwendung programmiert, offeriert dem Benutzer typischerweise keine oder nur wenige der eingebauten Elemente der Benutzeroberfläche, sondern ersetzt diese durch eigene Ribbons, Formulare und Berichte.

Wie bereits erwähnt, gibt es mehrere Möglichkeiten zum Anzeigen benutzerdefinierter Ribbons in Access-Anwendungen. Die offensichtlichste ist das Anwendungsribbon, das

Sie über die Access-Optionen für die aktuelle Datenbank festlegen. Dieses Ribbon zeigt die Anwendung jeweils beim Öffnen an.

Der Einsatzzweck für dieses Ribbon ist klar: Es dient als Steuerzentrale der Anwendung und ermöglicht das Aufrufen von Formularen und Berichten sowie von Funktionen ohne Benutzerschnittstelle, die in VBA oder als Makro programmiert sind. Die Ribbons ersetzen so die bisher für diesen Zweck verwendeten Menü- und Symbolleisten.

Da es sehr viele Access-Datenbanken gibt, die dieses Instrument für die Navigation in den Funktionen der Anwendung verschmähen und stattdessen Alternativen wie etwa ein Übersichtsformular verwenden, weisen wir an dieser Stelle explizit darauf hin, dass eine professionelle Access-Anwendung ihre Funktionen beziehungsweise die Aufrufe weiterer Elemente der Benutzeroberfläche im Ribbon anzeigen sollte.

Der Einsatz von Übersichtsformularen wirkt unprofessionell und ist überdies unpraktisch, da diese üblicherweise nach dem Öffnen weiterer Formulare oder Berichte hinter diesen verschwinden und der Benutzer so nicht ständig auf alle aktuell verfügbaren Funktionen zugreifen kann.

Wenn eine Anwendung also nicht unbedingt nur aus einem einzigen Formular besteht (dieses können Sie dann natürlich auch direkt beim Start anzeigen, ohne das Ribbon zu nutzen), leistet das Ribbon hilfreiche Dienste.

6.3.1 Ribbons für Formulare und Berichte

Neben einem Anwendungsribbon können Sie Ribbon-Definitionen festlegen, die Access in Zusammenhang mit Formularen und Berichten anzeigt. Bei Formularen macht dies nur Sinn, wenn Sie dieses nicht als modalen Dialog öffnen, also nicht etwa mit *DoCmd. OpenForm "Formularname", WindowMode:=acDialog*.

In dem Fall kann man bekanntlich nicht auf andere Elemente der Benutzeroberfläche der Anwendung außer auf das Formular selbst zugreifen; ein Ribbon würde hier also keinen Sinn machen.

Schauen wir uns zunächst an, welche Möglichkeiten sich beim Arbeiten mit Formular-Ribbons auftun; die Ribbons von Berichten sind anschließend schnell abgehandelt.

6.3.2 Ribbons für Formulare

Um ein Ribbon in Zusammenhang mit einem Formular anzuzeigen, gibt es verschiedene Möglichkeiten. Davon ausgehend, dass die Anwendung ein eigenes Ribbon besitzt, das angezeigt wird, wenn kein Objekt geöffnet ist, können Sie

▷ eine Ribbon-Definition erstellen, die mit dem Attribut *startFromScratch="true"* dafür sorgt, dass Access nur die Elemente des Formular-Ribbons anzeigt, oder

▷ die vorhandenen Elemente beibehalten und eines oder mehrere weitere Tabs einblenden, welche die für die Arbeit mit dem Formular wichtigen Steuerelemente enthalten. Hier müssten Sie im Gegensatz zur ersten Variante dafür Sorge tragen, dass Access die formularspezifischen Elemente auch einblendet, also zum entsprechenden *tab*-Element wechselt.

Möglicherweise fragen Sie sich ja auch, warum man überhaupt Funktionen im Ribbon verfügbar machen sollte, die sich auf das aktuell angezeigte Formular beziehen. Nun, das Ribbon weist eine gewisse Höhe auf und nimmt gerade auf den modernen Breitbildschirmen eine beträchtliche Menge Platz in Anspruch. Viele Formulare enthalten im oberen oder unteren Bereich eine Reihe Steuerelemente wie die *OK-* oder *Schließen*-Schaltfläche. Die könnte man leicht in das Ribbon verschieben und den im Formular eingesparten Platz anderweitig verwenden. Wenn Sie bereits fertige Access-Anwendungen haben, entdecken Sie möglicherweise noch andere Gelegenheiten, Steuerelemente vom Formular in das Ribbon zu verpflanzen – und vielleicht gelingt es auf diese Weise sogar, Formulare mit vielen Steuerelementen ein wenig aufzuräumen und den Bedienkomfort zu erhöhen. Ein einfaches Beispiel für das Verlagern von Formularfunktionen in das Ribbon finden Sie weiter unten in Abschnitt 5.1, »Beispiel Adressverwaltung«.

Nur Formularfunktionen im Ribbon

Wenn Sie ein Formular zur Bearbeitung von Daten öffnen, ist es sinnvoll, nicht gleichzeitig auch noch andere Formulare anzuzeigen, erst recht nicht, wenn zwei oder mehr Formulare die gleichen oder voneinander abhängige Daten anzeigen. Sie müssten dann dafür Sorge tragen, dass beim Ändern von Daten auch die in den anderen Formularen angezeigten Daten geändert werden. Das ist aus mehreren Gründen keine gute Idee: Erstens könnten Sie den Benutzer damit verwirren, und zweitens erhöht dies nicht unbedingt die Wartungsfreundlichkeit einer Anwendung. Bei dieser Taktik ersparen Sie sich auch unnötige Komplikationen, wenn Sie das Ribbon für ein Formular konzipieren: Sie bringen darin einfach die für die Arbeit mit dem Formular nötigen Funktionen unter und blenden alle vorhandenen Elemente einfach aus.

Allgemeine und Formularfunktionen im Ribbon

Wenn Sie eine Anwendung betreiben, die das gleichzeitige Öffnen von Fenstern erlaubt, werden Sie eine ganz andere Strategie beim Aufbau der Ribbons verfolgen: Zunächst wird wohl das Anwendungsribbon, über das Sie Elemente wie Formulare und Berichte öffnen, auch beim Einblenden von Tabs aus formularbezogenen Ribbon-Definitionen erhalten bleiben. Damit das Formular-Ribbon nicht nur angezeigt, sondern auch noch direkt beim Öffnen des Formulars eingeblendet wird, können Sie das *contextualTabs*-Element mit einem speziellen Parameter verwenden. Der Hintergrund hiervon ist, dass ein über ein Formular-Ribbon definiertes *tab*-Element zwar zum Ribbon hinzugefügt, aber nicht sofort aktiviert wird:

```
<tab id="tab" label="Beispieltab" insertBeforeMso="TabHomeAccess">
```

Das Ergebnis sieht nur teilweise wie erwartet aus:

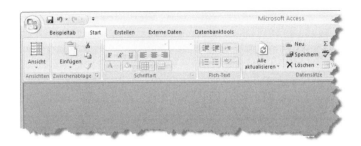

Abbildung 6.8: Wenn Sie ein *tab*-Element an erster Stelle positionieren, wird es noch lange nicht aktiviert (Ribbon-Code siehe Beispieldatenbank, Formular *frmRibbons*, Eintrag *Beispiel-TabVorne*).

Abhilfe schaffen das *contextualTabs*- und das *tabSet*-Element in Kombination mit dem Parameter *TabSetFormReportExtensibility*:

```
<customUI xmlns="http://schemas.microsoft.com/office/2006/01/customui">
    <ribbon>
        <contextualTabs>
            <tabSet idMso="TabSetFormReportExtensibility">
                <tab id="tab" label="Beispieltab">
                    <group id="grp" label="Beispielgruppe">
                        <button id="cmdBeispiel" ... />
                    </group>
                </tab>
            </tabSet>
        </contextualTabs>
    </ribbon>
</customUI>
```

In der Beispielanwendung sieht das dann wie folgt aus:

Abbildung 6.9: Dieses Beispieltab wird beim Anzeigen seines Formulars direkt aktiviert.

Ribbons in Unterformularen

Schon so mancher Entwickler hat sich gewundert, weil die speziell für ein Formular vorbereitete und dort auch als *Name der Multifunktionsleiste* eingetragene Ribbon-Definition nicht angewendet wird. Sollte Ihnen dies einmal passieren, prüfen Sie doch, ob Ihr Formular möglicherweise ein Unterformular enthält und dieses gerade den Fokus hat. Wenn Sie der Eigenschaft *Name der Multifunktionsleiste* nämlich nicht den gleichen Wert wie dem Hauptformular zuweisen und diese stattdessen einfach leer lassen, zeigt Access das Ribbon in der Form an, wie es auch bei komplett geschlossenem Formular der Fall wäre.

Es gibt zwei Möglichkeiten, dieses Problem zu beheben:

▷ Sie weisen der Eigenschaft *Name der Multifunktionsleiste* des Unterformulars manuell den gleichen Wert wie der entsprechenden Eigenschaft des Hauptformulars zu.

▷ Sie verwenden eine kleine Ereignisprozedur, die beim Laden des Unterformulars ausgelöst wird und die Eigenschaft *Name der Multifunktionsleiste* (englisch und unter VBA *Ribbonname*) mit dem Ribbonnamen des Hauptformulars füllt:

```
Private Sub Form_Load()
    Me.Ribbonname = Me.Parent.Ribbonname
End Sub
```

Letztere Variante hat den entscheidenden Vorteil, dass Sie nur die Eigenschaft im Hauptformular anpassen müssen, wenn Sie dem Formular ein neues Ribbon zuweisen. In manchen Fällen funktioniert sogar nur die VBA-Version: Wenn Sie ein Unterformular in mehr als einem Hauptformular einsetzen, können Sie dessen Ribbon gar nicht festlegen, sondern müssen es dynamisch einstellen.

6.3.3 Ribbons für Berichte

In Berichten brauchen Sie sich im Prinzip um nichts zu kümmern, denn Access zeigt für Berichte in der Seitenansicht immer die zum Drucken, Einstellen der Ansicht und zum Export nötigen Elemente im Ribbon an. Sollte dennoch einmal etwas fehlen, weisen Sie einfach der Eigenschaft *Name der Multifunktionsleiste* des Berichts ein für diesen Fall geeignetes Ribbon zu (siehe Abbildung 6.10).

6.4 Callbacks in Access

Natürlich brauchen Sie auch in Access Callback-Funktionen, um die Ribbon-Steuerelemente mit Funktionen zu versehen. Alternativ können Sie allerdings auch die eingangs erwähnten Makros verwenden.

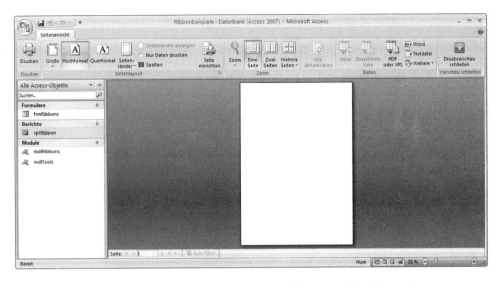

Abbildung 6.10: Das Ribbon der Berichtsansicht zeigt alle notwendigen Steuerelemente an.

Makros bieten allerdings mit dem aktuellen Funktionsumfang keine Alternative zu VBA-Routinen, daher gehen wir in diesem Buch nicht näher darauf ein.

Nur so viel: Wenn Sie historisch bedingt auf den Einsatz von Makros angewiesen sind und diese vom Ribbon aus aufrufen möchten, geben Sie einfach den Namen des Makros für das Attibut *onAction* oder eines der anderen Callback-Attribute an.

6.4.1 Office-Verweis

Die Ribbon-Programmierung erfordert den Einsatz einiger spezieller Objekte, Methoden und Eigenschaften. Diese befinden sich in der Bibliothek *Microsoft Office 12.0 Object Library*, die unter Word, Excel und PowerPoint automatisch in das aktuelle VBA-Projekt eingebunden ist, aber nicht unter Access 2007. Falls Sie es nicht wissen: Alle unter VBA zur Verfügung stehenden Sprachelemente stammen vereinfacht gesagt aus Bibliotheken.

Damit man im VBA-Projekt auf die enthaltenen Objekte, Methoden und Eigenschaften zugreifen kann, muss das VBA-Projekt die Bibliotheken referenzieren.

Die *Microsoft Office 12.0 Object Library* ist in Access nicht automatisch per Verweis eingebunden, was Sie aber leicht nachholen können: Öffnen Sie dazu den VBA-Editor (am schnellsten mit der Tastenkombination *Alt + F11*) und wählen Sie dort den Menübefehl *Extras | Verweise* aus.

Im nun erscheinenden Dialog aktivieren Sie den Eintrag *Microsoft Office 12.0 Object Library* wie in der folgenden Abbildung:

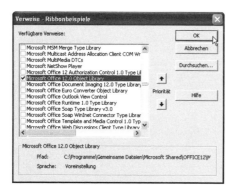

Abbildung 6.11: Der Verweis auf Bibliothek *Microsoft Office 12.0 Object Library* ist nötig für die Arbeit mit den Ribbon-Objekten.

Fehlerbehandlung aktivieren

Wie in den anderen Office-Anwendungen müssen Sie auch unter Access die Option *Fehler in Benutzeroberflächen in Add-Ins anzeigen* im Bereich *Erweitert* der Access-Optionen aktivieren. Anderenfalls zeigt Access Ribbons im Falle von Fehlern einfach nicht an, anstatt eine Fehlermeldung zu präsentieren.

Dass die Office-Bibliothek eingebunden ist, erkennen Sie spätestens beim Anlegen der ersten Callback-Funktion. Dort erscheint bei der Eingabe des Parameters *ctl* nämlich beispielsweise das *IRibbonControl* in der Liste der verfügbaren Elemente, wie die nachfolgende Abbildung zeigt:

```
Public Sub OnAction(ctl As IRibbonControl)
    ...
```

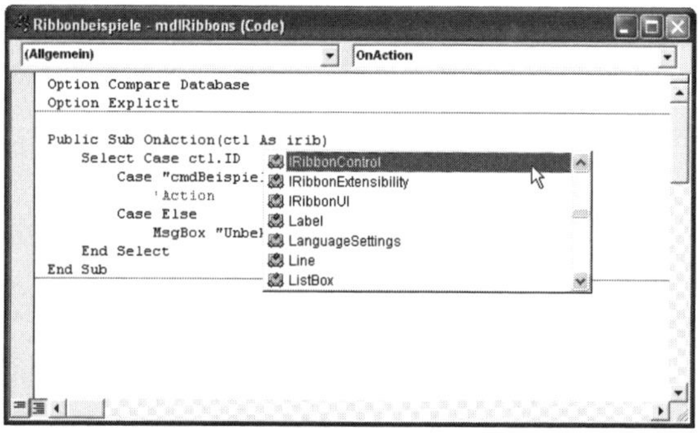

Abbildung 6.12: Nach dem Einbinden der Office-Bibliothek stehen die in Callback-Funktionen benötigten Objekte zur Verfügung.

6.4.2 Ribbon ein- und ausblenden per VBA

Eine oft gestellte Frage ist die, ob man das Ribbon per VBA ein- und ausblenden kann. Dieses Problem betrifft meist Access-Anwendungen, daher ist die Lösung in diesem Kapitel gelandet. Eines vorweg: Es gibt keine eingebaute Lösung, daher muss man zu einigen API-Funktionen greifen.

Also verwenden Sie eine Eigenbau-Lösung, die darauf setzt, dass das Ribbon im minimierten und auch im maximierten Zustand immer eine bestimmte Höhe aufweist, die im minimierten Zustand weniger und im maximierten Zustand mehr als 100 Pixel beträgt.

Wissen muss man dazu natürlich, dass das Ribbon über die *CommandBars*-Auflistung als Element namens *Ribbon* erreichbar ist. Über die *Height*-Eigenschaft des einzigen Controls erhalten Sie schließlich die aktuelle Höhe des Ribbons. Die folgende Routine nutzt dies aus und liefert den Wert *0*, wenn das Ribbon maximiert ist, und *-1* im minimierten Zustand:

```
Function RibbonState() As Long
    Dim lngHeight As Long
    lngHeight = CommandBars("Ribbon").Controls(1).Height
    RibbonState = (H < 100) '147 oder 56
End Function
```

Damit ist der schwerste Teil schon geschafft. Nun müssen Sie nur noch zwei Routinen schreiben, die das Ribbon minimieren und maximieren. Die wichtigste Voraussetzung dafür ist, dass Sie dies manuell nicht nur über einen Doppelklick auf die Registerreiter oder über das Menü aus der folgenden Abbildung erreichen, sondern auch über die Tastenkombination *Strg + F1*.

Damit brauchen Sie nun nur noch den Fokus auf das Ribbon zu setzen und mit einer API-Variante der *SendKeys*-Anweisung die Tastenkombination *Strg + F1* zu simulieren. Der Hintergrund für den *SendKeys*-Ersatz ist, dass diese Anweisung unter Vista mit bestimmten Sicherheitseinstellungen nicht zulässig ist. Die notwendigen Routinen und Deklarationen finden Sie im Modul *mdlSendkeys* der Beispieldatenbank *Ribbonbeispiele. accdb*.

Zum Setzen des Fokus benötigen Sie die folgenden API-Deklarationen:

```
Private Declare Function SetForegroundWindow Lib "user32.dll" (ByVal hWnd 7
                                            As Long) As Long
Private Declare Function ApiSetFocus Lib "user32.dll" Alias "SetFocus" 7
                                            (ByVal hWnd As Long) As Long
Private Declare Function SetActiveWindow Lib "user32.dll" (ByVal hWnd 7
                                            As Long) As Long
```

Die Routine zum Minimieren sieht so aus:

```
Function MinimizeRibbon(Optional TimeOut As Long = 3) As Boolean
    Dim sngTimer As Single
    MinimizeRibbon = True
    If RibbonState = -1 Then Exit Function
    sngTimer = Timer()
    Do While (RibbonState = 0) And (Timer - sngTimer) < TimeOut
        SetForegroundWindow Application.hWndAccessApp
        SetActiveWindow Application.hWndAccessApp
        ApiSetFocus Application.hWndAccessApp
        SendKeysAPI "{^F1}"
        DoEvents
    Loop
    MinimizeRibbon = (Timer - sngTimer) < TimeOut
End Function
```

Die Routine prüft zunächst mithilfe der oben vorgestellten Funktion *RibbonState* den aktuellen Zustand des Ribbons. Ist dieses schon minimiert, bricht die Routine ab, anderenfalls versucht sie zwei Sekunden lang, das Ribbon zu minimieren.

Die Routine zum Maximieren des Ribbons arbeitet ganz ähnlich:

```
Function MaximizeRibbon(Optional TimeOut As Long = 3) As Boolean
    Dim T As Single
    MaximizeRibbon = True
    If RibbonState = 0 Then Exit Function
    T = Timer()
    Do While (RibbonState = -1) And (Timer - T) < TimeOut
        SetForegroundWindow Application.hWndAccessApp
        SetActiveWindow Application.hWndAccessApp
        ApiSetFocus Application.hWndAccessApp
        SendKeysAPI "{^F1}"
        DoEvents
    Loop
    MaximizeRibbon = (Timer - T) < TimeOut
End Function
```

6.5 Beispiele für den Einsatz des Ribbons in Access

Nachfolgend finden Sie Beispiele, die Anregungen für den Einsatz von Ribbons in Access-Anwendungen liefern.

6.5.1 Beispiel Adressverwaltung

Die folgende Adressverwaltung besteht im Wesentlichen aus einem Formular, das die in der Datenbank gespeicherten Adressen anzeigt. Das besondere hierbei ist, dass das Formular außer den Textfeldern zur Anzeige der Adressdaten keinerlei offensichtliche Steuerelemente bereithält, sondern dass diese alle im Ribbon untergebracht sind. Wie das aussieht, zeigt die folgende Abbildung. Das Formular dieser Anwendung ist maximiert und enthält ausschließlich die Steuerelemente zur Anzeige der Adressdaten.

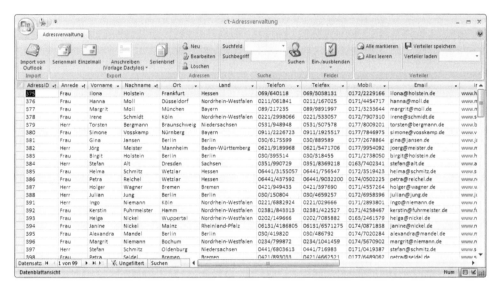

Abbildung 6.13: Die Funktionen dieses Access-Formulars wurden komplett in das Ribbon ausgelagert.

Dies wird deutlicher, wenn Sie sich die Entwurfsansicht dieses Formulars ansehen (siehe Abbildung 6.14). Diese enthält tatsächlich nur einige aus der Feldliste in den Entwurf gezogene Felder, die dort als Textfelder, Kombinationsfelder und Kontrollkästchen angezeigt werden.

Die Erläuterung der Funktionen der Adressverwaltung finden Sie in Kapitel 3, »Callbacks und VBA«.

6.5.2 Beispiel Access-Add-In mit Ribbon

Wenn Sie ein erfahrener Access-Programmierer sind, bauen Sie möglicherweise eigene Access-Add-Ins, die Ihnen den Programmieralltag erleichtern. Wenn Sie in einem solchen Add-In ein Ribbon verwenden möchten, haben Sie ein kleines Problem: Das

Add-In findet nämlich keine Callbacks, egal, ob Sie diese in einem Modul der Add-In-Datenbank oder auch testweise in der Datenbankanwendung anlegen, die das Add-In einsetzt.

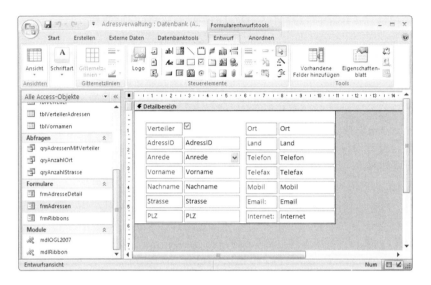

Abbildung 6.14: Entwurfsansicht des Formulars zur Anzeige der Adressdaten

Hier greifen Sie auf einen Trick zurück, der nirgends dokumentiert ist: Sie verwenden als Wert für das Callback-Attribut, in diesem Beispiel *onAction*, nicht einfach nur den Namen der Callback-Funktion, sondern Sie geben eine Funktion an, wie Sie es auch in Access 2003 und früher bei der *onAction*-Eigenschaft von *CommandBars*-Steuerelementen getan haben. Die Callback-Funktion legen Sie dann auch nicht entsprechend der üblichen Konvention an, sondern einfach als Public Function. Sie können auch beliebige Parameter angeben, die dann natürlich im Aufruf und auch in der Funktion selbst enthalten sein müssen. Einen Nachteil hat dies aber: Sie können nicht auf das normalerweise mit jedem Callback gelieferte *IRibbonControl*-Objekt zugreifen, da es in diesem Fall nicht übergeben werden kann.

Im Detail sieht die Ribbon-Definition im Add-In so aus:

```
<?xml version="1.0" encoding="iso-8859-1"?>
<customUI xmlns="http://schemas.microsoft.com/office/2006/01/customui">
    <ribbon startFromScratch="true">
        <tabs>
            <tab id="tab1" label="Beispiel für Ereigniscallbacks">
                <group id="grp1" label="Beispielgruppe">
                    <button id="btn1" label="OnAction im Add-In"
                            onAction="=Test()"/>
```

```
            </group>
        </tab>
    </tabs>
  </ribbon>
</customUI>
```

In einem Standardmodul der Add-In-Datenbank legen Sie die folgende Testfunktion an:

```
Public Function Test()
    MsgBox "Callback im Add-In"
End Function
```

Alles Weitere entnehmen Sie dem Beispiel-Add-In mit dem Dateinamen *AddIn.accda*, zu finden im Verzeichnis *Kap_Access* der Buch-CD. Diese enthält ein Formular mit der oben angegebenen Ribbon-Definition als *Name der Multifunktionsleiste*, das automatisch beim Aufruf des Add-Ins angezeigt wird.

Um das Add-In unter Access zu integrieren, öffnen Sie mit dem Ribbon-Eintrag *Datenbanktools|Add-Ins|Add-In-Manager* den Add-In-Manager, klicken dort auf *Hinzufügen* und wählen den Pfad der Add-In-Datenbank aus. Access kopiert die Add-In-Datenbank dann in das Add-In-Verzeichnis (üblicherweise *C:\Dokumente und Einstellungen\<Benutzername>\Anwendungsdaten\Microsoft\AddIns*) und registriert es mit den in der Tabelle *USysRegInfo* angegebenen Informationen.

Abbildung 6.15: Hier öffnen Sie den Add-In-Manager ...

Abbildung 6.16:... mit dem Sie per *Hinzufügen*...-Schaltfläche einen Dialog zum Auswählen der Add-In-Datenbanken einblenden.

Das Beispiel-Add-In *Addin.accdb* öffnen Sie dann über die Ribbon-Schaltfläche *Daten-banktools|Datenbanktools|Add-Ins|Addin*. Es zeigt nach dem Aufruf sofort sein einziges Formular an, das mit einem Ribbon verknüpft ist. Dieses liefert zwei Schaltflächen. Die erste ruft eine VBA-Routine im Formular auf:

```
<button id="btn1" label="OnAction im Add-In" onAction="=Test(btn1)"/>
```

Die zweite versucht, eine Schaltfläche auf herkömmliche Weise aufzurufen:

```
<button id="btn2" label="OnAction im Host" onAction="OnAction"/>
```

In der folgenden Abbildung sehen Sie die Fehlermeldung, die das Add-In beim Aufruf der zweiten Schaltfläche auslöst.

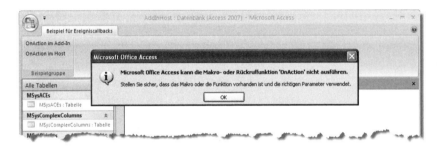

Abbildung 6.17: Der Versuch, eine Callback-Funktion auf herkömmlichem Wege aufzurufen, schlägt fehl — egal, ob sich diese in der Host- oder in der Add-In-Datenbank befindet.

6.6 Ribbon-Objekt fehlerresistent speichern

Wenn während der Benutzung einer Anwendung ein unbehandelter Laufzeitfehler auf-tritt (einfach gesagt: ein Fehler, der eine Fehlermeldung von Access hervorruft), werden alle Objektvariablen geleert, also auch die im obigen Beispiel oft verwendete Variable *objRibbon* zum Speichern des aktuellen Ribbons. Access 2007 liefert mit der *TempVars*-Auflistung ein Objekt, in dem Sie Objekte so speichern können, dass ihr Inhalt bei unbe-handelten Laufzeitfehlern nicht verloren geht.

Die *TempVars*-Auflistung ist immer einsatzbereit, Sie müssen sie nicht wie ein *Collection*-Objekt oder ähnliche erst deklarieren und instanzieren. In der im *onLoad*-Attribut ange-gebenen Callback-Funktion speichern Sie den Inhalt des übergebenen *ribbon*-Parameters zunächst wie gewohnt in *objRibbon*.

Anschließend fügen Sie seinen Inhalt einem neuen *TempVars*-Element hinzu. Genau genommen ist es nicht der Inhalt der Objektvariablen selbst, sondern nur der Pointer darauf, den Sie über die Funktion *ObjPtr* (ein verborgenes Element der VBA-Bibliothek) ermitteln.

```
Sub OnLoad(ribbon As IRibbonUI)
    Set objRibbon = ribbon
    TempVars.Add "RibbonPtr", ObjPtr(ribbon)
End Sub
```

Wenn wir nun davon ausgehen, dass ein Laufzeitfehler aufgetreten ist, dann hat *objRibbon* im Anschluss den Wert *Nothing*, was für die Verwendung der *Invalidate*- und *InvalidateControl*-Methoden verhältnismäßig ungünstig ist. Die folgende Routine simuliert dies, indem sie *objRibbon* selbst auf *Nothing* setzt. Vor dem eigentlichen Zugriff auf die Methoden dieses Elements prüft sie dann dessen Inhalt und stellt es mit der Routine *RebuildRibbonObj* und der im *TempVars*-Objekt gespeicherten Kopie wieder her:

```
Public Sub AlterCheckbox(control As IRibbonControl)
    bolCheckbox = True
    Set objRibbon = Nothing
    If objRibbon Is Nothing Then RebuildRibbonObj
    objRibbon.InvalidateControl "chkBeispiel"
End Sub
```

Die Routine *RebuildRibbonObj* sieht so aus:

```
Private Sub RebuildRibbonObj()
    Dim lObj As Long
    lObj = TempVars("RibbonPtr")
    If lObj <> 0 Then
        Dim obj As Object
        CopyMemory obj, lObj, 4&
        Set objRibbon = obj
        Debug.Print TypeName(obj)
        CopyMemory obj, 0&, 4&
    End If
End Sub
```

Fehlt noch die hier verwendete API-Funktion *CopyMemory*, die wie folgt deklariert werden muss:

```
Private Declare Sub CopyMemory Lib "kernel32.dll" Alias "RtlMoveMemory" _
    (ByRef Destination As Any, ByRef Source As Any, ByVal Length As Long)
```

Diese Lösung funktioniert auf diese einfache Weise leider nur mit Access. Unter Word, Excel und Co. benötigt man einen alternativen Weg zum Speichern des Zeigers auf das *IRibbonUI*-Objekt.

7 Ribbon-Anpassung per VB6-COM-Add-In

COM-AddIns erstellt man als VBA-Entwickler entweder mit VB6, weil es bezüglich Syntax und Sprachumfang VBA am nächsten kommt, oder mit einer der .NET-Sprachen, in diesem Fall VB.NET. Microsoft nennt es aber schon lange nicht mehr VB.NET, dort spricht man bei der aktuellsten Fassung von Visual Basic 2008 – mehr dazu im folgenden Kapitel.

Sie können COM-AddIns auch mit einer anderen .NET-Sprache, wie etwa C#, erstellen. Da wir davon ausgehen, dass Sie die Office-Anwendungen in der Regel mit VBA programmieren, wollen wir uns sprachlich aber nicht allzu weit davon entfernen.

Wir geben uns jedoch nicht damit zufrieden, nur die COM-Add-In-Erstellung mit VB6 oder VB2008 zu beschreiben, da jede Vor- und Nachteile mit sich bringt.

Ein VB6-COM-AddIn ist in der Regel viel leichtgewichtiger, denn Sie brauchen normalerweise nur eine einzige DLL weiterzugeben, damit andere das COM-AddIn auf ihrem Rechner einsetzen können.

Und auch die Installation geht sehr leicht von der Hand: Die DLL müssen Sie nämlich einfach nur registrieren, was mit einem Aufruf des Tools *regsvr32.exe* geschieht.

Unter Windows Vista brauchen Sie noch ein, zwei Handgriffe mehr, aber das macht den Braten letztlich nicht fett. Und das Wichtigste ist derzeit die Performance: Es gibt einen signifikanten Unterschied bezüglich der Geschwindigkeit beim Laden einer VB6-DLL und eines .NET-COM-Add-Ins. Benutzer zeigen sich nämlich in der Regel nicht gerade begeistert, wenn sich das Öffnen einer Anwendung bloß wegen eines kleinen Tools merklich verzögert. COM-Add-Ins auf Basis des .NET-Frameworks benötigen auf dem Zielrechner zumindest die Runtime-Variante einer aktuellen Version des Frameworks. In den folgenden Abschnitten erfahren Sie, wie Sie ein COM-Add-In mit Visual Studio 6 erstellen, das eine Anwendung mit einer Funktion ausstattet, die Sie über ein zusätzliches Ribbon-Steuerelement aufrufen können.

Beispieldateien

Die Beispieldateien zu diesem Kapitel finden Sie im Download im Verzeichnis *Kap_VB6COMAddIns*.

7.1 Projekt anlegen

Nach dem Start von Visual Basic 6 erwartet Sie dieses mit dem Dialog *Neues Projekt*. In Ermangelung spezieller Projektvorlagen zum Anlegen von Office-COM-AddIns wählen Sie hier den Eintrag *Addin* aus. Sollte Visual Studio diesen Dialog nicht anzeigen, erhalten Sie ihn über den Menüeintrag *Datei | Neues Projekt*.

Abbildung 7.1: Mit einer *Addin*-DLL starten Sie richtig in das neue Projekt.

Damit Sie das Projekt unter dem richtigen Namen und am gewünschten Ort speichern, nehmen Sie zunächst folgendes in Angriff:

▷ Öffnen Sie über *Projekte | Eigenschaften ...* die Projekteigenschaften und stellen Sie dort den Projektnamen ein, etwa *Ribbon-Beispiel*. Legen Sie in diesem Zuge auch gleich den Wert *Projekt-Kompatibilität* für die Option *Versionskompatibilität* fest, die Sie auf der Registerseite *Komponente* finden.

▷ Wählen Sie den Menübefehl *Datei | Speichern* aus und legen Sie das Zielverzeichnis fest, zum Beispiel *c:\Projekte\Ribbon*.

Anschließend wenden Sie sich dem Projekt-Explorer (*Strg + R*) zu. Dieser zeigt alle bereits enthaltenen Objekte an, unter anderem die *Designer*-Klasse *Connect* (siehe Abbildung 7.2). Diese öffnen Sie per Doppelklick und finden einen Dialog vor, den Sie wie in Abbildung 7.3 ausfüllen.

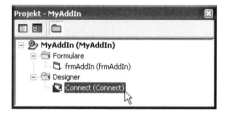

Abbildung 7.2: Die Connect-Klasse enthält wichtige Prozeduren und Starteinstellungen.

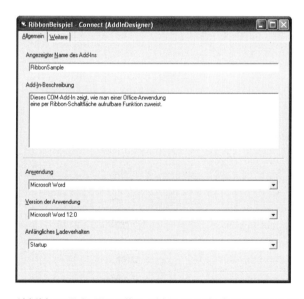

Abbildung 7.3: Einstellen Add-In-spezifischer Eigenschaften

Wenn Sie ein Add-In für eine andere Anwendung als Word programmieren möchten, brauchen Sie nur unter *Anwendung* den entsprechenden Eintrag auszuwählen.

Schließen Sie diesen Dialog und öffnen Sie das VB-Modul der *Connect*-Klasse über ihr Kontextmenü. Hier hat Visual Studio eine Reihe Code hinzugefügt, den Sie bis auf die Zeile *Option Explicit* komplett löschen können.

7.2 *IRibbonExtensibility* implementieren

VB6-Projekte dieses Typs besitzen automatisch einen Verweis auf die Bibliothek *Microsoft Office 8.0 Object Library*. Diesen werfen Sie über den Dialog *Verweise* (*Projekte | Verweise*) ebenfalls raus und ersetzen ihn durch *Microsoft Office 12.0 Object Library*. Zwischen Löschen und Ersetzen müssen Sie das *Verweise*-Fenster einmal schließen, weil dieser Dialog jeweils nur eine Version einer Objektbibliothek von Office-Anwendungen anzeigt. Fügen Sie nun dem *Designer*-Klassenmodul *Connect* die folgende Zeile hinzu:

```
Implements IRibbonExtensibility
```

Anschließend können Sie im linken Kombinationsfeld des Codefensters den Eintrag *IRibbonExtensibility* auswählen, wodurch Visual Studio automatisch die in der folgenden Abbildung sichtbare Ereignisprozedur anlegt.

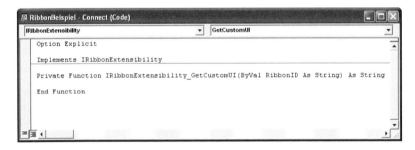

Abbildung 7.4: Hinzufügen der Ereignisprozedur *GetCustomUI*

Wozu ist diese Implementierung gut? Nun, wenn Sie das Projekt kompilieren (und damit automatisch registrieren) legt Visual Studio einen Eintrag in einem Registry-Zweig an, der beim Öffnen der Zielanwendung, hier also Word, gelesen wird. Dieser Eintrag sieht wie in der folgenden Abbildung aus (er ist zu diesem Zeitpunkt allerdings noch nicht vorhanden, sondern wird erst während des Debuggens oder beim Erstellen angelegt).

Word findet also zunächst ein Add-In vor, das offensichtlich unter Word zum Einsatz kommen möchte. Aber wie? Dies untersucht Word im Anschluss, indem es die öffentliche Add-In-Klasse auf spezielle Schnittstellen scannt. Und eine solche Schnittstelle ist *IRibbonExtensibility*. Word sucht nach der Implementierung der dort festgelegten Prozedur *GetCustomUI* und ruft diese auf.

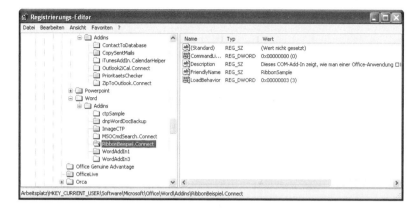

Abbildung 7.5: Dieser Registry-Eintrag wird von Word gelesen und lädt das Add-In zusammen mit Word.

Nun ist *GetCustomUI* eine Funktion, die etwas an die aufrufende Instanz zurückliefern soll, und zwar die XML-Definition des anzuzeigenden Ribbons. Im Gegenzug liefert die Host-Anwendung mit dem Parameter *RibbonID* einen Hinweis auf die aufrufende Anwendung. Probieren wir das aus, indem wir *GetCustomUI* wie folgt füllen:

```
Private Function IRibbonExtensibility_GetCustomUI(ByVal RibbonID As _
        String) As String
    MsgBox RibbonID
End Function
```

Betätigen Sie nun die Taste *F5*, um das Projekt zum Debuggen zu erzeugen, und starten Sie Word. Dort passiert offensichtlich nichts. Stattdessen zeigt Visual Studio ein Meldungsfenster mit dem Inhalt *Microsoft.Word.Document* an. Dies ist eine Besonderheit beim Debuggen: Wenn Sie eine DLL aus dem Projekt erzeugen und dann Word starten, erscheint das Meldungsfenster unter Word. Den Wert des Parameters *RibbonID* können Sie speziell unter Outlook gebrauchen: Wenn Sie ein Outlook-Add-In mit der *IRibbonExtensibility* erzeugen, wird die *GetCustomUI*-Prozedur bei jedem Öffnen eines der Inspektor-Fenster, wie etwa das zum Schreiben von E-Mails, ausgelöst und übergibt mit *RibbonID* einen Inspektor-spezifischen Ausdruck (mehr dazu in Kapitel 8, »Ribbons in Outlook 2007«).

7.3 Ribbon-XML zurückgeben

Damit Sie die Funktion des COM-Add-Ins über die Host-Anwendung aufrufen können, sollen dort ein oder mehrere Ribbon-Einträge erscheinen. Das dazu notwendige XML-Dokument übergeben Sie deshalb der Funktion *GetCustomUI*. Den XML-Code setzen Sie dabei entweder per VB zusammen oder Sie speichern ihn einfach in einer Ressourcen-

Datei. Dazu müssen Sie, wenn dies noch nicht der Fall ist, zunächst den Ressourcen-Editor aktivieren. Dazu führen Sie den Menübefehl *Add-Ins | Add-In-Manager ...* aus und klicken doppelt auf den im nun erscheinenden Dialog befindlichen Eintrag *VB 6 Ressourcen-Editor*. Daneben sollte nun *Start/Geladen* stehen.

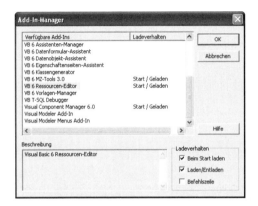

Abbildung 7.6: Aktivieren des Ressourcen-Editors

In der Symbolleiste erscheint nun die Schaltfläche *VB-Ressourcen-Editor*, mit der Sie den benötigten Dialog öffnen. Klicken Sie dort auf die Schaltfläche *Benutzerdefinierte Ressource hinzufügen* und wählen Sie im nächsten Schritt das benötigte XML-Dokument aus. Das für dieses Beispiel erstellte Dokument hat folgenden Inhalt:

```
<customUI xmlns="http://schemas.microsoft.com/office/2006/01/customui">
   <ribbon>
     <tabs>
       <tab id="tab1" label="Word-COM-Add-In">
         <group id="grp1" label="VB6">
           <button id="btn1" label="Beispielbutton" onAction="OnAction"/>
         </group>
       </tab>
     </tabs>
   </ribbon>
</customUI>
```

Die neue benutzerdefinierte Ressource versehen Sie dann mit einer ID wie in Abbildung 7.7. Auf die XML-Datei können Sie nun nicht direkt zugreifen, sondern brauchen eine kleine Hilfsfunktion, die wie folgt aussieht:

```
Public Function GetXMLResource(strResource As String) As String
    Dim bin() As Byte
    Dim strXML As String
```

```
    bin = LoadResData(strResource, "CUSTOM")
    strXML = StrConv(bin, vbUnicode)
    GetXMLResource = strXML
End Function
```

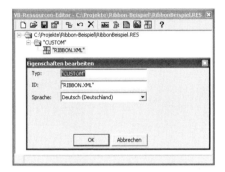

Abbildung 7.7: Hinzufügen und anpassen des XML-Dokuments als benutzerdefinierte Ressource

Die Funktion erwartet die ID (hier *RibbonXML*) als Parameter und liefert die in der Datei gespeicherte Zeichenkette, also das XML-Dokument, als Funktionswert zurück.

Die Funktion rufen Sie dann in der Ereignisprozedur *IRibbonExtensibility_GetCustomUI* auf und geben das XML-Dokument als Ergebnis zurück.

```
Private Function IRibbonExtensibility_GetCustomUI(ByVal _
        RibbonID As String) As String
    IRibbonExtensibility_GetCustomUI = GetXMLResource("RIBBON.XML")
End Function
```

Zu Testzwecken hinterlegen wir zunächst folgende ganz einfache Callback-Funktion für das *onAction*-Attribut der Ribbon-Schaltfläche:

```
Public Sub OnAction(control As IRibbonControl)
    MsgBox "Juhu!"
End Sub
```

Die Ribbon-Callbacks müssen sich übrigens komplett in der *Connect*-Klasse befinden.

VB6-Ribbon testen

Nun starten Sie das Projekt mit *F5* und rufen dann Word auf. Alternativ können Sie das Projekt auch sofort einmal kompilieren und die DLL erstellen – das erledigen Sie mit dem Befehl *Datei | <Projektname> erstellen...*

Word zeigt beim nächsten Start das zusätzliche Ribbon-Tab an und ein Klick auf die Schaltfläche *Beispielbutton* liefert das gewünschte Meldungsfenster.

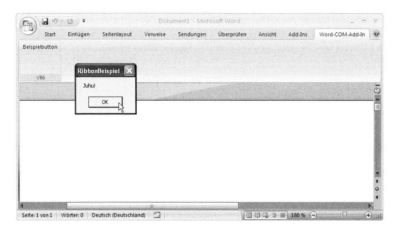

Abbildung 7.8: Ein per COM-Add-In hinzugefügtes Ribbon

7.4 Bilder in VB6-COM-Add-Ins

Die meisten Ribbon-Techniken funktionieren unter VB6 genau so wie unter VBA. Eine Besonderheit ergibt sich, wenn Sie anzuzeigende Bilddateien direkt in der DLL speichern möchten. Dies geschieht dann auf die gleiche Weise wie mit dem XML-Dokument: Sie laden die Bilddateien zunächst in die Ressourcen-Datei des Projekts und greifen dann wie nachfolgend beschrieben auf die Bilddateien zu.

Die Ribbon-Definition passen Sie zunächst wie folgt an und ersetzen damit die bestehende Variante (neue Elemente sind fett gedruckt):

```
<customUI xmlns="http://schemas.microsoft.com/office/2006/01/customui"
         loadImage="LoadImage">
  <ribbon>
    <tabs>
      <tab id="tab1" label="Word-COM-Add-In">
        <group id="grp1" label="VB6">
          <button id="btn1" label="Beispielbutton" onAction="OnAction"
                 image="strawberry.png"/>
        </group>
      </tab>
    </tabs>
  </ribbon>
</customUI>
```

Die folgende Callback-Funktion bringen Sie im Modul *Connect.Dsr* unter:

```
Function LoadImage(imageID As String) As stdole.IPictureDisp
    Set LoadImage = GetImageResource(imageID)
End Function
```

Schließlich brauchen Sie noch eine Routine, welche das der *imageID* entsprechende Bild aus der Ressourcen-Datei des Projekts einliest. Diese sieht ähnlich, wie die für das XML-Dokument, verwendet aber die Funktion *ArrayToPicture* zum Umwandeln der in der Ressourcen-Datei enthaltenen Informationen in ein *IPictureDisp*-Objekt:

```
Public Function GetImageResource(strResource As String) As IPictureDisp
    Dim bin() As Byte
    Dim objPicture As IPictureDisp
    bin = LoadResData(strResource, "CUSTOM")
    Set objPicture = ArrayToPicture(bin)
    Set GetImageResource = objPicture
End Function
```

Die Funktion *ArrayToPicture* ist nur eine von vielen Funktionen für die Bearbeitung von Bildobjekten im Modul *mdlOGL2007*, das auch in anderen Kapiteln dieses Buchs noch zum Einsatz kommt. Sie finden das Modul im Beispielprojekt zu diesem Kapitel.

Das Laden der Bilddatei funktioniert im Debugging-Modus übrigens nicht – im Gegenteil: Dies löst sogar einen Fehler aus. Verzweifeln Sie also nicht, wenn das Bild beim Debuggen nicht erscheint, und gehen Sie nicht auf Fehlersuche, solange Sie das Projekt nicht kompiliert und so getestet haben.

7.5 *Application*-Verweis anlegen

Die *IRibbonExtensibility*-Schnittstelle liefert leider keinen Verweis auf die aufrufende Anwendung, sodass diese allein relativ nutzlos ist: Eine Ribbon-Schaltfläche in einer Anwendung, die Funktionen eines COM-Add-Ins aufruft, das keinen Bezug zu dieser Anwendung herstellen kann, ist relativ nutzlos.

Daher müssen Sie eine weitere Schnittstelle implementieren, die allerdings implizit in der *Designer*-Klasse *Connect* enthalten ist. Um diese zu implementieren, wählen Sie einfach im linken Kombinationsfeld des Klassenmoduls den Eintrag *AddInInstance* aus, woraufhin die Ereignisprozedur *AddInInstance_OnConnection* angelegt wird.

Diese Prozedur liefert mit dem Parameter *Application* einen Objektverweis auf die aufrufende Anwendung, in diesem Fall Word:

```
Private Sub AddinInstance_OnConnection(ByVal Application As Object, ...)


End Sub
```

OnConnection wird direkt nach dem Start von Word und dem Starten der in der Registry angegebenen COM-Add-Ins ausgelöst. Diese Prozedur sollten Sie nutzen, um den Verweis auf Word zu speichern, und zwar in einer Variable des Typs *Word. Application*. Damit dies funktioniert, fügen Sie dem Projekt einen Projektverweis auf die Bibliothek *Microsoft Word 12.0 Object Library* hinzu, und zwar über den *Verweise*-Dialog (*Projekt | Verweise*).

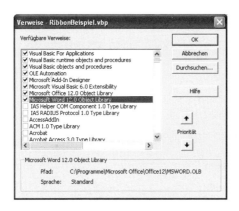

Abbildung 7.9: Hinzufügen eines Verweises auf die Word-Objektbibliothek

Dann legen Sie, am besten in einem Standardmodul, eine Variable zum Speichern der Word-Instanz an:

```
Dim objWord As Word.Application
```

Im *OnConnection*-Ereignis brauchen Sie nun nur eine Anweisung, um den Verweis auf die aufrufende Word-Instanz dauerhaft zu speichern:

```
Private Sub AddinInstance_OnConnection(ByVal Application As Object, _
        ByVal ConnectMode As AddInDesignerObjects.ext_ConnectMode, _
        ByVal AddInInst As Object, custom() As Variant)
    Set objWord = Application
End Sub
```

Damit können Sie nun wuchern. Da dies ein Ribbon- und kein Word-Buch ist, hier nur ein kleines Beispiel, was Sie mit einem solchen COM-Add-In anstellen können. Das COM-Add-In soll nun auf Knopfdruck einen Text in das aktuell geöffnete Dokument einfügen. Der Code für die *onAction*-Callback-Funktion sieht so aus:

```
Sub OnAction(control As IRibbonControl)
    objWord.ActiveDocument.Range = "Dieser Text wurde per 7
                        Ribbon-Schaltfläche aus einem COM-Add-In eingefügt."
End Sub
```

Wenn Sie das COM-Add-In nun erstellen und die Ribbon-Schaltfläche unter Word betätigen, wird genau der angegebene Text in das aktuelle Dokument an die Stelle der Einfügemarke geschrieben.

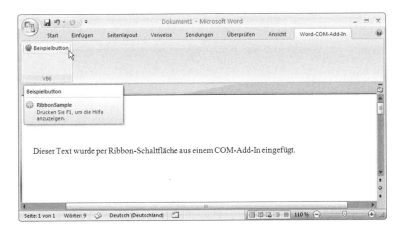

Abbildung 7.10: Hinzufügen eines Textes per COM-Add-In

7.6 COM-Add-Ins für andere Anwendungen als Word

Im Beispiel haben wir Word als Host für das COM-Add-In verwendet. Dies funktioniert mit anderen Anwendungen natürlich genauso – also Excel, Access, PowerPoint oder mit den verschiedenen Outlook-Fenstern.

Sie müssen lediglich im *Connect*-Designer festlegen, welche Anwendung das COM-Add-In laden soll.

COM-Add-In für mehrere Anwendungen gleichzeitig

Wenn Ihr Add-In nicht nur von einer, sondern von mehreren Office-Anwendungen gleichzeitig eingesetzt werden soll, ist das auch kein Problem, bedeutet aber ein wenig Handarbeit.

Zunächst benötigen Sie für jede Anwendung, die das Add-In verwenden soll, einen eigenen Registry-Eintrag. Wenn Sie unser COM-Add-In auch unter Access einsetzen möchten, müssen Sie beispielsweise die folgenden Zeilen in eine Textdatei namens *Register.reg* eintragen und nach dem Speichern per Doppelklick ausführen:

```
Windows Registry Editor Version 5.00
[HKEY_CURRENT_USER\Software\Microsoft\Office\Access\Addins\7
                                            RibbonBeispiel.Connect]
```

```
"LoadBehavior"=dword:00000003
"CommandLineSafe"=dword:00000000
"FriendlyName"="RibbonSample"
"Description"="Dieses COM-Add-In zeigt, wie man einer Office-Anwendung 7
                eine per Ribbon-Schaltfläche aufrufbare Funktion zuweist."
```

Der Unterschied zu den Einstellungen, die das Add-In selbst beim Registrieren in der Registry vornimmt, ist der Schlüsselname, der nun nicht mehr *Word*, sondern *Access* als Anwendung enthält.

Starten Sie nach dem Registrieren des COM-Add-Ins für die zusätzliche Anwendung Access, löst dies zunächst einen Fehler aus, und zwar in der folgenden Zeile:

```
Set objWord = Application
```

Das ist auch klar, denn *Application* liefert unter Access ein Objekt namens *Access.Application*. Sie müssen hier also vor dem Zuweisen von *Application* über *Application.Name* prüfen, von welcher Anwendung aus das COM-Add-In aufgerufen wurde, und für alle infrage kommenden Anwendungen entsprechende *Application*-Objekte deklarieren.

In diesem Falle brauchen Sie also ein Konstrukt wie das folgende:

```
Private Sub AddinInstance_OnConnection(ByVal Application As Object, ...)
    Select Case Application.Name
        Case "Microsoft Word"
            Set objWord = Application
        Case "Microsoft Access"
            Set objAccess = Application
    End Select
End Sub
```

Klar, dass Sie ein entsprechendes Objekt namens *objAccess* deklarieren und auch im folgenden Verlauf jeweils prüfen müssen, ob gerade ein Word- oder ein Access-Objekt als Ziel der Add-In-Aktionen dient.

Falls Sie in einem COM-Add-In Ribbons für verschiedene Office-Anwendungen liefern möchten, müssen Sie dies im Ereignis *GetCustomUI* berücksichtigen und den Parameter *RibbonID* entsprechend auswerten:

```
Private Function IRibbonExtensibility_GetCustomUI(ByVal _
        RibbonID As String) As String
    Select Case RibbonID
        Case "Microsoft.Word.Document"
            IRibbonExtensibility_GetCustomUI = _
                GetXMLResource("Ribbon.XML")
```

```
      Case "Microsoft.Access.Database"
          IRibbonExtensibility_GetCustomUI = _
              GetXMLResource("RibbonAccess.XML")
   End Select
End Function
```

Die hier verwendeten *Case*-Ausdrücke für alle Anwendungen beziehungweise die Outlook-Fenster finden Sie in der folgenden Tabelle:

Application	Ribbon ID
Access	*Microsoft.Access.Database*
Excel	*Microsoft.Excel.Workbook*
PowerPoint	*Microsoft.PowerPoint.Presentation*
Word	*Microsoft.Word.Document*
Outlook	*Microsoft.Outlook.Mail.Read*
	Microsoft.Outlook.Mail.Compose
	Microsoft.Outlook.MeetingRequest.Read
	Microsoft.Outlook.MeetingRequest.Send
	Microsoft.Outlook.Appointment
	Microsoft.Outlook.Contact
	Microsoft.Outlook.Journal
	Microsoft.Outlook.Task
	Microsoft.Outlook.DistributionList
	Microsoft.Outlook.Report
	Microsoft.Outlook.Resend
	Microsoft.Outlook.Response.Read
	Microsoft.Outlook.Response.Compose
	Microsoft.Outlook.Response.CounterPropose
	Microsoft.Outlook.RSS
	Microsoft.Outlook.Post.Read
	Microsoft.Outlook.Post.Compose
	Microsoft.Outlook.DistributionList
	Microsoft.Outlook.Report
	Microsoft.Outlook.Resend
	Microsoft.Outlook.Response.Read
	Microsoft.Outlook.Response.Compose
	Microsoft.Outlook.Response.CounterPropose
	Microsoft.Outlook.Response.CounterPropose
	Microsoft.Outlook.RSS
	Microsoft.Outlook.Post.Read
	Microsoft.Outlook.Post.Compose
	Microsoft.Outlook.Sharing.Read
	Microsoft.Outlook.Sharing.Compose

Tabelle 7.1: IDs der Host-Objekte von COM-Add-Ins

7.7 COM-Add-Ins weitergeben

Die Weitergabe ist eine der größten Stärken der COM-Add-Ins auf Basis von VB6. Als Resultat des Kompilierens erhalten Sie eine DLL-Datei, die Sie einfach auf den Zielrechner kopieren und dann registrieren müssen. Letzteres ist äußerst einfach. Sie brauchen lediglich die folgende Anweisung in der Eingabeaufforderung abzusetzen (unter Windows Vista müssen Sie die Eingabeaufforderung dabei als Administrator starten):

```
RegSvr32.exe <Pfad und Name der DLL>
```

Möchten Sie ein Setup mit Ihrem präferierten Setup-Tool bauen, brauchen Sie also nur die DLL ins gewünschte Verzeichnis des Zielrechners zu kopieren und den obigen Befehl auszuführen oder die Registrierung mit der Methode des entsprechenden Setup-Tools vorzunehmen.

Mit Visual Basic 2008 funktioniert dies natürlich auch und Visual Studio 2008 baut auch gleich noch das passende Setup dazu. Allerdings sind die Voraussetzungen für die aus dem sogenannten »verwalteten« Code bestehenden Projekte der aktuellen Entwicklungsumgebung wesentlich höher als für ein COM-Add-In auf VB6-Basis: Sie benötigen nicht nur die entstehende DLL, sondern unter Umständen noch eine ganze Reihe Software, wie eine aktuelle Version des .NET-Frameworks. Und wenn ein Benutzer nicht nur eine kleine DLL wie unter VB6, sondern auch noch mehrere hundert Megabyte weitere Komponenten installieren muss, nur um ein kleines Tool für eine Office-Anwendung zu installieren, wird dieser möglicherweise recht konsterniert dreinschauen.

Auch die Performance ist bei VB6-DLLs spürbar besser, vor allem beim ersten Öffnen einer Anwendung, die ein COM-Add-In verwendet. Daher setzen nicht alle Add-In-Entwickler unbedingt schon auf die neuen .NET-Technologien.

7.8 Verwendung mehrerer Ribbon-Erweiterungen

Eine wichtige Frage ist die, was geschieht, wenn man mehrere Ribbon-Erweiterungen anwendet, die entweder aus verschiedenen COM-Add-Ins oder aus einem COM-Add-In und einer Dokumentvorlage et cetera kommen. Wenn diese unabhängig voneinander angelegt werden sollen, können Sie einfach zwei verschiedene Ribbon-Definitionen verwenden, die getrennt verwendet werden. Die Zielanwendung legt die Ribbons dann ohne Berücksichtigung eventuell gleicher Bezeichnungen oder IDs parallel an. Manch einer möchte aber vielleicht zwei COM-Add-Ins bauen, deren Funktionen in der gleichen Gruppe angezeigt werden, die aber nicht zusammen installiert werden sollen – beispielsweise, weil der Hersteller die Tools separat verkaufen möchte.

Nehmen wir also an, Access soll mit einer Funktion erweitert werden, die über ein *button*-Element namens *btn1* aufgerufen werden soll, und mit einer weiteren Funktion, die man über die Schaltfläche *btn2* startet. Beide Schaltflächen sollen in der gleichen Gruppe des gleichen benutzerdefinierten Tabs landen. Die Ribbon-Definition in Erweiterung 1 sieht so aus:

```
<customUI xmlns="http://schemas.microsoft.com/office/2006/01/customui">
  <ribbon>
    <tabs>
      <tab id="tab1" label="Tab1">
        <group id="grp1" label="grp1">
          <button id="btn1" label="Button AddIn 1"/>
        </group>
      </tab>
    </tabs>
  </ribbon>
</customUI>
```

Erweiterung 2 fügt dieses Ribbon hinzu:

```
<customUI xmlns="http://schemas.microsoft.com/office/2006/01/customui">
  <ribbon>
    <tabs>
      <tab id="tab1" label="Tab1">
        <group id="grp1" label="grp1">
          <button id="btn2" label="Button AddIn 2"/>
        </group>
      </tab>
    </tabs>
  </ribbon>
</customUI>
```

Die unterschiedlichen Elemente sind fett markiert. Das Ergebnis entspricht nicht den Erwartungen: Das *tab*-Element mit der ID *tab1* wird zweimal angelegt. Eigentlich soll die zweite Erweiterung aber das *tab*-Element der ersten Erweiterung weiterverwenden. Hier kommt das selten angewandte Attribut *idQ* ins Spiel: Dieses erlaubt die gemeinsame Verwendung eines Elements wie etwa eines *tab*- oder eines *group*-Elements durch mehrere Erweiterungen. Wenn Sie dieses Attribut verwenden möchten, legen Sie zunächst im *customUI*-Element einen eigenen Namespace fest. Das sieht wie folgt aus, und zwar in allen Ribbon-Erweiterungen, die Elemente gemeinsam nutzen sollen (das neue Element ist fett gedruckt):

```
<customUI xmlns="http://schemas.microsoft.com/office/2006/01/customui"
          xmlns:x="Erweiterung">
```

Nun gibt es mehrere Varianten. Sie können beispielsweise das *tab*-Element der beiden Erweiterungen von oben gemeinsam nutzen. Dann ändern Sie die entsprechende Zeile in beiden Ribbon-Definitionen wie folgt:

```
<tab idQ="x:tab1" label="Tab1">
```

Im Ribbon sieht dies dann so aus:

Abbildung 7.11: Gruppen aus zwei Add-Ins in einem *tab*-Element.

Die nächste Variante geht noch einen Schritt weiter: Sie platziert beide *button*-Elemente nicht nur im gleichen *tab*-Element, sondern auch noch in der gleichen Gruppe. Dazu ersetzen Sie die *id*-Attribute der Gruppe in beiden XML-Definitionen durch entsprechende *idQ*-Attribute, sodass *tab*- und *group*-Definition in beiden Erweiterungen so aussehen:

```
<tab idQ="x:tab1" label="Tab1">
    <group idQ="x:grp1" label="grp1">
```

Das resultiert schließlich in dieser Anordnung:

Abbildung 7.12: *button*-Elemente aus zwei Erweiterungen in einer Gruppe

Wenn Sie den *button*-Elementen noch das *onAction*-Attribut hinzufügen und im VB-Projekt die passenden Ereignis-Callback-Funktionen einfügen, greift auch jede Schaltfläche auf die zu ihrem Add-In gehörende Prozedur zu – auch wenn diese gleichlautend benannt sind.

8 Ribbons in Outlook 2007

Outlook spielt deshalb eine besondere Rolle, weil es das Ribbon nicht nur in einem, sondern gleich in mehreren Fenstern anzeigt, aber eben nicht im Hauptfenster. Stattdessen sind beispielsweise alle sogenannten Inspektoren damit ausgestattet, also etwa die Fenster zum Schreiben und Anzeigen von E-Mails, zum Bearbeiten von Kontakten oder Terminen.

Im Gegensatz zu den anderen Office-Anwendungen wie Access, Excel, Word oder PowerPoint dient Outlook auch nicht dem Bearbeiten von Dateien wie *Office Open XML*-Dokumenten oder von Datenbanken; daher gibt es auch keine Instanzen, die Outlook auf ähnlich einfache Weise wie in den übrigen Office-Anwendungen ein Ribbon hinzufügen könnten.

Die einzige Möglichkeit zur Anpassung des Ribbons in Outlook sind COM-Add-Ins. Ihren Erstellung haben Sie grundsätzlich schon in Kapitel 7, »Ribbon-Anpassung per VB6-COM-Add-In«, kennengelernt, wobei wir die Entwicklung von COM-Add-Ins mit Visual Basic 6 durchgeführt haben.

In diesem Fall verwenden wir die Vollversion von Visual Studio 2008, welche die Entwicklung deutlich vereinfacht. Gleichwohl können Sie COM-Add-Ins für Outlook genauso gut mit Visual Basic 6 erstellen. Ein kleines Beispielprojekt zu diesem Thema finden Sie im Download zu diesem Kapitel.

Für Outlook gelten außerdem einige Besonderheiten, die wir uns in gleich ansehen werden.

8.1 Projekt anlegen

Nach dem Start von Visual Studio 2008 erstellen Sie zunächst ein neues Projekt auf Basis der Vorlage *Visual Basic | Office | 2007 | Outlook 2007-Add-In*.

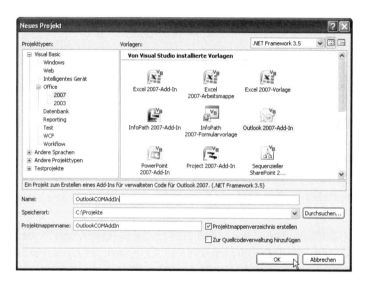

Abbildung 8.1: Anlegen eines neuen Outlook-Add-Ins

Visual Studio legt daraufhin das Projekt an, das aus einem einzigen Klassenmodul besteht. Dieses stellt direkt zu Beginn zwei Ereignisprozeduren namens *ThisAddIn_Startup* und *ThisAddIn_Shutdown* zur Verfügung.

Diese beiden Routinen füllen Sie mit Code, der beim Starten und Beenden des Add-Ins ausgeführt werden soll. Zu Testzwecken legen wir zunächst einfach zwei *MsgBox*-Anweisungen an:

```
Private Sub ThisAddIn_Startup(ByVal sender As Object, _
        ByVal e As System.EventArgs) Handles Me.Startup
    MsgBox("Startup")
End Sub
```

```
Private Sub ThisAddIn_Shutdown(ByVal sender As Object, _
        ByVal e As System.EventArgs) Handles Me.Shutdown
    MsgBox("Shutdown")
End Sub
```

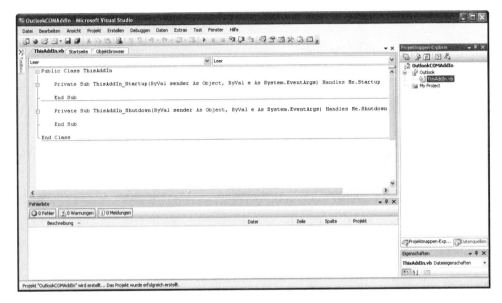

Abbildung 8.2: Ein frisch angelegtes Outlook-COM-Add-In

Mit einem Klick auf die Schaltfläche *Debuggen starten* oder durch Betätigen von *F5* starten Sie den Debugging-Vorgang, der dafür sorgt, dass eine DLL erstellt, einige Registry-Einträge geschrieben und Outlook gestartet wird. Außerdem erscheint das erwartete erste Meldungsfenster und beim Schließen sehen Sie auch das zweite.

Outlook muss geschlossen sein

Stellen Sie sicher, dass Outlook beim Starten des COM-Add-Ins geschlossen ist. Unter Umständen ist Outlook nicht in der Taskleiste sichtbar, läuft jedoch noch unsichtbar im Hintergrund. Sie können es dann über den Task-Manager beenden.

8.2 Ribbon hinzufügen

Dies alles hilft noch nicht viel weiter, denn es fehlt das Ribbon. Dieses fügen Sie in Form eines neuen Elements zum Projekt hinzu. Dazu betätigen Sie den Menübefehl

Projekt | Neues Element hinzufügen... und wählen im dann erscheinenden Dialog den Eintrag *Multifunktionsleiste (XML)* aus.

Visueller Ribbon-Designer

Aufmerksamen Lesern fällt auf, dass es auch einen Elementtyp namens *Multifunktionsleisten (Visueller Designer)* gibt. Haben Sie noch ein wenig Geduld: Wir stellen diesen im Kapitel 9, »Custom Task Panes« vor. Bei den Aufgaben dieses Kapitels hilft er uns leider nicht weiter.

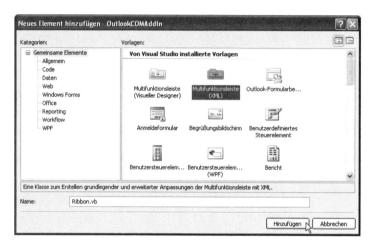

Abbildung 8.3: Hinzufügen von Ribbon-Funktionalität

Damit fügen Sie dem Projekt zwei weitere Elemente hinzu:

▷ ein VB-Klassenmodul namens *Ribbon.vb* und

▷ ein XML-Dokument namens *Ribbon.xml*.

Im Modul *Ribbon.vb* finden Sie die (noch) auskommentierte Routine *CreateRibbonExtensibilityObject*. Diese kopieren Sie in das Modul *ThisAddIn.vb* und kommentieren die drei folgenden Zeilen aus:

```
Protected Overrides Function CreateRibbonExtensibilityObject() _
        As Microsoft.Office.Core.IRibbonExtensibility
    Return New Ribbon()
End Function
```

Das Element *Ribbon.xml* enthält bereits eine vorgefertigte Beispiel-Ribbon-Definition. Somit sind schon alle Schritte für einen weiteren Testlauf erledigt und Sie können das Projekt erneut debuggen.

Im Outlook-Hauptfenster tut sich nach wie vor nichts, dafür aber in den Element-Fenstern zur Anzeige von Mails, Kontakten, Terminen und so weiter: Dort erscheint ein neues Tab namens *Add-Ins* mit der in der Datei *Ribbon.xml* festgelegten Gruppe.

Die benutzerdefinierten Ribbon-Elemente erscheinen allerdings in jedem einzelnen Inspektor, was für eine Funktion, die beispielsweise nur im Mailfenster verwendet werden soll, eher ungünstig ist.

Abbildung 8.4: Ein benutzerdefiniertes Ribbon-Element im Outlook-Mail-Inspektor

Schauen wir uns also an, wo man dies beeinflussen kann. Irgendwo sollte ein Hinweis auf den Typ des geöffneten Fensters vorliegen; vermutlich als Parameter einer Funktion. Ein Blick in das Modul *Ribbon.vb* offenbart die Funktion *GetCustomUI*, die bereits in Kapitel 4, »VBA und Callbacks«, angesprochen wurde.

Diese ist Element der Klasse *IRibbonExtensibility*, die in dieser Klasse implementiert wird. *GetCustomUI* wird dabei immer dann von der Host-Anwendung ausgelöst, wenn diese ein entsprechendes Objekt erzeugt – in diesem Falle die Outlook-Inspektoren.

Die Routine hat im derzeitigen Zustand genau eine Anweisung, die den Inhalt der Datei *Ribbon.xml* als Funktionswert zurückliefert. Dies erledigt die Methode *GetResourceText*, die im Übrigen ebenfalls im Modul *Ribbon.vb* im standardmäßig ausgeblendeten Bereich *Helfer* untergebracht ist (anzuzeigen per Klick auf das Plus-Symbol vor dem grau gefärbten Text *Helfer*):

```
Public Function GetCustomUI(ByVal ribbonID As String) As String _
        Implements Office.IRibbonExtensibility.GetCustomUI
    Return GetResourceText("OutlookCOMAddIn.Ribbon.xml")
End Function
```

Genauso könnten Sie den Text der Ribbon-Anpassung auch in einem String zusammenstellen und als Funktionswert festlegen. Auf jeden Fall aber sollten Sie einen genaueren Blick auf den einzigen Übergabeparameter der Funktion *GetCustomUI* werfen, der *ribbonID* heißt.

Fügen Sie testhalber die folgende Anweisung in die Routine ein, um zu sehen, welchen Wert *ribbonID* beim Öffnen eines der Outlook-Inspektoren enthält:

```
MsgBox(ribbonID)
```

Ein Test liefert folgendes Bild:

Abbildung 8.5: Beim Öffnen des Mail-Fensters hat *ribbonID* den im Meldungsfenster angezeigten Wert.

Damit können Sie beispielsweise schon einmal dafür sorgen, dass die Funktion nur eine Ribbon-Definition zurückliefert, wenn der Benutzer das Mail-Fenster geöffnet hat. Die folgende Version der Funktion *GetCustomUI* ergänzt ausschließlich das Ribbon des Mail-Fensters:

```
Public Function GetCustomUI(ByVal ribbonID As String) As String _
        Implements Office.IRibbonExtensibility.GetCustomUI
    If ribbonID = "Microsoft.Outlook.Mail.Compose" Then
        Return GetResourceText("OutlookCOMAddIn.Ribbon.xml")
    End If
End Function
```

Sie könnten nun mit ein paar Tests herausfinden, welchen Wert *ribbonID* für welches Outlook-Fenster annimmt, einfacher ist es jedoch, Tabelle 7.1, »IDs der Host-Objekte von COM-Add-Ins«, aus dem vorherigen Kapitel zu benutzen.

Diese enthält auch die IDs für die übrigen Office-Anwendungen.

8.3 Unterbringen der Callback-Funktionen

Die Callback-Funktionen platzieren Sie am einfachsten in dem dafür vorgesehenen Bereich im Modul *Ribbon.vb*. Dieser ist standardmäßig ausgeblendet und erscheint nach einem Klick auf das Plus-Symbol vor der Zeichenfolge *Multifunktionsleisten-Rückrufe* (siehe Abbildung 8.6).

Nach dem Erweitern dieses Bereichs zeigt sich, dass bereits eine Callback-Funktion vorhanden ist – nämlich die für das Callback-Attribut *onLoad* des *customUI*-Elements (siehe Abbildung 8.7).

Abbildung 8.6: Hinter diesem Bereich befinden sich die Callback-Funktionen.

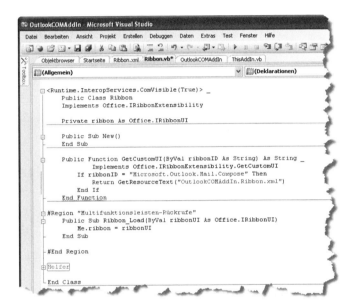

Abbildung 8.7: Die Callback-Funktion, die beim Laden des Ribbons ausgelöst wird, erstellt Visual Studio automatisch.

8.4 COM-Add-In mit Funktion versehen

Die restlichen Schritte erfordern Kenntnisse in der Programmierung des Outlook-Objektmodells beziehungsweise des Objektmodells der betroffenen Office-Anwendung sowie einer der .NET-Programmiersprachen Visual Basic oder C#.

Im Wesentlichen müssen Sie Folgendes erledigen:

▷ Anpassen der Ribbon-Definition in der Datei *Ribbon.xml*, damit diese die für das COM-Add-In benötigten Steuerelemente bereitstellt

▷ Hinzufügen der Callback-Funktionen entsprechend der Ribbon-Definition

▷ Füllen der Callback-Funktionen etwa zum Öffnen von .NET-Formularen (WinForms) oder zum Ausführen von Funktionen ohne Benutzeroberfläche

8.5 Beispiel: Prioritätschecker

Wie bereits eingangs erwähnt, gibt es unter Visual Studio 2008 einen Ribbon-Designer. Der kann aber leider nicht alles: Zum Beispiel lassen sich damit keine *command*-Elemente anlegen, die ja zum Anpassen eingebauter Elemente nötig sind.

Ein solches benötigen wir aber für unser Beispiel: Sicher kennen Sie auch einige Leute, die jede Mail mit dem Attribut »Höchste Priorität« kennzeichnen, obwohl diese sicher nicht wichtiger als die übrigen Mails im Postfach sind (sollten Sie selbst alle Mails mit höchster Priorität versenden: Denken Sie darüber nach, dies zu regulieren – früher oder später stufen die Empfänger Mails von Ihnen automatisch als »unterste Priorität« ein).

Bewusster Prioritäten setzen

Die folgende Lösung soll dafür sorgen, dass Benutzer vor dem Setzen hoher Priorität zunächst eine zusätzliche Meldung bestätigen müssen.

Dazu soll die entsprechende Schaltfläche im Ribbon des Dialogs zum Erstellen einer neuen Mail mit einer zusätzlichen Funktion versehen werden und beim Anklicken eine Meldung wie die aus der folgenden Abbildung anzeigen.

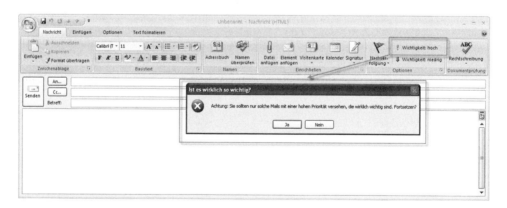

Abbildung 8.8: Diese Meldung erscheint, wenn der Benutzer hohe Priorität für eine E-Mail einstellen möchte.

Dabei gibt es allerdings noch etwas zu beachten: Die Meldung soll nämlich nur erscheinen, wenn der Benutzer hohe Priorität setzt, nicht, und wenn er sie wieder entfernt.

Klickt der Benutzer im Meldungsfenster auf *Ja*, soll die Umschaltfläche gedrückt werden, wenn er auf *Nein* klickt, soll dies nicht geschehen. Schauen wir uns nun an, wie Sie diese Erweiterung bauen.

▶ Zunächst legen Sie, wie oben beschrieben, ein neues Outlook 2007-Add-In-Projekt an. Nennen Sie es beispielsweise *PrioritaetsChecker*.

▶ Fügen Sie ein neues Element des Typs *Multifunktionsleiste (XML)* namens *Ribbon* hinzu.

▶ Schreiben Sie den folgenden Code in das Modul *ThisAddIn*:

```
Protected Overrides Function CreateRibbonExtensibilityObject() _
        As Microsoft.Office.Core.IRibbonExtensibility
    Return New Ribbon()
End Function
```

▶ Ersetzen Sie den Inhalt des Elements *Ribbon.xml* durch diesen Text:

```
<?xml version="1.0" encoding="UTF-8"?>
<customUI xmlns="http://schemas.microsoft.com/office/2006/01/customui"
     onLoad="Ribbon_Load">
  <commands>
    <command idMso="HighImportance" onAction="onActionHighImportance"/>
  </commands>
</customUI>
```

Damit legen Sie fest, dass beim Klick auf die Schaltfläche mit der *idMso* namens *HighImportance* die Callback-Funktion *onActionHighImportance* ausgelöst wird.

▶ Das Ribbon soll nur in Zusammenhang mit dem Dialog zum Erstellen neuer Mails angezeigt werden. Passen Sie die Funktion *GetCustomUI* daher so an, dass diese die Ribbon-Anpassung nur zurückliefert, wenn das Add-In von diesem Fenster aus aufgerufen wird:

```
Public Function GetCustomUI(ByVal ribbonID As String) As String _
        Implements Office.IRibbonExtensibility.GetCustomUI
    If ribbonID = "Microsoft.Outlook.Mail.Compose" Then
        Return GetResourceText("ContactToDatabase.Ribbon.xml")
    End If
End Function
```

▶ Schließlich fehlt noch die Callback-Funktion selbst. Diese stellt zunächst den Parameter *cancelDefault* auf *True*, was bedeutet, dass die Schaltfläche nicht gedrückt wird. Dann prüft sie den Inhalt des Parameters *pressed*, der Auskunft darüber gibt, ob das *toggleButton*-Element sich bereits im gedrückten Zustand befindet. Falls ja, setzt die Routine *cancelDefault* auf *True*, was die Schaltfläche einfach in den nicht gedrückten Zustand überführt. Ist die Schaltfläche noch nicht niedergedrückt, erscheint das Meldungsfenster, das der Benutzer entweder mit *Ja* (Priorität wird gesetzt, *cancelDefault = False*) oder *Nein* (Priorität wird nicht gesetzt) quittieren kann.

```
Public Sub onActionHighImportance(ByVal control As _
        Office.IRibbonControl, ByVal pressed As Boolean, _
        ByRef cancelDefault As Boolean)
    cancelDefault = True
    If pressed = True Then
        If MsgBox("Achtung: Sie sollten nur solche Mails mit 7
                einer hohen Priorität versehen, die wirklich wichtig 7
                                        sind. Fortsetzen?", _
                MsgBoxStyle.YesNo + MsgBoxStyle.Critical, _
                "Ist es wirklich so wichtig?") = MsgBoxResult.Yes Then
            cancelDefault = False
        End If
    Else
        cancelDefault = False
    End If
End Sub
```

Callback-Funktionen: Definition für andere Programmiersprachen

Die in Kapitel 3, »Callbacks und VBA«, aufgeführten Definitionen für das Aussehen der Callback-Funktionen unter VBA können Sie in VB 2008 oder C# nicht verwenden. Die passenden Definitionen finden Sie aber beispielsweise unter folgendem Link: *http://msdn.microsoft.com/en-us/library/aa722523.aspx*

Ist das COM-Add-In aktiv?

Unter Outlook gibt es keinen Office-Button und auch nicht den in den anderen Office-Anwendungen verfügbaren Optionen-Dialog, über den Sie einfach die Liste der integrierten COM-Add-Ins einsehen können. Standardmäßig ist hier noch nicht einmal die Schaltfläche eingeblendet, mit der Sie den für diesen Zweck vorgesehenen Outlook-Dialog betrachten können. Diesen machen Sie ganz nach Office 2003-Manier sichtbar, und zwar über den Anpassen-Dialog, der in Outlook 2007 noch vorhanden ist.

Klicken Sie dazu mit der rechten Maustaste auf die Menüleiste und wählen Sie den Eintrag *Anpassen* aus. Im nun erscheinenden Dialog wechseln Sie zum Registerreiter *Befehle*, wählen in der linken Liste den Eintrag *Extras* aus und ziehen aus der rechten Liste den Eintrag *COM-Add-Ins...* in die Menüleiste von Outlook.

Nun können Sie auch hier die verfügbaren COM-Add-Ins einsehen und prüfen, ob Ihres vorhanden ist.

8.6 Weitergabe

Die Weitergabe verwalteter Add-Ins per Setup war bis Visual Studio 2005 und VSTO SE relativ kompliziert. Dies hat sich mit Visual Studio 2008 und VSTO 3.0 grundlegend geändert. In den folgenden Abschnitten zeigen wir die wesentlichen Schritte für die Weitergabe von Office-Add-Ins. Ausgangspunkt für das Erstellen eines Setups ist die Registerseite *Veröffentlichen* der Projekteigenschaften, die Sie mit einem Doppelklick auf den Eintrag *My Project* im Projektmappen-Explorer öffnen.

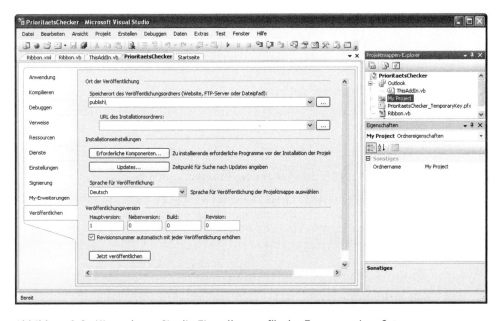

Abbildung 8.9: Hier nehmen Sie die Einstellungen für das Erzeugen eines Setups vor.

Mit den beiden oberen Optionen stellen Sie ein, wo die Setup-Dateien erzeugt werden sollen. Zu Testzwecken können Sie den voreingestellten *publish*-Ordner beibehalten. Es gibt jedoch weitaus mehr Möglichkeiten: Wer etwa Setups über das Inter- oder Intranet verfügbar machen möchte, kann dies ebenfalls direkt hier einstellen.

Über die Schaltfläche *Erforderliche Komponenten* öffnen Sie den folgenden Dialog. Hier legen Sie fest, welche Komponenten zum Setup gehören sollen. Erfreulicherweise prüft das Setup später, ob diese schon in aktueller Version vorliegen, und installiert nur benötigte Elemente. Wichtig ist die Angabe, von wo der Benutzer die zusätzlichen Komponenten beziehen soll. Diese können Sie direkt im *publish*-Verzeichnis zusammenstellen, um sie direkt an den Benutzer weiterzugeben. Nach Wunsch lädt das Setup die Dateien auch direkt von der Webseite von Microsoft oder anderen Herstellern herunter.

Abbildung 8.10: Zusammenstellen der benötigten zusätzlichen Komponenten und Festlegen eines Installationsorts

Fehlt noch die Aktualitätsabfrage: In dem durch die Schaltfläche *Updates...* zu öffnenden Dialog stellen Sie das Intervall ein, in dem die Anwendung nach aktualisierten Versionen suchen soll.

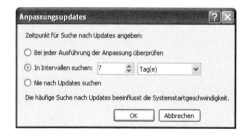

Abbildung 8.11: Anpassen des Zeitpunkts, an dem die Anwendung nach Updates sucht

Nach einem Klick auf *Jetzt veröffentlichen* beginnt die Zusammenstellung der Setup-Komponenten. Diese finden Sie standardmäßig im Verzeichnis *publish* unterhalb des Projektordners (siehe Abbildung 8.12).

Mit einem Doppelklick auf *Setup.exe* kann der Benutzer das COM-Add-In inklusive der benötigten Komponenten auf dem Zielsystem installieren.

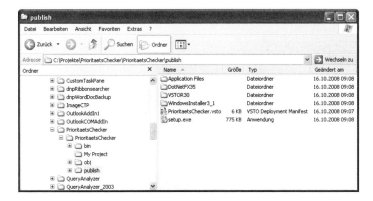

Abbildung 8.12: Setup-Dateien inklusive notwendiger Anwendungen

Tipp zur Add-In-Programmierung

Auch wenn das Erstellen von Add-Ins mit der Vollversion von Visual Studio 2008 wesentlich leichter von der Hand geht als mit Visual Basic 6, sollten Sie dennoch immer zuerst eine Minimalversion des Add-Ins programmieren, die beispielsweise einfach nur ein Meldungsfenster beim Öffnen der Zielanwendung anzeigt, und dies in Setups für die geplanten Zielsysteme testen. Klappt dies, können Sie weitere Funktionen hinzufügen.

9 Custom Task Panes

Custom Task Panes heißen auf Deutsch *benutzerdefinierte Aufgabenbereiche*. Und wenn es etwas nach benutzerdefinierter Art gibt, dann findet sich auch ein eingebautes Pendant. Unter Office gibt es viele Beispiele für solche Aufgabenbereiche. In allen Anwendungen verfügbar ist beispielsweise die Zwischenablage von Office:

Abbildung 9.1: Die Zwischenablage der Office-Anwendungen ist ein prominentes Beispiel für einen Aufgabenbereich.

Daneben gibt es viele weitere Beispiele für dieses Element der Benutzeroberfläche. Unter Word findet sich etwa der Formatvorlagen-Aufgabenbereich, den Sie mit einem Klick auf den *dialogBoxLauncher* der Gruppe *Formatvorlagen* anzeigen. Die folgende Abbildung zeigt, dass sich ein Aufgabenbereich nicht nur am linken oder rechten Rand einklinkt, sondern auch frei schwebend sein kann. Dazu ziehen Sie den entsprechenden Bereich einfach an der Titelleiste zur gewünschten Stelle. Aufgabenbereiche können Sie theoretisch auch am oberen oder unteren Rand verankern, bei einigen eingebauten Aufgabenbereichen ist dies jedoch nicht möglich.

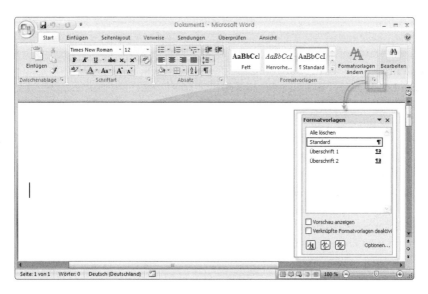

Abbildung 9.2: Ein frei schwebender Aufgabenbereich unter Word

Aufgabenbereiche öffnet man allerdings nicht zwingend über ein *dialogBoxLauncher*-Element. Bei benutzerdefinierten Aufgabenbereichen können Sie selbst entscheiden, über welches Steuerelement Sie sie aktivieren. Genauso können Sie auch die eingebauten Aufgabenbereiche über benutzerdefinierte Ribbon-Einträge öffnen, indem Sie die entsprechende *idMso* festlegen. Auch in den anderen Office-Anwendungen finden Sie eine Reihe Beispiele für eingebaute Aufgabenbereiche.

Unterschied zwischen Aufgabenbereich und Formular

Was unterscheidet einen solchen Aufgabenbereich von einem herkömmlichen Formular? Äußerlich ist das die Möglichkeit, dieses zu verankern, und die Tatsache, dass verankerte Aufgabenbereiche sich den Platz mit den anderen Elementen der Benutzeroberfläche der jeweiligen Anwendung teilen. So verkleinert sich zwar etwa unter Word der Platz zur Anzeige eines Dokuments, andererseits stehen aber oft benötigte Elemente wie etwa die Liste der Formatvorlagen auf Wunsch ständig am rechten oder linken Rand bereit. Die technischen Hintergründe sind eigentlich nur bei den benutzerdefinierten Aufgabenbereichen, den Custom Task Panes, interessant. Der wichtigste Punkt ist, dass

Sie Custom Task Panes nicht mit den eingebauten Mitteln einer Office-Anwendung erzeugen können. Sie können damit zwar Formulare (in Access) oder UserForms in den übrigen Office-Anwendungen erstellen; diese weisen aber nicht die für eine Task Pane typischen Eigenschaften auf.

Die einzige Möglichkeit ist der Einsatz eines COM-Add-Ins. Dieses erhalten Sie auf eine in den vorherigen Kapiteln beschriebene Art: also zum Beispiel als Visual Basic 6- oder Visual Basic 2008-COM-Add-In (es geht auch mit C# oder anderen Sprachen).

Auch wenn sich die verwendeten Techniken zur Erstellung von Custom Task Panes in den verschiedenen Entwicklungsumgebungen geringfügig unterscheiden, so ist allen doch eines gemein: Sie benötigen immer ein Custom Task Pane-Objekt und ein *Userdocument*, mit dem Sie die Custom Task Pane füllen. Ein Userdocument entspricht grob etwa einem Windows Form und hat ähnliche Eigenschaften wie ein ActiveX-Steuerelement.

Wozu Custom Task Panes?

Bleibt noch die Frage, was Sie mit einer Custom Task Pane anstellen sollen. Im Prinzip bieten diese eine prima Gelegenheit, Elemente oder Informationen, die in der aktuellen Anwendung verarbeitet werden sollen, aber aus einer anderen Anwendung oder Datei stammen, sichtbar und vor allem zugreifbar zu machen.

Ein paar Ideen:

- Word: Eine Liste aller Bilder des Verzeichnisses des aktuellen Dokuments, die man per Mausklick in das Word-Dokument einfügen kann.

- Word: Eine Liste der aktuell in Outlook enthaltenen Aufgaben und eine Möglichkeit, diese per Doppelklick zu öffnen, zu bearbeiten oder neue Aufgaben anzulegen. Gerade Letzteres ist interessant: So kann man bei der Arbeit an einem umfangreichen Dokument etwa Ideen für später direkt in Aufgaben umwandeln.

- Excel: Anzeige einer Auflistung von Rechnungsdaten aus einer Access-Fakturierung, aus der man die Rechnungsdaten einliest und in ein Tabellenblatt schreibt.

- PowerPoint: Eine Artikel-Liste in einer Access-Datenbank, aus der man bestimmte Artikel auswählt und diese per Mausklick in einem PowerPoint-Katalog zusammenstellt.

- Outlook-Mail-Inspektor: Die Möglichkeit, Dateien in einer Liste zusammenzustellen, die anschließend gezippt und als Attachment zur aktuellen Mail hinzugefügt werden.

- Access: Ein Tool, mit dem man SQL-Ausdrücke eingeben kann, deren Ergebnis direkt in einem *DataGridView*-Steuerelement angezeigt wird. Früher gab es das mal unter dem Namen Query Analyzer für den Microsoft SQL Server.

Sie sehen: Es gibt eine Reihe Möglichkeiten, und Ihnen fallen sicher noch weitere Ideen aus Ihrer täglichen Praxis ein. Also warten wir nicht lang und zeigen, wie Sie solch eine Custom Task Pane bauen können.

Voraussetzung und Beispielprojekt

Für das Nachvollziehen der Beispiele in diesem Kapitel benötigen Sie Visual Studio 2008 mit Service Pack 1. Das Beispielprojekt *CustomTaskPane* finden Sie im Verzeichnis *Kap_CustomTaskPanes\ctp-Sample* im Download zu diesem Buch.

9.1 Grundgerüst bauen

Am schnellsten geht das mit der Vollversion von Visual Studio 2008, in diesem Fall mit Visual Basic. Zuerst legen Sie hier ein neues Projekt auf Basis der Vorlage *Visual Basic | Office | 2007 | Word 2007-Add-In* an.

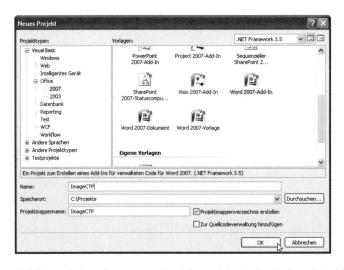

Abbildung 9.3: Anlegen eines Projekts auf Basis der Vorlage Word 2007-Add-In

Im nächsten Schritt fügen Sie das Benutzersteuerelement hinzu, das der Aufgabenbereich anzeigen soll. Dies erledigen Sie, indem Sie über den Menüeintrag *Projekt | Neues Element hinzufügen...* den Dialog *Neues Element hinzufügen* öffnen und dort den Eintrag *Benutzersteuerelement* auswählen.

Nach dem Umbenennen des Steuerelements in *UserControl.vb* schließen Sie den Dialog mit der Schaltfläche *Hinzufügen*.

Schaltfläche hinzufügen

Das nun angezeigte Benutzersteuerelement bestücken Sie zunächst ganz einfach mit einer einfachen Schaltfläche, die Sie über das Eigenschaftsfenster in *btnOK* umbenennen und mit der Beschriftung *OK* versehen.

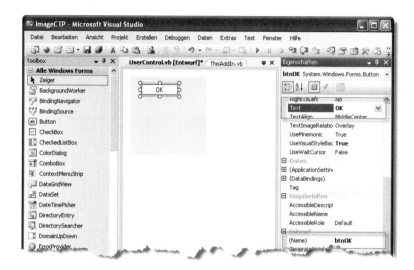

Abbildung 9.4: Hinzufügen einer Schaltfläche zum Benutzersteuerelement

Anschließend klicken Sie doppelt auf die Schaltfläche, um die *OnClick*-Ereignisprozedur anzulegen. Die nun im Modul *UserControl.vb* erscheinende Prozedur füllen Sie wie folgt:

```
Private Sub btn1_Click(ByVal sender As System.Object, _
        ByVal e As System.EventArgs) Handles btn1.Click
    MsgBox("Huhu!")
End Sub
```

Anzeigen der Custom Task Pane

Nun bringen Sie im Modul *ThisAddIn.vb* den zum Erzeugen und Anzeigen der Custom Task Pane benötigten Code unter. Als Erstes fügen Sie ganz oben (also noch vor der Zeile *Public Class ThisAddIn*) die folgende Zeile hinzu, die lediglich Schreibarbeit spart: Sie können dann direkt auf die im angegebenen Namespace (hier *Microsoft.Office.Tools*) enthaltenen Objekte zugreifen und brauchen den Namespace nicht jedesmal voranzustellen:

```
Imports Microsoft.Office.Tools
```

Dementsprechend fällt schon die Deklaration des *CustomTaskPane*-Objekts schön kurz aus:

```
Dim objCTP As CustomTaskPane
```

Anschließend ergänzen Sie noch die Methode T*hisAddIn_Startup* um einige Anweisungen. Die erste fügt die gewünschte Custom Task Pane zur Auflistung *CustomTaskPanes* hinzu.

Die Parameter der *Add*-Anweisung sind ein Verweis auf das *UserControl*-Element sowie der gewünschte Fenstertitel. Für Testzwecke reicht hier die Bezeichnung *UserControl* aus.

Anschließend geschehen noch zwei Dinge mit der frisch erzeugten Custom Task Pane: Sie legen ihre Position fest, in diesem Falle am rechten Rand verankert, und stellen die Eigenschaft *Visible* auf *True* ein, damit der Aufgabenbereich auch sichtbar wird.

```
Private Sub ThisAddIn_Startup(ByVal sender As Object, _
        ByVal e As System.EventArgs) Handles Me.Startup
    objCTP = Me.CustomTaskPanes.Add(New UserControl, "UserControl")
    With objCTP
        .DockPosition = _
            Microsoft.Office.Core.MsoCTPDockPosition.msoCTPDockPositionRight
        .Visible = True
    End With
End Sub
```

Das Ergebnis ist, gemessen am Aufwand, beeindruckend: Word zeigt den benutzerdefinierten Aufgabenbereich am rechten Rand an und liefert auch noch die gewünschte Schaltfläche.

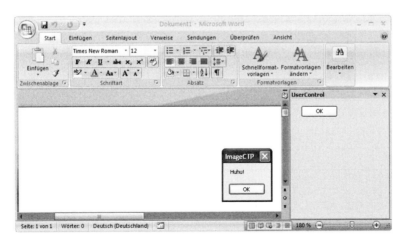

Abbildung 9.5: Eine schnell erstellte Custom Task Pane

9.1.1 Ein- und ausblenden von Custom Task Panes

Nun ist es nicht so, dass Sie nur noch kurz die gewünschte Funktion hinzufügen müssten – und auch das kann je nach Anforderung eine Menge Arbeit bedeuten.

Es fehlt natürlich auch noch die Möglichkeit, die Custom Task Pane wieder einzublenden, wenn sie der Benutzer einmal ausblenden sollte. Das Ausblenden gelingt ganz einfach über die Schließen-Schaltfläche rechts oben – aber wenn die Custom Task Pane weg ist, ist sie weg.

Dieses Buch wäre wohl kein Ribbon-Buch, wenn zum Ein- und Ausblenden nicht ein Ribbon-Steuerelement zum Einsatz käme. Am besten passt natürlich das *toggleButton*-Steuerelement, denn es kann je nach aktuellem Zustand der Custom Task Pane den Text *Einblenden* oder *Ausblenden* anzeigen und seinen eigenen Zustand anpassen.

Was ist hier zu beachten? Wo Sie das Ribbon-Steuerelement unterbringen, ist vorerst zweitrangig – kaum etwas geht schneller, als es später woanders anzuzeigen. Wichtig sind andere Faktoren:

- Wenn die Custom Task Pane beim Öffnen von Word erscheinen soll, muss der *toggleButton* den Text *Ausblenden* anzeigen.

- Ein Klick auf den *toggleButton* bei ausgeblendeter Custom Task Pane soll diese einblenden und den Text des *toggleButtons* auf *Ausblenden* einstellen.

- Ein Klick auf den *toggleButton* bei eingeblendeter Custom Task Pane soll diese ausblenden und den Text des *toggleButtons* auf *Einblenden* einstellen.

- Das Ausblenden der Custom Task Pane per Schließen-Schaltfläche soll den Text des *toggleButtons* auf *Einblenden* einstellen.

Also, machen wir uns ans Werk! Zunächst fügen Sie mit *Projekt | Neues Element hinzufügen...* und dem Eintrag *Multifunktionsleiste (Visueller Designer)* die für die Anzeige eines Ribbons benötigten Elemente hinzu. In Kapitel 8, »Ribbons in Outlook 2007«, haben wir das Ribbon auf eine andere, etwas aufwendigere Art und Weise hinzugefügt, die auch in Visual Studio 2005 mit VSTO SE funktioniert, in diesem Fall verwenden wir den in Visual Studio 2008 neu hinzugekommenen Designer für das Erstellen des Ribbons.

Man sollte meinen, dass es damit möglich ist, auch die Callback-Funktionen ähnlich wie bei üblichen Steuerelementen halbautomatisch anzulegen, was aber offensichtlich nicht der Fall ist – zumindest nicht auf den ersten Blick (dazu später mehr).

9.1.2 Umgang mit dem Designer

Die folgende Abbildung zeigt die wesentlichen Elemente des Ribbon-Designers von Visual Studio 2008. Das Ribbon wird wie eine Windows Form angezeigt, aus der Toolbox links fügen Sie die Steuerelemente hinzu, und das Eigenschaftsfenster hilft beim einfachen Einstellen der Eigenschaften des Ribbons und seiner Elemente.

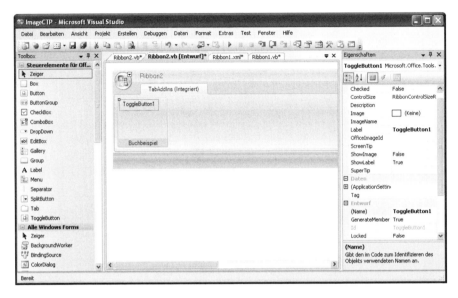

Abbildung 9.6: Der visuelle Designer zum Anlegen von Ribbon-Definitionen in VS 2008

Sie können integrierte und benutzerdefinierte Elemente verwenden. Als Tab ist derzeit das integrierte Tab ausgewählt, das später die Beschriftung *Add-Ins* tragen wird. Möchten Sie ein anderes integriertes Tab verwenden, müssen Sie die *idMso* des Tabs ermitteln und dieses für die Eigenschaft *OfficeID* eintragen (eine Eigenschaft *idMso* gibt es dort nicht). Wenn Sie ein benutzerdefiniertes *tab*-Element verwenden möchten, ändern Sie den Wert der Eigenschaft *ControlIDType* in *Custom*. Für das erste einfache Beispiel behalten wir jedoch die aktuellen Einstellungen bei (siehe Abbildung 9.7).

Fehlende *Get*...-Attribute?

Offensichtlich fehlt hier aber einiges: Wenn Sie zum Beispiel, wie bei Steuerelementen unter Visual Studio üblich, doppelt auf eines der Controls klicken, erscheint ein Codefenster mit einer entsprechenden Ereignisprozedur, die in diesem Fall so aussieht – ergänzt um eine kleine *MsgBox*-Anweisung:

```
Private Sub tgl1_Click(ByVal sender As System.Object, ByVal e _
        As Microsoft.Office.Tools.Ribbon.RibbonControlEventArgs) _
        Handles tgl.Click
    MsgBox("Hallo")
End Sub
```

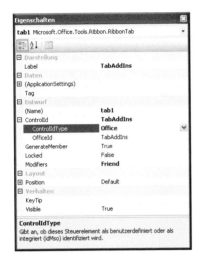

Abbildung 9.7: Einstellen des Tabs

Ein Klick auf *F5* startet Word und zeigt unser Ribbon an. Ein Klick auf das *toggleButton*-Element liefert das erwartete Meldungsfenster. So weit, so gut: Wenn wir aber nun zurück zum Ribbon-Designer wechseln, den *toggleButton* markieren und im Eigenschaftsfenster die Ansicht auf *Ereignisse* einstellen (siehe markierte Schaltfläche in der folgenden Abbildung), erscheint in der Liste außer dem *Click*-Ereignis kein weiteres. Wo sind die *Get...*-Callbacks, mit denen wir beispielsweise die Beschriftung des *toggleButtons* ändern können?

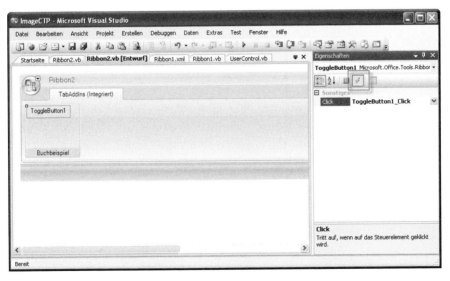

Abbildung 9.8: Der *toggleButton* hat nur ein *Click*-Ereignis, aber keine *Get...*-Ereignisse.

Der Clou ist: Dies und fast alles andere geschieht völlig ohne Callback-Funktionen. Sie wollen die Beschriftung des *toggleButtons* zur Laufzeit einstellen – zum Beispiel direkt beim Einblenden der Custom Task Pane? Bitte schön:

```
Globals.Ribbons.Ribbon.tgl1.Label = "Ausblenden"
```

Dabei stellt das standardmäßig in VB 2008-Projekten vorhandene Objekt *Globals* eine Auflistung aller verfügbaren Elemente bereit. In diesem Fall sind das die Klasse *ThisAddIn* sowie eine Auflistung der enthaltenen Ribbons, wobei diese nur die Ribbon-Klassen enthält, die auf Basis der Vorlage *Multifunktionsleisten (Visueller Designer)* erstellt wurden.

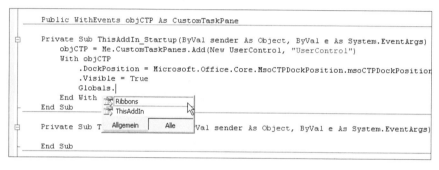

Abbildung 9.9: Auflistung der verfügbaren Elemente des Projekts

Wie oben gesehen, können Sie also genau wie auf Windows Forms-Elemente sowie die enthaltenen Controls auch auf Ribbons und ihre Steuerelemente zugreifen. Das vereinfacht die Arbeit mit dem Ribbon erheblich, wie die folgenden Abschnitte zeigen werden.

Erledigen wie diese Aufgabe also für die oben festgelegten Anforderungen. Dazu brauchen wir nur zwei Routinen:

▷ Die erste wird beim Ein-/Ausblenden der Custom Task Pane ausgelöst. Das *CustomTaskPane*-Objekt bringt dafür eine Ereignisprozedur namens *VisibleChanged* mit. Diese füllen Sie wie folgt:

```
Private Sub objCTP_VisibleChanged(ByVal sender As Object, _
        ByVal e As System.EventArgs) Handles objCTP.VisibleChanged
    If objCTP.Visible = True Then
        Globals.Ribbons.Ribbon.tgl1.Label = "Ausblenden"
    Else
        Globals.Ribbons.Ribbon.tgl1.Label = "Einblenden"
    End If
End Sub
```

Die zweite Ereignisprozedur wird beim Anklicken des *toggleButton*-Objekts ausgelöst. Sie prüft, ob das *CustomTaskPane*-Objekt sichtbar ist, und blendet dieses entweder ein oder aus und passt die Beschriftung des *toggleButton*-Objekts an:

```
Private Sub ToggleButton1_Click(ByVal sender As System.Object, ByVal _
        e As Microsoft.Office.Tools.Ribbon.RibbonControlEventArgs) _
        Handles ToggleButton1.Click
    If Globals.ThisAddIn.objCTP.Visible = True Then
        Globals.ThisAddIn.objCTP.Visible = False
        Me.tgl1.Label = "Einblenden"
    Else
        Globals.ThisAddIn.objCTP.Visible = True
        Me.tgl1.Label = "Ausblenden"
    End If
End Sub
```

Fertig – die Custom Task Pane funktioniert genau wie geplant. Sie lässt sich über das *toggleButton*-Element im Ribbon ein- und ausblenden, und wenn man es über die *Schließen*-Schaltfläche schließt, lässt es sich wieder einblenden.

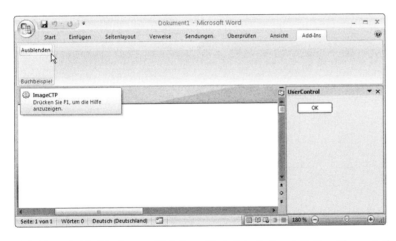

Abbildung 9.10: Die Custom Task Pane lässt sich via *toggleButton*-Element ein- und ausblenden.

Warum nicht überall?

Wer sich bis hierher vorgearbeitet hat, wird sich fragen, warum man sich unter Office derart mit XML-Definitionen und Callback-Funktionen herumquält, wenn es doch scheinbar auch viel einfacher geht. Leider können wir hierzu keine Antwort liefern – aber vielleicht bringt ja eine der folgenden Office-Versionen eine bessere Unterstützung für die Programmierung von Ribbons.

Weitere Möglichkeiten

Mit den in Visual Studio 2008 vorgestellten Möglichkeiten wird die Anpassung und Steuerung des Ribbons zum Kinderspiel. Wir würden an dieser Stelle gern mit ausführlichem Beispiel demonstrieren, wie dies funktioniert, möchten jedoch Rücksicht auf die Leser nehmen, die zum Großteil vermutlich nicht über die recht teure Vollversion von Visual Studio 2008 verfügen. Projekte auf Basis der hier verwendeten Vorlage lassen sich auch leider nicht mit der Express Edition öffnen und weiterbearbeiten; der Zugriff auf das Ribbon-Objektmodell bleibt somit Besitzern der kostenpflichtigen Version von Visual Studio vorbehalten.

9.2 Custom Task Panes mit VB6

Unter VB6 verläuft die Erstellung von Custom Task Panes ein wenig anders und erst recht bei Custom Task Panes für die Outlook-Inspektoren.

Wir zeigen, wie Sie Custom Task Panes für die Hauptfenster von Anwendungen wie Word, Excel, PowerPoint und Access entwickeln, und Sie erfahren auch, wie das für die Inspektorfenster unter Outlook funktioniert.

9.2.1 Custom Task Pane im Hauptfenster einer Anwendung

Für das folgende Beispiel legen Sie einfach ein neues VB6-Projekt auf Basis der Vorlage *Addin* an und stellen die Eigenschaften des *Connect*-Designers wie folgt ein:

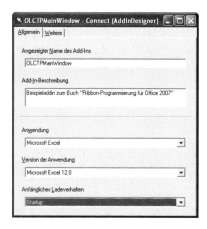

Abbildung 9.11: Einstellungen für das Custom Task Pane-Beispiel für Excel

Wie Sie sehen, soll dieses Beispiel im Hauptfenster von Excel auftauchen, und zwar genau wie in der folgenden Abbildung:

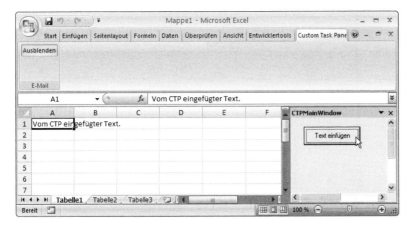

Abbildung 9.12: Custom Task Pane in Excel

Beispielprojekt

Das Beispielprojekt zu diesem Abschnitt finden Sie im Download zu diesem Buch im Verzeichnis *Kap_CustomTaskPanes\CTPMainWindow*.

Damit das Add-In eine Custom Task Pane anzeigen kann, brauchen Sie zunächst ein Benutzerdokument, das die Steuerelemente für die Custom Task Pane enthält und in dieses integriert wird. Das Benutzerdokument legen Sie über den Menübefehl *Projekt|Benutzerdokument hinzufügen* an. Speichern Sie es unter dem Namen *docCTPMainWindow* und legen Sie eine neue Schaltfläche an, die den Namen *cmdInsertText* und die Bezeichnung *Text einfügen* trägt. Die Schaltfläche soll lediglich einen Beispieltext in die aktuell markierte Zelle einfügen, wozu Sie folgende Ereignisprozedur anlegen:

```
Private Sub cmdInsertText_Click()
    objExcel.ActiveCell.value = "Vom CTP eingefügter Text."
End Sub
```

Nun kümmern Sie sich darum, dass dieses Benutzerdokument auch in der Custom Task Pane angezeigt wird. Dies erledigen einige Zeilen Code, die Sie im Modul der *Connect*-Klasse niederschreiben. Erst einmal müssen wir die Schnittstelle *ICustomTaskPaneConsumer* implementieren, welche die Ereignisprozedur zum Erzeugen der Custom Task Pane liefert:

```
Implements ICustomTaskPaneConsumer
```

Über die Auswahl dieser Schnittstelle im linken Kombinationsfelds des Codefensters legen Sie die folgende Routine an:

265

```
Private Sub ICustomTaskPaneConsumer_CTPFactoryAvailable(ByVal _
        CTPFactoryInst As Office.ICTPFactory)
    Set objCTP = CTPFactoryInst.CreateCTP _
        ("CTPMainWindow.docCTPMainWindow", "CTPMainWindow")
    With objCTP
        .DockPosition = msoCTPDockPositionRight
        .Width = 200
        .Visible = True
    End With
End Sub
```

Natürlich brauchen Sie auch noch die Objektvariable *objCTP*, die den Verweis auf die Custom Task Pane für den späteren Zugriff speichert. Diese deklarieren Sie im Kopf des aktuellen Moduls:

```
Public WithEvents objCTP As CustomTaskPane
```

Dies läuft ein wenig komplizierter ab als unter VB 2008: Es gibt keine *CustomTaskPanes*-Auflistung, der man einfach eine neue Custom Task Pane hinzufügt, sondern man muss einen etwas anderen Weg wählen. Hier übergibt die Ereignisprozedur *CTPFactoryAvailable* ein Objekt des Typs *ICTPFactory*, mit dessen Eigenschaft *CreateCTP* Sie neue Custom Task Panes erzeugen können. Die beiden hier verwendeten Parameter sind erstens die Kombination aus Projektname und Name des Benutzerdokuments (*CTPMainWindow. docCTPMainWindow*) und zweitens der Titelleiste der Custom Task Pane.

Damit sind Sie schon fertig und können das Projekt debuggen: Mit der Taste *F5* starten Sie diesen Prozess und nach dem Öffnen von Excel sollte die Custom Task Pane schon erscheinen.

Nun brauchen Sie, wie oben bereits erwähnt, noch eine Möglichkeit, die Custom Task Pane wieder einzublenden, wenn der Benutzer sie einmal über die Schließen-Schaltfläche geschlossen hat. Dies erledigt wie unter VB 2008 ein kleines Ribbon-Steuerelement, dessen Definition wie folgt aussieht:

```
<customUI xmlns="http://schemas.microsoft.com/office/2006/01/customui"
        onLoad="OnLoad">
  <ribbon>
    <tabs>
      <tab id="tab1" label="Custom Task Pane">
        <group id="grp1" label="E-Mail">
          <toggleButton id="tglCTP" getLabel="getLabel" onAction="onAction"
                    getPressed="GetPressed"/>
        </group>
      </tab>
```

```
      </tabs>
    </ribbon>
  </customUI>
```

Die für das Anzeigen und Steuern des Ribbons benötigten Code-Zeilen kennen Sie a) aus dem Kapitel 7, »Ribbon-Anpassung per VB6-COM-Add-In«, und b) aus den vorherigen Kapiteln, welche die grundlegende Steuerung von Ribbons beschreiben, was hauptsächlich in Kapitel 3, »VBA und Callbacks«, geschieht.

Im Detail brauchen Sie zwei Objektvariablen, die Verweise auf das Ribbon-Objekt und auf die Host-Anwendung speichern. Diese legen Sie in einem Standardmodul ab, das auch weitere Hilfsfunktionen etwa zum Laden der Ribbon-Definition enthält (Letztere betrachten Sie einfach im Beispielprojekt):

```
Public objExcel As Excel.Application
Public objRibbon As Office.IRibbonUI
```

Die *IRibbonExtensibility*-Schnittstelle kennen Sie bereits:

```
Implements Office.IRibbonExtensibility
```

Diese Ereignisprozedur speichert den beim Laden des COM-Add-Ins übergebenen Verweis auf die Host-Anwendung, hier Excel:

```
Private Sub AddinInstance_OnConnection(ByVal Application As Object, _
        ByVal ConnectMode As AddInDesignerObjects.ext_ConnectMode, _
        ByVal AddInInst As Object, custom() As Variant)
    Set objExcel = Application
End Sub
```

Die in der Ressourcendatei des Projekts gespeicherte Ribbon-Definition (siehe Kapitel 7) liest diese Routine ein – aber nur, wenn sie von einem Host namens *Microsoft.Excel.Workbook* aufgerufen wird:

```
Private Function IRibbonExtensibility_GetCustomUI(ByVal RibbonID As _
        String) As String
    Select Case RibbonID
        Case "Microsoft.Excel.Workbook"
            IRibbonExtensibility_GetCustomUI = _
                GetXMLResource("Ribbon.XML")
    End Select
End Function
```

Wichtig ist auch noch die Ereignisprozedur *VisibleStateChange* des Custom Task Pane-Objekts, das beim Ein- und Ausblenden ausgelöst wird und die Umschaltfläche unserer Ribbon-Erweiterung aktualisiert.

```
Private Sub objCTP_VisibleStateChange(ByVal CustomTaskPaneInst _
        As Office.CustomTaskPane)
    objRibbon.InvalidateControl "tglCTP"
End Sub
```

Damit dies jeweils dem Zustand der Custom Task Pane entspricht, gibt es die folgenden beiden *Get...*-Callback-Funktionen, welche die Beschriftung und den Gedrückt-Zustand anpassen:

```
Function GetLabel(control As IRibbonControl) As String
    If objCTP.Visible = True Then
        GetLabel = "Ausblenden"
    Else
        GetLabel = "Einblenden"
    End If
End Function


Function GetPressed(control As IRibbonControl) As Boolean
    GetPressed = objCTP.Visible
End Function
```

Fehlen nur noch die Callback-Funktionen, die beim Laden des Ribbons einen Verweis auf das Ribbon in die Objektvariable *objRibbon* schreiben, damit man es mit der *Invalidate*- oder der *InvalidateControl*-Methode aktualisieren kann, und die beim Klicken auf die Umschaltfläche die Custom Task Pane ein- und ausblenden:

```
Sub OnAction(control As IRibbonControl, pressed As Boolean)
    objCTP.Visible = pressed
End Sub


Sub OnLoad(ribbon As IRibbonUI)
    Set objRibbon = ribbon
End Sub
```

Ein kleiner Test an dieser Stelle würde einen Fehler ergeben, denn die Eigenschaft *Visible* der Custom Task Pane, hier vertreten durch das Objekt *objCTP*, wird beim Erstellen auf *True* eingestellt. Dies löst dann auch die Ereignisprozedur *objCTP_VisibleStateChange* aus, welche wiederum den Zustand der Umschaltfläche im Ribbon an die Custom Task Pane anpassen will. Das geht aber nicht, denn das Ribbon ist zu diesem Zeitpunkt noch gar nicht geladen. Der einfachste Weg, dies zu umgehen, ist der folgende: Sie stellen die Eigenschaft *Visible* beim Erstellen der Custom Task Pane einfach auf den Wert *False* ein. Die meisten Benutzer wollen sich beim Öffnen einer Anwendung nicht durch ein solches Objekt im Platz einschränken lassen, also geben Sie ihm die Möglichkeit, die Custom Task Pane erst bei Bedarf zu öffnen.

9.2.2 Custom Task Panes in Outlook-Inspektor-Fenstern

Sie können Custom Task Panes zwar auch im Outlook-Hauptfenster einsetzen, sie müssten dann aber per *CommandBars*-Schaltfläche ein- und ausgeblendet werden – und damit wollen wir uns im Zeitalter des Ribbons und in diesem Buch nicht mehr auseinandersetzen. Deshalb widmen wir uns direkt den Custom Task Panes in den Inspektor-Fenstern von Outlook, in diesem Fall im Inspektor zum Schreiben neuer E-Mails.

Beispielprojekt

Das Beispielprojekt zu diesem Abschnitt finden Sie im Download zu diesem Buch im Verzeichnis *Kap_CustomTaskPanes\OLCPTInspektor*.

Das Anlegen des Projekts geschieht ähnlich wie im vorherigen Beispiel, jedoch mit einem wesentlichen Unterschied: Im *Connect*-Designer stellen Sie nun *Microsoft Outlook 12.0* als Anwendung ein. Ebenso wie weiter oben benötigen Sie eine Ribbon-Definition, welche die Umschaltfläche beisteuert, sowie ein Benutzerdokument, das diesmal allerdings anders heißt und auch eine etwas andere Funktion hat (zur Benennung und zu weiteren Details seien Sie auf das Beispielprojekt verwiesen). Die Routine sieht in diesem Beispiel wie folgt aus und soll dem Body der aktuell angezeigten E-Mail eine kleine Signatur anhängen:

```
Private Sub cmdSetSignature_Click()
    Dim objMail As Outlook.MailItem
    Set objMail = objOutlook.ActiveInspector.CurrentItem
    With objMail
        .Body = .Body & vbCrLf & "--" & vbCrLf & "André Minhorst"
    End With
End Sub
```

Fortgeschrittene Techniken

Die folgenden Abschnitte enthalten fortgeschrittene Techniken, zu deren Verständnis Kenntnisse der Klassenprogrammierung unter VB6 und des Objektmodells von Outlook erforderlich sind.

Custom Task Pane im Mail-Inspektor

Eines vorweg: Prinzipiell muss man für die Anzeige einer Custom Task Pane im Mail-Inspektor von Outlook einzig und allein einen zusätzlichen Parameter in der Methode

CreateCTP des *CTPFactoryInst*-Objekts unterbringen, der einen Verweis auf das vom Hauptfenster der Anwendung abweichende Zielfenster liefert. Dies könnte ungefähr so aussehen:

```
objCTPFactoryInst.CreateCTP("OLCTPInspektor.docCTPInspektor", _
    "olCTP", objInspector)
```

Dabei gibt es aber ein wesentliches Problem: Der Benutzer könnte auf die Idee kommen, nicht nur eines, sondern mehrere Mails gleichzeitig zu schreiben. Dies würde dazu führen, dass zwar mehrere Mail-Fenster, aber immer noch nur eine einzige Custom Task Pane existieren, die per Objektvariable in der *Connect*-Klasse des Projekts gespeichert ist. Beim Öffnen neuer Mail-Fenster wird diese dann immer wieder überschrieben, was zur Folge hat, dass die Verwendung des Ribbon-Controls zum Ein- und Ausblenden der Custom Task Pane sich immer nur auf das zuletzt angelegte Exemplar bezieht.

Die Lösung ist eine neue Klasse, die sowohl ein das Mail-Fenster repräsentierendes Objekt als auch ein Objekt mit der Custom Task Pane für dieses Fenster enthält. Jedes Mal, wenn der Benutzer ein neues Mail-Fenster öffnet, erzeugt das COM-Add-In ein neues Objekt dieses Typs und schreibt Verweise auf das neue Fenster und die darin erstellte Custom Task Pane in entsprechende Klassenvariablen.

Damit diese Objekte nicht in den Weiten des Arbeitsspeichers verschwinden, müssen Sie diese etwa in der aufrufenden Klasse speichern – am besten in einem *Dictionary*-Objekt (normalerweise denkt man hier zunächst an ein *Collection*-Objekt, aber das ist aus später beschriebenen Gründen in diesem Fall nicht geeignet).

Schauen wir uns zunächst die Klasse *clsCTPInspector* an, auf deren Basis später für jedes geöffnete Mail-Fenster ein neues Objekt erzeugt wird.

Es enthält zwei Variablen, von denen die eine mit dem Schlüsselwort *WithEvents* deklariert werden muss. Es handelt sich um die Variable zum Speichern des Verweises auf die Custom Task Pane der Klasse:

```
Private WithEvents mCTP As CustomTaskPane
```

Die andere Variable speichert den Verweis auf den Mail-Inspektor, in dem die Custom Task Pane geöffnet werden soll:

```
Private mInspector As Outlook.Inspector
```

Die beiden Variablen sollen nach dem Instanzieren eines Objekts auf Basis der Klasse mit Werten gefüllt werden. Die folgende *Property Set*-Prozedur erlaubt das Füllen der Variablen *mInspector*, wobei einfach nur der Verweis übergeben wird:

```
Public Property Set MyInspector(objInspector As outlook.Inspector)
    Set mInspector = objInspector
End Property
```

Die Routine, mit der man das Custom Task Pane-Objekt zuweisen kann, ist etwas länger, weil sie noch einige Eigenschaften wie die Position und die Breite einstellt.

```
Public Property Set ctp(objCTP As CustomTaskPane)
    Set mCTP = objCTP
    With mCTP
        .DockPosition = msoCTPDockPositionRight
        .Width = 200
    End With
End Property
```

Für bestimmte Zwecke soll man auch einen Verweis auf das Custom Task Pane-Objekt aus dem Klassenobjekt auslesen können. Dies gewährleistet die folgende Routine:

```
Public Property Get ctp() As CustomTaskPane
    Set ctp = mCTP
End Property
```

Und, zu guter Letzt, noch der Grund, warum die Objektvariable *mCTP* als *WithEvents*-Objekt deklariert werden musste: Sie soll nämlich eine Ereignisprozedur ausführen, wenn sich die Sichtbarkeit des Objekts ändert. Dies erledigt die folgende Routine, welche das *InvalidateControl*-Ereignis des Objekts, das auf das Ribbon verweist, aufruft und somit das *toggleButton*-Steuerelement zum Ein- und Ausblenden der Custom Task Pane aktualisiert:

```
Private Sub mCTP_VisibleStateChange(ByVal CustomTaskPaneInst As _
        Office.CustomTaskPane)
    If Not objRibbon Is Nothing Then
        objRibbon.InvalidateControl "tglCTP"
    End If
End Sub
```

Damit kennen Sie schon einmal die Klasse, aus der die entscheidenden Objekte erstellt werden. Das ganze Drumherum folgt in den nächsten Abschnitten – Konzentration, bitte!

Ablauf beim Verwenden eines Custom Task Panes im Mail-Fenster

Den Hauptteil der Arbeit erledigen die Routinen im *Connect*-Klassenmodul. Dieses implementiert die folgenden beiden Schnittstellen:

```
Implements Office.IRibbonExtensibility
Implements ICustomTaskPaneConsumer
```

Außerdem benötigt es die folgenden beiden Variablen, von denen die erste das *ICTPFactory*-Objekt speichern soll, das beim Auslösen des Ereignisses *CTPFactoryAvailable* der oben erwählten Schnittstelle *ICustomTaskPaneConsumer* geliefert wird (in den vorherigen Beispielen wurde dieses Objekt jeweils direkt zum Erzeugen der Custom Task Pane verwendet):

```
Public objCTPFactoryInst As Office.ICTPFactory
```

Die zweite speichert einen Verweis auf die *Inspector*-Auflistung von Outlook, ebenfalls mit dem Schlüsselwort *WithEvents*. Das bedeutet, dass in dieser Klasse festgelegte Ereignisprozeduren etwa beim Anlegen einer neuen Mail ausgeführt werden, was uns später helfen wird:

```
Public WithEvents objInspectors As outlook.Inspectors
```

Es gibt noch drei weitere Variablen, die im Standardmodul *mdlGlobal* gespeichert sind, damit diese von allen Objekten aus zugreifbar sind. *objOutlook* speichert einen Verweis auf die aktuelle Outlook-Instanz, die beim Verbinden mit dem COM-Add-In übergeben wird, *objRibbon* speichert einen Verweis auf das Ribbon-Objekt, das beim ersten Erzeugen des Ribbons angelegt wird, und *dicInspectors* hat die Aufgabe, die Inkarnationen der oben beschriebenen Klasse *clsCTPInspector* zu sammeln – dazu später mehr.

```
Public objOutlook As outlook.Application
Public objRibbon As Office.IRibbonUI
Public dicInspectors As New Scripting.Dictionary
```

Beim Verbinden von Outlook mit dem COM-Add-In wird die folgende, aus vorherigen Beispielen bereits bekannte Ereignisprozedur *OnConnection* ausgelöst. Diese füllt die Variablen *objOutlook* und *objInspectors* mit dem übergebenen *Application*-Objekt und dessen *Inspectors*-Auflistung.

```
Private Sub AddinInstance_OnConnection(ByVal Application As Object, ?
        ByVal ConnectMode As AddInDesignerObjects.ext_ConnectMode, ?
        ByVal AddInInst As Object, custom() As Variant)
    Set objOutlook = Application
    Set objInspectors = objOutlook.Inspectors
End Sub
```

Direkt danach löst Outlook die *CTPFactoryAvailable*-Prozedur aus und übergibt darin das *CTPFactoryInst*-Objekt. In den vorherigen Beispielen haben Sie damit direkt in dieser Routine die Custom Task Pane-Objekte erzeugt. Dies soll hier nicht geschehen, denn zum Zeitpunkt der Ausführung sind die Fenster, in denen das Custom Task Pane erscheinen soll, ja noch gar nicht vorhanden. Die Routine speichert also einen Verweis auf den Custom Task Pane-Hersteller *CTPFactoryInst*.

```
Private Sub ICustomTaskPaneConsumer_CTPFactoryAvailable(ByVal _
        CTPFactoryInst As Office.ICTPFactory)
    Set objCTPFactoryInst = CTPFactoryInst
End Sub
```

Nun geschieht erstmal nichts, bis der Benutzer eine neue Mail erstellt. Dies löst zunächst das Ereignis *NewInspector* der *objInspectors*-Auflistung und anschließend die Prozedur *GetCustomUI* der *IRibbonExtensibility*-Schnittstelle aus.

Die Prozedur *objInspectors_NewInspector* prüft zunächst, ob das geöffnete Objekt ein Mail-Inspektor ist, und erzeugt dann das Objekt, das einen Verweis auf das geöffnete Mail-Fenster sowie auf die darin angelegte Custom Task Pane speichern soll.

Den durch die Prozedur übergebenen Verweis auf das neue Mail-Fenster (*objInspector*) kann man direkt der *MyInspector*-Eigenschaft des neuen Objekts zuweisen, die Custom Task Pane wird erst noch mit der *CreateCTP*-Methode des *CTPFactoryInst*-Objekts erzeugt. Dabei kommt als dritter Parameter ein Verweis auf das aufrufende Mail-Fenster zum Einsatz, damit die Custom Task Pane auch im richtigen Fenster landet.

Zum Schluss fügt die Prozedur das frisch erzeugte Objekt noch zum *Dictionary*-Objekt *dicInspectors* hinzu. Dessen *Add*-Methode erwartet mindestens die beiden Parameter *Key* und *Item*, wobei als *Key* nicht nur Zahlen oder Zeichenketten, sondern auch komplette Objekte angegeben werden können.

Key wird also mit einem Verweis auf den Mail-Inspektor gefüttert, der die Prozedur ausgelöst hat, und *Item* erhält einen Verweis auf das korrespondierende Objekt des Typs *clsCTPInspector*, das ja ein paar Informationen mehr als der normale Mail-Inspektor enthält.

```
Private Sub objInspectors_NewInspector(ByVal objInspector As _
        outlook.Inspector)
    Dim objCTPInspector As clsCTPInspector
    If TypeOf objInspector.CurrentItem Is outlook.MailItem Then
        Set objCTPInspector = New clsCTPInspector
        With objCTPInspector
            Set .ctp = objCTPFactoryInst.CreateCTP( _
                "OLCTPInspektor.docCTPInspektor", "olCTP", objInspector)
            Set .MyInspector = objInspector
        End With
        dicInspectors.Add objInspector, objCTPInspector
    End If
End Sub
```

Direkt im Anschluss löst der Mail-Inspektor die Ereignisprozedur *GetCustomUI* aus, welche die Ribbon-Definition für das Fenster liefert. Diesen Teil kennen Sie schon aus früheren Beispielen:

```
Private Function IRibbonExtensibility_GetCustomUI(ByVal RibbonID As _
        String) As String
    Select Case RibbonID
```

```
      Case "Microsoft.Outlook.Mail.Compose"
          IRibbonExtensibility_GetCustomUI = GetXMLResource("Ribbon.XML")
   End Select
End Function
```

Das Ribbon stürzt sich danach sofort auf seine Callback-Funktionen, um beispielsweise den Verweis auf das Ribbon in der Variablen *objRibbon* zu speichern:

```
Sub OnLoad(ribbon As IRibbonUI)
    Set objRibbon = ribbon
End Sub
```

Nun können zwei Dinge passieren:

▷ der Benutzer klickt auf das *toggleButton*-Steuerelement, um die Custom Task Pane ein- oder auszublenden oder

▷ der Benutzer blendet die Custom Task Pane mit ihrer Schließen-Schaltfläche aus.

Der Klick auf das *toggleButton*-Steuerelement löst die folgende Callback-Funktion aus. Diese nutzt die Eigenschaft *context* des übergebenen *control*-Elements, um einen Verweis auf das entsprechende *Inspector*-Objekt zu referenzieren. Wie oben bereits erwähnt, enthält das Objekt *dicInspectors* Wertpaare aus *Inspector*- und *clsCTPInspector*-Objekten, und daraus ermittelt die Prozedur nun einen Verweis auf das *clsCTPInspector*-Objekt, das zum aufrufenden *Inspector*-Objekt passt. Dann stellt sie die Eigenschaft *Visible* der im *clsCTPInspector*-Objekt referenzierten Custom Task Pane auf den mit dem *pressed*-Parameter der Prozedur übergebenen boolschen Wert.

```
Sub OnAction(control As IRibbonControl, pressed As Boolean)
    Dim objInspector As outlook.Inspector
    Set objInspector = control.Context
    Dim objCTPInspector As clsCTPInspector
    Set objCTPInspector = dicInspectors(objInspector)
    Dim objCTP As CustomTaskPane
    Set objCTP = objCTPInspector.ctp
    If Not objCTP Is Nothing Then
        objCTP.Visible = pressed
    End If
End Sub
```

Die zweite Variante, das Schließen der Custom Task Pane über ihre Schließen-Schaltfläche, löst die weiter oben im Rahmen der Klasse *clsCTPInspector* vorgestellte Ereignisprozedur *mCTP_VisibleStateChange* aus. Diese führt lediglich die folgende Anweisung aus:

```
objRibbon.InvalidateControl "tglCTP"
```

Damit sorgt die Routine dafür, dass die *getPressed*-Callback-Funktion des Ribbons aufgerufen wird. Diese holt sich ebenfalls über das *controls*-Objekt einen Verweis auf das Objekt, in dem sich das Ribbon befindet, und prüft, ob das *dicInspectors*-Objekt einen Eintrag mit einem passenden *clsCTPInspector*-Objekt enthält. Falls ja, prüft sie über die Eigenschaft *Visible* die Sichtbarkeit des Custom Task Panes und stellt den Zustand des *toggleButton*-Steuerelements entsprechend ein – also auf »gedrückt«, wenn die Custom Task Pane sichtbar ist, und anderenfalls auf »nicht gedrückt«.

```
Function GetPressed(control As IRibbonControl) As Boolean
    Dim objInspector As outlook.Inspector
    Set objInspector = control.Context
    If dicInspectors.Exists(objInspector) Then
        Dim objCTPInspector As clsCTPInspector
        Set objCTPInspector = dicInspectors(objInspector)
        Dim objCTP As CustomTaskPane
        Set objCTP = objCTPInspector.ctp
        If Not objCTP Is Nothing Then
            GetPressed = objCTP.Visible
        Else
            GetPressed = False
        End If
    Else
        GetPressed = False
    End If
End Function
```

Das war es schon – und gar nicht so schwer, wenn man es einmal durchexerziert hat. Möglicherweise bleiben trotz der Beschreibung des Ablaufs Fragen offen. Diese können Sie vielleicht klären, wenn Sie einmal das Beispielprojekt debuggen und jeder Prozedur Haltepunkte hinzufügen.

10 Kontextmenüs in Office 2007

Nachdem Microsoft aus Office 2007 den Dialog zum Anpassen von Menüs, Symbolleisten und Kontextmenüs rausgeworfen hat und die Anwendungen diese auch nur noch unter speziellen Bedingungen anzeigen, sind Word, Excel, Access und Co. auch für Kontextmenüs kein besonders gutes Biotop mehr.

Das ist umso trauriger, da Kontextmenüs nach wie vor eine große Rolle spielen und auch Benutzer und Entwickler dieses Feature zur Steuerung ihrer Anwendungen verwenden und gegebenenfalls auch anpassen möchten.

Die gute Nachricht ist, dass Kontextmenüs von Dateien, die Sie mit älteren Office-Anwendungen erstellt haben, problemlos auch in den Office 2007-Anwendungen funktionieren. Anpassen können Sie diese jedoch nunmehr ausschließlich per VBA, und zwar mit den Elementen der *CommandBars*-Auflistung.

Anwendungsfälle

Der Nutzen von Kontextmenüs hängt von den Gewohnheiten des Anwenders ab: Wer sich daran gewöhnt hat, situationsabhängig Befehle über ein Menü auszuwählen, das sich nach einem Rechtsklick an der gewünschten Stelle öffnet, wird kaum darauf verzichten wollen: Kürzere Mauswege kann man kaum erreichen.

Viele Benutzer wissen aber gar nicht, dass ein Klick auf die rechte Maustaste kontextbezogene Befehle offeriert, und nutzen diese daher auch nicht. Das Anbieten von Befehlen ausschließlich über das Kontextmenü bringt den Benutzer also möglicherweise um den Genuss des vollen Funktionsumfangs der Anwendung.

Generell ist die Anzeige von Kontextmenüs mal mit mehr, mal mit weniger Aufwand verbunden. Am einfachsten geschieht dies mit benutzerdefinierten Kontextmenüs unter Access: Formulare, Berichte und die darin enthaltenen Steuerelemente liefern meist eine VBA-Eigenschaft namens *ShortcutMenuBar* (*Kontextmenüleiste*), der man den Namen von benutzerdefinierten, aber auch von eingebauten Kontextmenüs übergeben kann. Diese Kontextmenüs zeigt das jeweilige Objekt dann an, wenn der Benutzer mit der rechten Maustaste darauf klickt. Sobald ein Objekt oder Steuerelement unter Access diese Eigenschaft aufweist, muss man das Anzeigen des Kontextmenüs wie auch unter den anderen Office-Anwendungen komplett von Hand steuern: Dort legt man eine Routine an, die durch die Ereigniseigenschaft *MouseDown* ausgelöst wird und mit der *ShowPopup*-Methode der *Commandbars*-Auflistung das gewünschte Kontextmenü einblendet. Mehr dazu erfahren Sie weiter unten; zunächst werfen wir einen Blick auf die Herstellung von Kontextmenüs per VBA.

> **Beispieldateien**
>
> Zum Nachvollziehen der Beispiele in diesem Kapitel können Sie die Access-Datenbank *Kontextmenues.accdb*, das Word-Dokument *Kontextmenues.docm* sowie das Excel-Dokument *Kontextmenues.xlsm* verwenden. Dort finden Sie im jeweiligen VBA-Projekt die nachfolgend vorgestellten Routinen.

10.1 Kontextmenüs und VBA

Die *CommandBars*-Auflistung enthält, auch wenn man noch kein einziges Element selbst hinzugefügt hat, einige Einträge. Diese gibt die folgende Routine im VBA-Editor aus – vorausgesetzt, das VBA-Projekt enthält einen Verweis auf die Bibliothek *Microsoft Office 12.0 Object Library*:

```
Public Sub CommandbarsAusgeben()
    Dim cbr As CommandBar
    For Each cbr In CommandBars
        Debug.Print cbr.Name
    Next cbr
End Sub
```

Die Liste ist viel länger als erwartet und enthält entgegen den Erwartungen nicht nur Kontextmenüs, sondern auch noch die ganzen Menü- und Symbolleisten der Vorgängerversion der jeweiligen Anwendung. Uns interessieren in diesem Fall aber nur die Kontextmenüs, die sich über die Eigenschaft *Type* zu erkennen geben. Diese kann die Werte der eingebauten Enumeration *MsoBarType* annehmen:

- 0: *msoBarTypeNormal* (Symbolleiste)

- 1: *msoBarTypeMenuBar* (Menüleiste)

- 2: *msoBarTypePopup* (Kontextmenü)

Steuerelemente in Kontextmenüs

Die in Kontextmenüs enthaltenen Steuerelemente erhält man über die *Controls*-Auflistung eines *Commandbar*-Elements. Die folgende angepasste Version der obigen Routine gibt nur noch die Kontextmenüs aus, dafür aber inklusive der Beschriftungen und Typen der enthaltenen Steuerelemente – zur besseren Übersicht um zwei Leerzeichen eingerückt:

```
Public Sub CommandbarsAusgeben()
    Dim cbr As CommandBar
    Dim cbc As CommandBarControl
    For Each cbr In CommandBars
        If cbr.Type = 2 Then
            Debug.Print cbr.Name
            For Each cbc In cbr.Controls
                Debug.Print "  " & cbc.Caption, cbc.Type
            Next cbc
        End If
    Next cbr
End Sub
```

Auskunft über den jeweiligen Steuerelementtyp gibt wiederum die *Type*-Eigenschaft, die ihre Werte diesmal aus der Enumeration *MsoControlType* bezieht. Nachfolgend die Konstanten für die in den eingebauten Kontextmenüs vorkommenden und damit gebräuchlichsten Steuerelementtypen:

- 1: *msoControlButton*

- 4: *msoControlComboBox*

- 10: *msoControlPopup*

- 12: *msoControlButtonPopup*

- 13: *msoControlSplitButtonPopup*

- 14: *msoControlSplitButtonMRUPopup*

Üblicherweise sollte man jedoch mit einfachen Schaltflächen (*msoControlButton*) und Untermenüs (*msoControlPopup*) auskommen.

Kontextmenü hinzufügen

Ein Kontextmenü fügt man mit wenigen Codezeilen zur Liste der vorhandenen *Commandbars* hinzu. Die Hauptarbeit übernimmt die *Add*-Methode der *CommandBars*-Auflistung, die unter anderem den Namen der neuen Kontextmenüleiste erwartet.

Dass man eine Kontextmenüleiste und keine Menü- oder Symbolleiste anlegen möchte, teilt man nicht etwa über die *Type*-Eigenschaft des *CommandBar*-Objekts, sondern über den zweiten Parameter der *Add*-Methode mit. Dieser heißt *Position* und erhält den Wert *msoBarPopup*. Die folgende Routine weist das neue Kontextmenü der Objektvariablen *cbr* zu, damit man gegebenenfalls weitere Eigenschaften anpassen kann:

```
Public Sub KontextmenueHinzufuegen()
    Dim cbr As CommandBar
    Set cbr = CommandBars.Add("Neues Kontextmenü", msoBarPopup)
    With cbr
        '... weitere Anpassungen
    End With
End Sub
```

Wenn beim Anlegen schon ein Kontextmenü gleichen Namens vorhanden ist, löst die *Add*-Methode einen Fehler aus. Wenn Sie häufiger Änderungen an der Definition des Kontextmenüs vornehmen, können Sie dieses zunächst löschen und dann neu erstellen.

Die folgende Zeile löscht das mit der obigen Routine angelegte Kontextmenü:

```
CommandBars("Neues Kontextmenü").Delete
```

Da auch dies einen Fehler auslöst, wenn das zu löschende Kontextmenü gar nicht existiert, schalten Sie die Fehlerbehandlung vorübergehend aus:

```
On Error Resume Next
CommandBars("Neues Kontextmenü").Delete
On Error GoTo 0
```

Steuerelemente hinzufügen

Das *CommandBar*-Objekt enthält eine *Controls*-Auflistung, der Sie Steuerelemente hinzufügen können. Dies geschieht ganz einfach über die *Add*-Methode der *Controls*-Auflistung:

```
Public Sub KontextmenueHinzufuegen()
    Dim cbr As CommandBar
    Dim cbb As CommandBarButton
    On Error Resume Next
    CommandBars("Neues Kontextmenü").Delete
    On Error GoTo 0
    Set cbr = CommandBars.Add("Neues Kontextmenü", msoBarPopup)
    With cbr
        Set cbb = cbr.Controls.Add(msoControlButton)
        With cbb
            .Caption = "Beispielbefehl"
            .OnAction = "Beispielfunktion"
        End With
    End With
End Sub
```

Genau das Kontextmenü selbst weist in der Routine die neue Schaltfläche einer Objekt-variablen zu, die diesmal den Typ *CommandBarButton* hat.

Auf diese Weise können Sie anschließend leicht weitere Eigenschaften wie die Beschriftung angeben oder die VBA-Routine, die ein Klick auf die Schaltfläche auslösen soll.

Diese Routine sieht beispielsweise so aus:

```
Public Sub Beispielfunktion()
    MsgBox "Beispielfunktion"
End Sub
```

Das Kontextmenü können Sie ganz einfach testen. Dazu geben Sie in das Direktfenster der VBA-Entwicklungsumgebung die folgende Anweisung ein:

```
Commandbars("Neues Kontextmenü").ShowPopup
```

An der aktuellen Position des Mauszeigers erscheint nun das Kontextmenü mit der Schaltfläche.

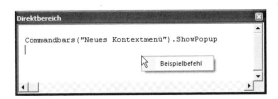

Abbildung 10.1: Einfacher Test eines Kontextmenüs

Weitere Eigenschaften von *CommandBarButton*-Elementen

Das oben verwendete *CommandBarButton*-Element können Sie mit den folgenden Eigenschaften Ihren Bedürfnissen anpassen:

▷ *BeginGroup*: Falls *True*, zeigt das Kontextmenü einen Trennstrich vor diesem Steuerelement an.

▷ *Enabled*: Aktiviert und deaktiviert einen Kontextmenüeintrag.

▷ *FaceID*: Erlaubt die Angabe der ID eines der eingebauten Symbole.

▷ *Picture*: Erwartet den Namen einer Bilddatei, die das Steuerelement als Symbol verwenden soll.

▷ *Mask*: Erwartet den Namen einer Bilddatei, die transparente Bereiche des unter Picture angegebenen Symbols kennzeichnet. Die Maskendatei enthält dabei lediglich schwarze (nicht transparent) und weiße (transparent) Punkte.

▷ *Visible*: Blendet ein Steuerelement ein oder aus.

Eingebaute Steuerelemente

Sie können auch eingebaute Elemente der Menüs der Office-Anwendungen in benutzerdefinierte Kontextmenüs integrieren. Dazu geben Sie die ID des gewünschten Elements direkt beim Hinzufügen des Eintrags an. In folgendem Beispiel wird das Element mit der *ID 3* hinzugefügt, was dem *Speichern*-Befehl entspricht:

```
Set cbb = cbr.Controls.Add(msoControlButton, 3)
```

Beachten Sie, dass Sie die ID nur als Parameter der *Add*-Methode, nicht aber über eine Eigenschaft zuweisen können.

Die folgende Routine gibt ein langes Kontextmenü mit allen IDs aus:

```
Public Sub ControlIDsAusgeben()
    Dim cbr As CommandBar
    Dim cbb As CommandBarButton
    Dim i As Integer
    On Error Resume Next
    CommandBars("Neues Kontextmenü").Delete
    On Error GoTo 0
    Set cbr = CommandBars.Add("Neues Kontextmenü", msoBarPopup)
    With cbr
        For i = 1 To 1000
            On Error Resume Next
```

```
            Set cbb = cbr.Controls.Add(msoControlButton, i)
            If Err.Number = 0 Then
                cbb.Caption = cbb.Caption & " (" & i & ")"
            End If
            On Error GoTo 0
        Next i
    End With
    cbr.ShowPopup
End Sub
```

10.2 Symbole in Kontextmenüs

Ribbon-verwöhnte Office-Anwender möchten natürlich auch den Rest der Anwendung in schönstem Glanz erscheinen lassen. Das gilt entsprechend auch für Kontextmenüs, die diesbezüglich nur eine Möglichkeit bieten – und zwar das Einfügen eines Symbols für eine Schaltfläche. Die obige Liste deutete es bereits an: Sie können entweder mit der Eigenschaft *FaceID* die ID eines eingebauten Symbols angeben oder aber eine benutzerdefinierte Bilddatei verwenden.

Letzteres ist etwas knifflig, wenn man es richtig ernst meint: Bilddateien können nämlich je nach Datentyp transparente Bereiche enthalten oder auch nicht. Transparenz mag auf den ersten Blick nicht besonders wichtig erscheinen, aber wenn man seine Kontextmenüs auf Rechnern mit verschiedenen Betriebssystemen, Office-Versionen und Einstellungen betrachtet, stellt man schnell fest, dass eine feste Hintergrundfarbe für eine Bilddatei mit einem Schaltflächensymbol nicht besonders hübsch aussieht.

Im folgenden Beispiel wurden die Bilddateien in *StdPicture*-Objekte umgewandelt und der Eigenschaft *Picture* des jeweiligen *CommandBarButton*-Steuerelements zugewiesen. Da der eigentlich transparente Teil nicht durch eine entsprechende Maske als solcher gekennzeichnet wurde, erscheint der Hintergrund schwarz. Und auch wenn ein Kontextmenüeintrag den Fokus erhält, ändert sich der Hintergrund nicht:

Abbildung 10.2: Kontextmenü mit transparenten Bildern, aber ohne Masken

Wenn man den Hintergrund transparent anzeigen wollte, müssten Sie nun das Original-bild in der Bildbearbeitungssoftware Ihrer Wahl öffnen, alle Pixel, die nicht transparent erscheinen sollen, schwärzen und alle übrigen weiß einfärben sowie die so erstellte Masken-Datei unter einem anderen Dateinamen speichern.

Das Originalbild sähe dann wie in der nächsten, die Maske wie in der übernächsten Abbildung aus.

Abbildung 10.3: Dieses Bild wird für die Eigenschaft *Picture* hinterlegt ...

Abbildung 10.4:... und dieses liefert die Markierung der transparenten Bereiche (Eigenschaft *Mask*).

Das ist natürlich eine Arbeit für Leute, die Vater und Mutter erschlagen haben, und deshalb automatisieren wir das, damit wir folgendes Ergebnis erhalten:

Abbildung 10.5: Das Kontextmenü mit transparenten Bildern

Die folgende Beispielroutine legt zunächst ein neues Kontextmenü an und durchläuft dann eine Schleife, in der sie alle Dateien mit der Endung *.png* aus dem Verzeichnis des Dokuments/der Datenbank als Einträge mit Bild zum Kontextmenü hinzufügt.

Innerhalb dieser Schleife erledigt die Routine zwei Dinge: Erstens speichert sie die aktuelle *.png*-Datei mithilfe der Funktion *LoadPicturePlus* in der *StdPicture*-Variablen *objPic*, die danach der *Picture*-Eigenschaft des neuen Kontextmenüeintrags hinzugefügt wird.

Zweitens greift sie *objPic* nochmals auf und bearbeitet das damit referenzierte *StdPicture*-Objekt mit der Funktion *MaskFromPicture*, die eine Maske wie oben beschrieben zurückliefert, wobei als Parameter optional die Bildfarbe anzugeben ist, die anschließend transparent erscheinen soll; ohne diese Angabe geht die Funktion davon aus, dass das Pixel in der linken oberen Ecke des Bildes die transparente Farbe identifiziert.

```
Public Sub TransparentesImage()
    Dim cbr As CommandBar
    Dim cbb As CommandBarButton
    Dim strPic As String
    Dim objPic As StdPicture
    Dim objFSO As Scripting.FileSystemObject
    Dim objFolder As Scripting.Folder
    Dim objFile As Scripting.File
    Set objFSO = New Scripting.FileSystemObject
    Set objFolder = objFSO.GetFolder(CurrentProject.Path)

    On Error Resume Next
    CommandBars("Kontextmenü mit Icons").Delete
    On Error GoTo 0

    Set cbr = CommandBars.Add("Kontextmenü mit Icons", msoBarPopup)
    With cbr
        For Each objFile In objFolder.Files
            strPic = objFile.Name
            If Right(strPic, 3) = "png" Then
                Set objPic = LoadPicturePlus(CurrentProject.Path _
                    & "\" & strPic)
                Set cbb = cbr.Controls.Add(msoControlButton)
                With cbb
                    .Caption = strPic
                    .Picture = objPic
                    Set objPic = MaskFromPicture(objPic)
                    .Mask = objPic
                End With
            End If
        Next objFile
    End With
    cbr.ShowPopup
End Sub
```

285

Das Modul *mdlOGL2007* mit den beiden Funktionen *LoadPicturePlus* und *MaskFrom-Picture* taucht noch an mehreren Stellen in diesem Buch auf. Es wurde von Sascha Trowitzsch entwickelt.

10.3 Speicherorte für Bilder

Die Bilder für Kontextmenüs oder Ribbons können sowohl auf der Festplatte im Dateisystem als auch an beliebigen anderen Orten liegen – Hauptsache, Sie können diese in einem *StdPicture*-Objekt bereitstellen. Methoden für den Zugriff auf Bilder stellt Kapitel 5, »Bilder im Ribbon«, in ausreichender Menge vor.

10.3.1 *Office Open XML*-Dokumente

In Office-Dokumenten können Sie normalerweise nur auf Bilder aus dem Dateisystem zugreifen. Eine Alternative ist die in Kapitel 5.2, »Bilder direkt aus *Office Open XML*-Dokumenten anzeigen«, vorgestellte Methode zum Speichern von Bilddateien als *CDATA*-Block im Hexadezimalformat in einem sogenannten *CustomXMLPart*, das Sie in eine *Office Open XML*-Datei integrieren können. Diese Methode können Sie nicht nur, wie dort beispielhaft beschrieben, für Ribbon-Bilder, sondern auch für solche in Kontextmenüs verwenden.

10.3.2 Access-Datenbanken

In Access-Datenbanken können Sie die Bilddateien an verschiedenen Orten speichern – in den OLE- und Anlage-Feldern von Tabellen, im Dateisystem oder auch in einem auf einem Formular platzierten ImageList-ActiveX-Steuerelement.

10.3.3 Outlook

Unter Outlook können Sie auf Bilder von der Festplatte oder aus der Ressourcendatei des VB6- oder .NET-Projekts zugreifen und die enthaltenen Bilder für die Anzeige in Kontextmenüs verwenden.

Anhang

Die vorhergehenden Kapitel haben Ihnen einen Überblick über die Techniken zum Anpassen des Ribbons gegeben. Damit Sie beim Bauen benutzerdefinierter Tabs alle möglichen Elemente im Überblick haben, finden Sie nachfolgend vier Tabellen mit folgendem Inhalt:

- Übersicht I: Auflistung aller Elemente mit Beschreibung und möglichen Kind-Elementen

- Übersicht II: Auflistung aller Attribute mit Datentyp, Werten und Beschreibung

- Übersicht III: Auflistung aller Ereigniseigenschaften und ihrer VBA-Syntax

- Übersicht IV: Zuordnung der Attribute und Ereigniseigenschaften zu den Elementen

Übersicht I: Auflistung der Ribbon-Elemente

Die folgende Tabelle enthält alle Elemente mit den möglichen Kind-Elementen.

Element	Beschreibung	Mögliche Kind-Steuerelemente
control	Übergeordnetes Element für eingebaute Objekte, erlaubt etwa das Einbauen des Schriftfarbe-Steuerelements in benutzerdefinierte *tab*-Elemente	./.
customUI	Root-Element eines Ribbon-XML-Dokuments	*commands, ribbon*
dialogBoxLauncher	Fügt einer Gruppe eine kleine Schaltfläche zum Öffnen eines Dialogs hinzu	*button*
documentControls	Elemente der Schnellzugriffsleiste (*qat*), die nur für die aktuelle Anwendung zur Verfügung stehen sollen	*button, separator, control*
dropDown	Kombinationsfeld, das beim Ändern die angezeigte ID und den Index liefert	*item*
dynamicMenu	Zur Laufzeit zu erzeugendes Menü	*button, toggleButton, checkBox, menu, gallery, splitButton, menuSeparator, dynamicMenu, control*
editBox	Textfeld	./.
gallery	Galerie — wie Kombinationsfeld, jedoch mehrspaltig und komfortabler	*button, item*
group	Gruppe innerhalb eines *tab*-Elements	*button, toggleButton, checkBox, editBox, comboBox, dropDown, menu, gallery, box, labelControl, buttonGroup, separator, dialogBoxLauncher, control*
item	Element eines *comboBox-, dropDown-* oder *gallery*-Steuerelements, wird beim dynamischen Zuweisen überschrieben	./.
labelControl	Steuerelement mit einer Beschriftung	./.
menu	Menü-Steuerelement	*button, toggleButton, checkBox, menu, gallery, splitButton, menuSeparator, dynamicMenu, control*
menuSeparator	Trennstrich zwischen Menüpunkten	./.

Element	Beschreibung	Mögliche Kind-Steuerelemente
officeMenu	Office-Menü-Element, kann um benutzerdefinierte Steuerelemente ergänzt werden	*button, toggleButton, checkBox, menu, gallery, splitButton, menuSeparator, dynamicMenu, control*
qat	Schnellzugriffsleiste (Quick Access Toolbar), kann nur bei *startFromScratch="true"* angepasst werden	*sharedControls, documentControls*
ribbon	Enthält alle Ribbon-Bestandteile	*officeMenu, qat, contextualTabs, tabs*
separator	Trennstrich zwischen Steuerelementen	./.
sharedControls	Elemente, die für alle Office-Anwendungen verfügbar sein sollen	*button, separator, control*
splitButton	Kombination aus Schaltfläche und Menü wie etwa das Steuerelement zum Einstellen der Objektansicht	*button, toggleButton*
tab	Eine Registerseite des Ribbons	*group*
tabs	Enthält die Registerseiten des Ribbons	*tab*
tabSet	Fasst *tab*-Elemente zusammen, die in bestimmten Kontexten sichtbar gemacht werden sollen	*tab*
toggleButton	Umschaltfläche	./.

Übersicht II: Attribute der Ribbon-Elemente

Die folgende Tabelle enthält eine Auflistung aller Attribute der Ribbon-Elemente.

Eigenschaft	Datentyp	Werte	Beschreibung
boxStyle	String	horizontal, vertical	Legt fest, wie die Elemente innerhalb eines box-Elements angeordnet werden
columns	Long		Anzahl der Spalten in einem gallery-Objekt
description	String		Beschreibungstext, der in den Einträgen eines menu-Elements angezeigt wird, wenn die Eigenschaft itemSize auf large eingestellt ist
boxStyle	String	horizontal, vertical	Legt fest, wie die Elemente innerhalb eines box-Elements angeordnet werden
columns	Long		Anzahl der Spalten in einem gallery-Objekt
description	String		Beschreibungstext, der in den Einträgen eines menu-Elements angezeigt wird, wenn die Eigenschaft itemSize auf large eingestellt ist
enabled	Boolean	false, true, 0, 1	Legt fest, ob ein Steuerelement aktiviert oder deaktiviert ist
id	String		Eindeutige ID eines benutzerdefinierten Steuerelements; nicht zu benutzen in Kombination mit idMso oder idQ
idMso	Long		Eindeutige ID eines eingebauten Steuerelements; nicht zu benutzen in Kombination mit idMso oder idQ
idQ	Long		Steuerelement-ID, enthält Namespace-Bezeichnung; nicht in Kombination mit id oder idMso
image	String		String zum Angeben einer Image-Datei
imageMso	String		Verweist auf ein eingebautes Symbol
insertAfterMso	String		Gibt an, hinter welchem eingebauten Steuerelement mit idMso ein neues Element angelegt werden soll
insertAfterQ	String		Gibt an, hinter welchem eingebauten Steuerelement mit idQ ein neues Element angelegt werden soll
insertBeforeMso	String		Gibt an, vor welchem eingebauten Steuerelement mit idMso ein neues Element angelegt werden soll
insertBeforeQ	String		Gibt an, vor welchem eingebauten Steuerelement mit idQ ein neues Element angelegt werden soll

Eigenschaft	Datentyp	Werte	Beschreibung
itemHeight	Long		Höhe eines Elements des gallery-Steuerelements in Pixeln
itemSize	String	normal, large	Größe eines item-Elements im menu-Element
itemWidth	Long		Breite eines Elements des gallery-Steuerelements in Pixeln
keytip	String		Gibt das Tastenkürzel an, das beim Betätigen der Alt-Taste erscheint
label	String		Bezeichnungsfeld eines Steuerelements
maxLength	Long		Maximale Länge einer einzugebenden Zeichenkette
rows	Long		Anzahl Zeilen in einem gallery-Steuerelement
screentip	String		Überschrift des beim Überfahren des Elements angezeigten Textes
showImage	String	false, true, 0, 1	Soll ein Symbol angezeigt werden?
showItemImage	String	false, true, 0, 1	Soll ein Symbol für ein Listenelement des comboBox-, dropDown- oder gallery-Elements angezeigt werden?
showItemLabel	String	false, true, 0, 1	Soll ein Text für ein Listenelement des comboBox-, dropDown- oder gallery-Steuerelements angezeigt werden?
showLabel	String	false, true, 0, 1	Soll die Bezeichnung eines Steuerelements angezeigt werden?
size	String	normal, large	Legt die Größe für die Anzeige eines Steuerelements fest
sizeString	String		Das Steuerelement wird so breit gestaltet, dass der für diese Eigenschaft angegebene Text komplett angezeigt wird
startFromScratch	String	false, true, 0, 1	Legt fest, ob eingebaute Ribbons und einige Einträge des Office-Menüs ausgeblendet werden
supertip	String		Unter dem screenTip beim Überfahren eines Elements angezeigter Text
tag	String		Platz für benutzerdefinierten Ausdruck, der in Callback-Funktionen als Eigenschaft des Parameters control übergeben wird
title	String		Fügt einem Trennstrich eines menu-Elements eine Beschriftung hinzu
visible	String	false, true, 0, 1	Gibt an, ob ein Element sichtbar ist

Übersicht III: Ereigniseigenschaften der Ribbon-Elemente

Die folgende Tabelle enthält alle Ereigniseigenschaften der Ribbon-Elemente und die VBA-Syntax der passenden Callback-Funktionen.

Eigenschaft	Steuer-element	VBA-Syntax
getDescription	Diverse	`Sub GetDescription(control As IRibbonControl, ByRef description)`
getEnabled	Diverse	`Sub GetEnabled(control As IRibbonControl, ByRef enabled)`
getImage	Diverse	`Sub GetImage(control As IRibbonControl, ByRef image)`
getItemCount	*comboBox*	`Sub GetItemCount(control As IRibbonControl, ByRef count)`
	dropDown	`Sub GetItemCount(control As IRibbonControl, ByRef count)`
	gallery	`Sub GetItemCount(control As IRibbonControl, ByRef count)`
getItemHeight	*gallery*	`Sub getItemHeight(control As IRibbonControl, ByRef height)`
getItemID	*comboBox*	`Sub GetItemID(control As IRibbonControl, index As Integer, ByRef id)`
	dropDown	`Sub GetItemID(control As IRibbonControl, index As Integer, ByRef id)`
	gallery	`Sub GetItemID(control As IRibbonControl, index As Integer, ByRef id)`
getItemImage	*comboBox*	`Sub GetItemImage(control As IRibbonControl, index As Integer, ByRef image)`
	dropDown	`Sub GetItemImage(control As IRibbonControl, index As Integer, ByRef image)`
	gallery	`Sub GetItemImage(control As IRibbonControl, index As Integer, ByRef image)`
getItemLabel	*comboBox*	`Sub GetItemLabel(control As IRibbonControl, index As Integer, ByRef label)`
	dropDown	`Sub GetItemLabel(control As IRibbonControl, index As Integer, ByRef label)`
	gallery	`Sub GetItemLabel(control As IRibbonControl, index As Integer, ByRef label)`

Eigenschaft	Steuer-element	VBA-Syntax
getItemScreenTip	*comboBox*	Sub GetItemScreenTip(control As IRibbonControl, index As Integer, ByRef screentip)
	dropDown	Sub GetItemScreenTip(control As IRibbonControl, index As Integer, ByRef screenTip)
	gallery	Sub GetItemScreenTip(control As IRibbonControl, index as Integer, ByRef screen)
getItemSuperTip	*comboBox*	Sub GetItemSuperTip (control As IRibbonControl, index As Integer, ByRef supertip)
	dropDown	Sub GetItemSuperTip (control As IRibbonControl, index As Integer, ByRef superTip)
	gallery	Sub GetItemSuperTip (control As IRibbonControl, index as Integer, ByRef screen)
getItemWidth	*gallery*	Sub getItemWidth(control As IRibbonControl, ByRef width)
getKeytip	Diverse	Sub GetKeytip (control As IRibbonControl, ByRef label)
getLabel	Diverse	Sub GetLabel(control As IRibbonControl, ByRef label)
getPressed	*checkBox*	Sub GetPressed(control As IRibbonControl, ByRef return)
	toggleButton	Sub GetPressed(control As IRibbonControl, ByRef return)
getScreentip	Diverse	Sub GetScreentip(control As IRibbonControl, ByRef screentip)
getSelectedItemID	*dropDown*	Sub GetSelectedItemID(control As IRibbonControl, ByRef index)
	gallery	Sub GetSelectedItemID(control As IRibbonControl, ByRef index)
getSelectedItemIndex	*dropDown*	Sub GetSelectedItemIndex(control As IRibbonControl, ByRef index)
	gallery	Sub GetSelectedItemIndex(control As IRibbonControl, ByRef index)
getShowImage	*button*	Sub GetShowImage (control As IRibbonControl, ByRef showImage)

Eigenschaft	Steuer-element	VBA-Syntax
getShowLabel	*button*	`Sub GetShowLabel (control As IRibbonControl, ByRef showLabel)`
getSize	Diverse	`Sub GetSize(control As IRibbonControl, ByRef size)`
getSupertip	Diverse	`Sub GetSupertip(control As IRibbonControl, ByRef screentip)`
getText	*comboBox*	`Sub GetText(control As IRibbonControl, ByRef text)`
	editBox	`Sub GetText(control As IRibbonControl, ByRef text)`
getTitle	*menuSeparator*	`Sub GetTitle (control As IRibbonControl, ByRef title)`
getVisible	Diverse	`Sub GetVisible(control As IRibbonControl, ByRef visible)`
loadImage	*customUI*	`Sub LoadImage(imageId As string, ByRef image)`
onAction	*button*	`Sub OnAction(control As IRibbonControl)`
		Im *command*-Element:
		`Sub OnAction(control As IRibbonControl, byRef CancelDefault)`
	checkBox	`Sub OnAction(control As IRibbonControl, pressed As Boolean)`
	dropDown	`Sub OnAction(control As IRibbonControl, selectedId As String, selectedIndex As Integer)`
	gallery	`Sub OnAction(control As IRibbonControl, selectedId As String, selectedIndex As Integer)`
	toggleButton	`Sub OnAction(control As IRibbonControl, pressed As Boolean)`
		Im *command*-Element:
		`Sub OnAction(control As IRibbonControl, pressed As Boolean, byRef cancelDefault)`
onChange	*comboBox*	`Sub OnChange(control As IRibbonControl, text As String)`
	editBox	`Sub OnChange(control As IRibbonControl, text As String)`
onLoad	*customUI*	`Sub OnLoad(ribbon As IRibbonUI)`

Übersicht IV: Steuerelemente und ihre Eigenschaften

Die folgende Tabelle zeigt, welche Steuerelemente aus Übersicht I mit welchen Eigenschaften aus Übersicht II und Ereigniseigenschaften aus Übersicht III ausgestattet sind.

Attribute/Element	box	button	buttonGroup	checkBox	comboBox	command	control	customUI	dropDown	dynamicMenu	editBox	gallery	group	item	labelControl	menu	menuSeparator	ribbon	separator	splitButton	tab	tabSet	toggleButton
boxStyle	•																						
columns												•											
description		•		•			•			•		•				•							•
enabled		•		•	•	•	•		•	•	•	•			•	•				•			•
getContent								•															
getDescription		•		•			•			•		•				•							•
getEnabled		•		•	•	•	•		•	•	•	•			•	•				•			•
getImage		•		•			•		•	•	•	•	•			•							•
getItemCount					•				•			•											
getItemHeight												•											
getItemID					•				•			•											
getItemImage					•				•			•											
getItemLabel					•				•			•											
getItemScreentip					•				•			•											
getItemSupertip					•				•			•											
getItemWidth												•											
getKeytip		•		•	•		•		•	•	•	•	•			•				•			•
getLabel		•		•	•		•		•	•	•	•	•		•	•					•		•
getPressed				•																			•
getScreentip		•		•	•		•		•	•	•	•			•	•				•			•
getSelectedItemID									•			•											
getSelectedItemIndex									•			•											
getShowImage		•					•		•	•	•	•				•				•			•
getShowLabel		•		•	•		•		•	•	•	•			•	•				•			•
getSize		•					•									•				•			•
getSupertip		•		•	•		•		•	•	•	•			•	•				•			•
getText					•						•												
getTitle																		•					
getVisible	•	•	•	•	•		•		•	•	•		•		•	•			•	•	•	•	•

295

Attribute/Element	box	button	buttonGroup	checkBox	comboBox	command	control	customUI	dropDown	dynamicMenu	editBox	gallery	group	item	labelControl	menu	menuSeparator	ribbon	separator	splitButton	tab	tabSet	toggleButton
id	•	•	•	•	•		•		•	•	•	•	•	•	•	•	•		•	•	•		•
idMso		•		•	•	•	•		•	•	•	•	•			•	•			•	•	•	•
idQ	•	•	•	•	•		•		•	•	•	•	•		•	•	•		•	•	•		•
image		•			•		•		•	•	•	•	•		•								•
imageMso		•			•		•		•	•	•	•	•	•	•								•
insertAfterMso	•	•	•	•	•		•		•	•	•	•	•		•	•	•		•	•	•		•
insertAfterQ	•	•	•	•	•		•		•	•	•	•	•		•	•	•		•	•	•		•
insertBeforeMso	•	•	•	•	•		•		•	•	•	•	•		•	•	•		•	•	•		•
insertBeforeQ	•	•	•	•	•		•		•	•	•	•	•		•	•	•		•	•	•		•
invalidateContentOnDrop					•				•		•												
itemHeight												•											
itemSize																•							
itemWidth												•											
keytip		•		•	•		•		•	•	•	•	•			•	•			•	•		•
label		•		•	•		•		•	•	•	•	•	•	•	•	•			•	•		•
loadImage								•															
maxLength											•												
onAction		•		•		•	•		•			•											•
onChange					•						•												
onLoad								•															
rows												•											
screentip		•		•	•		•		•	•	•	•	•	•	•	•	•			•			•
showImage		•		•	•		•		•	•	•	•				•	•			•			•
showItemImage					•				•		•												
showItemLabel					•				•		•												
showLabel		•		•	•		•		•	•	•					•	•			•			•
size		•					•				•					•				•			•
sizeString					•				•		•	•											
startFromScratch																		•					
supertip		•		•	•		•		•	•	•	•	•	•	•	•	•			•			•
tag		•		•	•		•		•	•	•	•	•		•	•	•			•	•		•
title																	•						
visible	•	•	•	•	•		•		•	•	•	•	•			•	•		•	•	•	•	•

Index